Über das Buch

In den Betrachtungen dieses Bandes, der wie »Abendländische Meditationen« (Goldmann Taschenbuch 11782) aus Vorträgen zusammengestellt wurde, zeigt Weidelener den abendländischen Menschen in der Einbindung an seine ureigene Mythenwelt, die uns als Spiegel unserer Seele dienen kann. Über die Erkenntnis der »Götter in uns« finden wir unseren besonderen spirituellen Weg zur überräumlichen und überzeitlichen Lebensmacht.

Über den Autor

Herman Weidelener wurde am 21. April 1903 in St. Bartholomae (Schwäb. Alb) als dritter Sohn des evangelischen Pfarrers Ernst Max Weidelener geboren. Er studierte nach Besuch des humanistischen Gymnasiums Philosophie, Theologie und Musikwissenschaften in Tübingen, Berlin und Rostock. 1924 schloß er sich der von Rudolf Steiner begründeten religiösen Erneuerungsbewegung an, in der er bald eine führende Funktion einnahm. Zuletzt übte er diese Tätigkeit in Augsburg aus, löste sich aber 1933 von der Anthroposophie und gründete die Religionsphilosophische Arbeitsgemeinschaft, die er bis zu seinem Tode leitete. Nach 1933 verfolgte ihn das nationalsozialistische Regime mit Arbeitsverbot und Haft.

Nach dem Zweiten Weltkrieg sah Herman Weidelener seine Aufgabe darin, über den materiellen Neubeginn hinaus auf eine geistige Erneuerung hinzuarbeiten. Neben seinen Hauptarbeitsgebieten – Religionsphilosophie, Mythos, Sprachphilosophie und Forschungen zu einer zeitgemäßen Sicht des Neuen Testaments – entwickelte er daher die Meditation zu einem zentralen Element geistiger Erkenntnis. Meditation wird hier als Mittel aufgefaßt, zu der Mitte vorzudringen, die »Ich« in Wirklichkeit bin, und dem Versuch, von dieser erfahrenen Mitte aus, Seele und Leib mit Bewußtsein zu durchdringen und zu einer ganzheitlichen Lebensgestaltung zu gelangen. In diesem Geist hielt er auch seine Vorträge über den Mythos, die in diesem Buch zusammengefaßt sind.

Herman Weidelener starb am 17. November 1972.

Herman Weidelener
DIE GÖTTER IN UNS

*Lebenserkenntnis
durch die Bilder der Mythen*

Herausgegeben und bearbeitet
von Hans-Ulrich Möhring

GOLDMANN VERLAG

Dieser Buchveröffentlichung zugrunde liegen drei vervielfältigte Manuskripte der Religionsphilosophischen Arbeitsgemeinschaft, Augsburg:

1. Grundlagen zu einem Verständnis von Mythos und Mythologie
(Vorträge, gehalten im Wintersemester 1955). 2. Auflage, November 1985.

*2. Lebenserkenntnis und Selbstverständnis
durch die Bilder der Mythen*
(Vorträge, gehalten im Herbst 1955). 2. Auflage, Oktober 1985.

3. Immanuel. Von den Göttern in uns
(Vorträge, gehalten Weihnachten 1961). Dezember 1982.

Die Manuskripte wurden für diese Veröffentlichung bearbeitet und teilweise gekürzt; ein Vortrag über »Dionysisches und apollinisches Erleben« aus dem 2. Heft wurde ausgeschieden.

Made in Germany · 6/87 · 1. Auflage
Genehmigte Taschenbuchausgabe
© 1955, 1961 by Religionsphilosophische Arbeitsgmeinschaft e. V.,
Bismarckstraße 6, 8900 Augsburg
Umschlaggestaltung: Design Team München
Umschlagillustration: Design Team München
Satz: Filmsatz Schröter GmbH, München
Druck: Elsnerdruck, Berlin
Verlagsnummer: 11802
Lektorat: Michael Görden
Herstellung: Sebastian Strohmaier
ISBN 3-442-11802-6

Inhalt

Vorbemerkung 9

Was bedeutet Mythos und Mythologie? 13

Sprechen und Schweigen des Mythos – Das Wissen der Kassandra – Germanische Welt und Christentum – Das unterbewußte Fortleben des nordischen Mythos – Die dunkle Sehnsucht

Grundformen mythologischen Bewußtseins

Das Zeichen 31

Die Allgemeingültigkeit des Mythos – Das Leerfegen des Bewußtseinsraumes – Schöpfungserleben: der weiße Punkt des Ich in der urtümlichen Nacht

Die Kugel 43

Materielles und intellektuelles Verschlingen – Der Stand-Punkt mit und ohne Absatz – Aschenputtel – Stand-Ort und Wandel auf der Erde

Der Weg 57

Mythologisches und intellektuelles Bewußtsein – Das Evangelium des Mythos – Wenn alles Zeichen wird – Das Leben als Flucht oder Weg zu einem selbst

Entscheidung 72

Die Tragik der Individualität – Ödipus: vergebliches Aufbegehren gegen das Schicksal – Die Kreuzungssituation – Parzival – Weisheit durch Leiden

Der Turm 86

Bilderleben und Bildverstehen – Rotkäppchen und der Wolf – Das Zelt als Abbild erlebter Leiblichkeit – Der steinerne Turm und die Last der Inkarnation

Der Brunnen 100

Der abendländische Wasserdiebstahl – Jesus am Brunnen von Samaria – Brunnenweisheit: Joseph, Isaak, Wotan – Sturz in die Tiefe und Auferstehung

Schicksalswege

Mutterschicksal 117

Schauen und geschaut werden – Das Geistig-Seelische in der Natur – Erleben der Leiblichkeit – Demeter und Persephone

Empörerschicksal 132

Hirt und Wagenlenker – Dogma und Mythos – Prometheus: der Mensch zwischen Göttern und Titanen

Der Leidweg göttlicher Berufung – Herakles 150

I. Die Berufung des Menschen zum Helden – Der Stern des Jesus von Nazareth – Alkmenes Hingabe an den Gott und Heras Rache
II. Berufung und Erwählung – Die Schicksalsentscheidung – Der Kampf mit der wilden Naturkraft des Löwen
III. Parzival: wie der Mythos gewagt sein will – Das einige Einst von Vergangenheit und Zukunft – Die Sümpfe der Seele – Der Kampf mit der Hydra
IV. Das Un-heimliche des heroischen Wanderers – Leitung durch Leiden – Die Hirschkuh der Artemis – Der Kentaurenkampf: der Mensch als Schüler und Überwinder des Tieres
V. Der Augiasstall: der angehäufte Unrat der Vergangenheit wird ausgemistet – Das Irdische als Verlockung und Greuel – Der Hochmut des Minos und der Stier des Poseidon
VI. Der männliche Kulturbringer: die Pferdezähmung, der Sieg über die Amazonen, der Kampf mit dem Meeresungeheuer – Jenseits- und Unterweltsfahrt: die Äpfel der Hesperiden, der Hund des Hades – Untergang und Vergottung

Götter in uns

Die Mutter – Demeter 231

Das Mysterium der Mütterlichkeit – Demeter, Hades, Persephone: Verkörperung und Todgeweihtheit alles Lebendigen – Maria von Nazareth – Der Antipode Kronos

Der Sohn – Apollon 244

Der Drang nach außen zum Gegenstand – Dynamik des Sonnenwesens: Helios, Apollon, Prometheus, Kain – Die Umkehr nach innen zu Kunst und Weisheit – Der tragische Drachenkampf: Siegfried, Ödipus

Die Jungfrau – Athene/Hermes 256

Das jungfräuliche Wesen der menschlichen Seele – Verbundenheit und Umweltgefühl – Spielerische Weltklugheit – Jungfräuliche Gestalten

Die Erkenntnis – Aphrodite 272

Die Macht des Begriffs über die Vielfalt der Erscheinungswelt – Verschmelzung mit dem Gegenstand – Harmonie und Anmut

Der Schatten – Hades 283

Die Heraufkunft der Schattenwelt – Dämonie der Abstraktion – Die ichlose Masse – Faust und Mephisto als deutsches Verhängnis

Die Überweltlichkeit – Artemis 296

Typus und Durchschnitt – Der Schleier der Artemis – Intuition – Freiheit des Werdens, Bindung ans Gewordene – Priester und Revolutionär – Jesus von Nazareth, Platon, Schiller

Die Schwelle – Kronos 309

Der Geist der Kritik: Verneinung und Mitleid – Das höchste Streben – Starre und Fließen – Der Kristall der Ichheit – Der Vater

Vorbemerkung

Wenn Herman Weideleners Betrachtungen zum Wesen des Mythos nach so langer Zeit einer breiteren Leserschaft zugänglich gemacht werden, so geschieht dies aus dem Gefühl heraus, daß das sie durchziehende Bemühen um Ortsbestimmung und Wegweisung des menschlichen Daseins im Rückgriff auf die alten Sagen der Völker einem Fragen und Suchen entgegenkommt, das heute gegenüber der Verdrängungszeit des Wiederaufbaus in den fünfziger Jahren wesentlich stärker und vernehmlicher ist. Die Tatsache, daß sein Werk weitgehend unbekannt geblieben ist, verblüfft angesichts der Klarheit und Eindringlichkeit, mit der er etwa die Gestalten des Mythos vor Augen zu führen und auch in einer scheinbar gänzlich entlegenen Erörterung unversehens den Bezug zu den Lebensproblemen jedes Einzelnen herzustellen versteht.

Aber – und das ist wohl einer der wichtigsten Aspekte, unter denen es Herman Weidelener heute neu zu »entdecken« gilt – dieser Bezug hat nicht nur Gültigkeit für den Einzelnen, sondern für unsere ganze Kultur. Immer wieder kommt er auf unseren geschichtlichen Ort und Weg zu sprechen und stößt uns als Leser damit nachdrücklich auf die Frage nach deren eigentlicher Wahrheit, nach dem Mythos des Abendlandes, dem »Wort« unserer Geschichte. Denn wie der Weg jedes Einzelnen kreist auch der eines geschichtlichen Menschentums um eine verborgene Mitte, die allein in ihm erfahren werden will und deren ungeheurer Schatten sich – wie im Nationalsozialismus – der Menschen bemächtigt, wenn sie unerfahren und unausgesprochen bleibt. Sie zu erfahren und auszusprechen erfordert den Mut, sich diesem Schatten in seiner ganzen Bedrohlichkeit zu stellen, sich, wenn es sein muß, von ihm verschlingen zu lassen, und zwar wie Jona von dem Meeresungeheuer und so von innen her den Bann der Verdrängung und Verleugnung zu brechen, der letztlich abermals einen »Aufstand der Angst« (I. 11) heraufbeschwören wird. Das hätte zur Folge die Gefahr, daß der Weg endgültig im Unheil des Wesenlosen verendet. – So werden wir in der Auseinandersetzung mit den Gedanken Weideleners auch noch in diesen ganz besonderen Anspruch genommen.

An dieser Stelle muß wohl noch ein klärendes Wort erfolgen, das die Stellung und den Stellenwert des Mythischen im Gesamtwerk Herman Weideleners ins Auge faßt.

Der Beginn seines öffentlichen Wirkens im Oktober 1933 steht zwar in keinem unmittelbaren kausalen Zusammenhang mit dem Aufbruch des Nationalsozialismus, doch haben die Ziele etwas zu tun mit dem verdrängten Angstpotential, von dem Herman Weidelener in der ersten Betrachtung dieses Buches spricht. Geht es doch in seinem Lebenswerk an erster Stelle um die Wiederfindung, Entdeckung und Erforschung des *eigentlichen,* von Jesus von Nazareth gemeinten Christentums, das, durch eine institutionalisierte Kirche überlagert, bisweilen in sein Gegenteil verkehrt worden ist.

In Jesus von Nazareth erkannte Herman Weidelener eine geschichtlich bedingte, überragende Einzelpersönlichkeit, die es erstmalig vermochte, durch Erweiterung ihrer Individualität ein menschlich allgemein gültiges Leben zu leben, ein Leben, in dem die Strukturen eines Mythos transparent werden konnten.

So nur konnte am Ende dieses Lebens das Zeugnis stehen: »Siehe, *der* Mensch« – Urbild, Archetypus, Vorbild des Menschseins.

Es geht also weder um eine modische Remythologisierung noch um das Eintauchen in ein atavistisches Denken. Vielmehr zielt Weideleners Bemühen darauf ab, mythische, d.h. sinntragende, gestaltgebende Faktoren im individuellen Leben aufleuchten zu lassen, um sie für den Prozeß der eigenen Menschwerdung fruchtbar zu machen. Um daher einem etwaigen Mißverständnis vorzubeugen: Weidelener meint nicht einen Rückzug aus dem Logos zurück in den Mythos. Die historische Entwicklung abendländischen philosophischen Denkens wird als Notwendigkeit durchaus anerkannt. Dieses dadurch errungene Bewußtsein bildet den Ariadnefaden, um im Labyrinth des Unterbewußten nicht von der Macht des Vergessens von neuem überwältigt zu werden, sondern um die Kraft unvergeßlicher Erinnerung als Grund unserer Existenz zu erfahren.

Vorträge sind es, die hier abgedruckt werden, und sie haben die ganze Leichtigkeit und Flüssigkeit des gesprochenen Wortes, aber auch seine Direktheit und Pointiertheit an sich. Es ist gut, auch beim Lesen diese direkte Ansprache auf sich wirken zu lassen und sich als ihr Du zu fühlen, denn so sehr Weidelener seinen Hörern – oder Lesern – Raum läßt, ja ihnen womöglich erst Raum *schafft*, anhand der aufgezeigten Orientierungslinien ihren eigenen Gedanken und Empfindungen nachzugehen, so sehr ist jeder von seinen Ausführungen als ganzer Mensch gefordert. Ohne die Hingabe des Hörenden verhallt das Wort in der Leere eines beliebigen Geredes. Nur wenn das Wort als Anspruch aufgefaßt wird, kann es sagen.

Gerhard Wehr und Hans-Ulrich Möhring

Was bedeutet Mythos und Mythologie?

Das kleine Unternehmen, das mit diesen Betrachtungen beginnt, ist zunächst einmal ein Unternehmen in eigener Sache, und zwar darum, weil der Gesamtkomplex des Mythologischen – sei es verstanden als ein Traditionelles, oder sei es verstanden als eine Denkart – im Rahmen meiner Betrachtungen eine bedeutende Rolle spielt. Zugleich ist es aber ein Unternehmen in der Sache unserer Zeit; denn wo immer um eine Klärung der menschlichen Verhältnisse im Augenblick gerungen wird, kann niemand mehr an dem Gebirge des Mythologischen vorübergehen, ohne es in irgendeiner Weise in die Arbeit einzubeziehen – man könnte es auch mythologisch sagen: ohne ihm zu opfern. Und so überschneiden sich die beiden Linien: die des persönlichen Interesses und die einer allgemeinen geistigen Zeitströmung.

Ich bin bei diesem Unternehmen in einer gewissen schwierigen Lage und möchte diese von vornherein vor Ihnen ausbreiten.

Man kann als Künstler – ich spreche jetzt im Bilde, ich betrachte mich nicht als solchen, aber ich möchte dieses Bild wählen –, man kann als Künstler etwa eine Dichtung schaffen, oder man kann ein Bild malen oder eine Plastik aus Marmor heraus entwickeln. Und dann ist ein Werk fertig und steht da und kann besichtigt werden. Dieses Werk steht zwischen dem Künstler und dem Betrachter. Beide sind in irgendeiner Weise auf dieses Werk bezogen.

Wenn nun der Betrachter vom Künstler verlangt, daß er erklärt, wie dieses Werk zustande kam, wieso dieses und jenes dabei in Erscheinung tritt, so kann es möglich sein, daß der Künstler eine Erklärung abgibt. Es kann aber auch sein, daß er sich einer solchen Erklärung entzieht, wie es sehr viele Künstler tun. Nun fragt der Betrachter vielleicht weiter nach den Instrumenten, und der Künstler wird also in seinem Atelier die ganzen Instrumente vorführen. Dann fragt der Beschauer: »Warum nimmt man gerade das für das und jenes für jenes?« Und es kann sein, daß der Künstler wiederum eine Antwort gibt oder auch die Antwort verweigert und sich in dem letzteren Falle darauf zurückzieht, daß er sagt: »Ja, man muß eben dazu dieses Instrument nehmen. Man kann das mit keinem anderen Instrument machen.« Wobei er sich dessen bewußt ist, daß irgend jemand einmal dieses Instrument erfunden und geschaffen hat und es seither in der Tradition dieser künstlerischen Strömung verwertet wird. Aber er selbst steht in dieser Tradition darin und hat das Instrument nicht entworfen, nicht geschaffen und weiß davon auch wenig.

In dieser Lage ist man, wenn man das Instrumentarium des mythologischen Arbeitens vorführen soll; wobei ich mich – gewissermaßen aus Liebenswürdigkeit – in das Künstlerische hineinbegeben und damit das Problem vereinfacht habe. Denn in Wirklichkeit ist es beim Mythologischen weit schwieriger – aus Gründen, die ich jetzt nicht sagen will, die aber im Laufe unserer Besprechungen immer wieder auftauchen werden. Sie werden dann am Schluß wohl ein deutliches Bild von diesen Schwierigkeiten haben.

Wir wollen also auf gut Glück diese Arbeit miteinander unternehmen. Wenn Sie nach den ersten Stunden den Eindruck haben, daß Sie nicht mehr von Mythologie und Mythos verstehen als seither, dann ist es nicht geglückt; das macht aber gar nichts. Wenn Sie den Eindruck haben, daß Sie etwas mehr davon verstehen, dann ist es geglückt; und das macht auch wiederum nichts. Weder so noch so geschieht etwas besonders Gewaltiges, denn beides – das Glücken und das Nichtglücken – ist eine mythologische Angelegenheit. Das ist im Augenblick vielleicht ein etwas rätselhaftes Wort; ich meine es auch beinahe etwas scherzhaft – beinahe. Aber es wird sich erweisen, daß es wirklich so ist.

Wir stehen mit dem Wort »Mythos« und mit dem anderen Wort »Mythologie« auf dem Boden der griechischen Geistigkeit, wie sie der abendländischen Tradition zugrundeliegt, wenn man auch den Inhalt dieser Worte ausdehnt auf die Traditionen anderer Völker. Es bleibt die Beziehung des Abendländers zu dem griechischen Mythos von entscheidender Bedeutung.

Für den Christen ist ein anderer Mythos – der des Alten Testamentes – an manchen Stellen weit wesentlicher. Wollen wir gewichtmäßig sprechen, dann hat für das religiöse Leben des abendländischen Menschen der alttestamentliche Mythos mehr Gewicht als etwa der griechische. Für die gesamte Seelenverfassung und weit mehr noch Geistesverfassung des Abendländers aber hat der griechische Mythos mehr Gewicht.

In diesem Zusammenhang darf ein komplizierendes Element nicht vergessen werden: Seit einigen Jahrzehnten schiebt sich immer mehr und mehr der nordische Mythos herein in diesen Werkraum der mythologischen Mächte und entwickelt eine gewisse Gewalt, die sehr ernst genommen werden muß und die weithin die beiden anderen mythischen Welten – die griechische und die hebräische – zu verdrängen, zum mindesten zurückzudrängen beginnt. Das ist beinahe eine Binsenwahrheit. Wenn an einer Stelle, in die sich Zweie teilen, ein Drittes hereintritt, so werden die beiden ersten natürlich zurückgedrängt. Aber man muß diese Binsenwahrheit aussprechen, weil sie gerne übersehen wird und weil man sich scheut, sie irgendwie zu registrieren.

Man hat in diesem Einbruch des nordischen Mythos in den mythischen Raum einen typisch mythologischen Vorgang zu sehen. Ich hoffe, ich werde nicht falsch verstanden, wenn ich nun dabei stehen bleibe. Das Eisen ist bekanntlich immer noch sehr heiß, trotzdem es schon lange im Wasser liegt – im amerikanischen und im russischen Wasser – und inzwischen abgekühlt sein könnte. Aber es ist immer noch etwas heiß, und man hat gewisse Hemmungen, es anzufassen. Wenn ich davon spreche, so nur deshalb, um an einem Beispiel die Problemstellung des Mythos etwa zu vergegenwärtigen.

Es ist mit dieser *nordischen Mythologie*, mit dieser nordischen mythologischen Welt etwas Eigenartiges geschehen. Bekanntlich hat das Christentum in einer sehr machtvollen Überflutung des nordischen Raumes die lebendige geschichtliche Existenz des nordischen Mythos zunächst bedroht und dann vernichtet. Der Untergang der germanischen Welt gehört zu den merkwürdigsten und ergreifendsten Dingen, die sich je ereignet haben. Freilich, es gibt zu gleicher Zeit ähnliche Untergänge und Umbrüche, und sie alle geschehen im Zeichen des Kreuzes, im Zeichen der katholischen Kirche. Man sollte es nicht zu arg wissen, aber man sollte es auch nicht so sehr vergessen, wie die Menschen das gerne tun. Man sollte es also wissen, ohne sich daran leidenschaftlich zu erregen.

Wie gesagt, zu ein und derselben Zeit finden solche Untergänge an mehreren Stellen statt, aber eigentlich ist kein Untergang so erschütternd wie der der nordischen Mythologie. Man weiß, daß die geistigen Repräsentanten des Germanentums in diesen gewaltigen Auseinandersetzungen, die mit dem Namen Rom verknüpft sind, sich in einer einzigartigen Weise verhalten haben, die eben weithin vergessen oder auch nicht wahrgenommen worden ist. Durch einen groß angelegten Selbstmord, eine Selbstauslöschung, die stattfand, bevor die Machthaber der römischen Welt zugreifen konnten, wurde einfach eine ganze Kultur vernichtet und dem Zugriff der geschichtlichen Mächte entzogen. Eine Gestalt wie die Karls des Großen gehört durchaus in den römischen Zusammenhang. Er wurde ja auch gekrönt zum Kaiser von Papstes Gnaden; man darf das nicht vergessen. Auch das ist das Zeichen Roms.

Als Historiker kann man jetzt feststellen, daß die germanischen Kultur-Lebens-Formen in einer bestimmten Zeit einfach erloschen sind und ihre Wiedererweckung in der Erinnerung im Rahmen der Geschichte kaum möglich ist. Damit begnügt sich der Historiker. Er bedauert, keine weiteren Dokumente zu haben als nur die Externsteine oder als schriftliches Dokument die Buchsammlung der *Edda*, die sehr aphoristisch und auch nach mancher Seite hin in ihrem traditionellen Wert noch fragwürdig ist.

Und nun beginnt die Arbeit der Mythologie. Mythologie ist nichts anderes als die Lehre vom Mythos. Mythos ist ein Wort, das ein Doppeltes bedeutet: das ausgesprochene *Wort*, das laut gewordene Wort einerseits – und das *Schweigen* andererseits. Das ist kein Widerspruch, denn Reden und Schweigen gehören zusammen. Sie sind die untergeordneten Bekundungen der übergeordneten Macht des Logos. Wer sprechen will, muß schweigen können, und wer das Geheimnis des Schweigens erfahren will, muß sprechen können. Beides gehört zusammen. Es handelt sich jetzt nicht darum, diesen Gegensatz von Sprechen und Schweigen näher aufzuklären, sondern darum zu sehen, daß das Wort Mythos etwas Doppeltes zum Ausdruck bringt, was eben zum Mythologischen dazugehört.

Bevor ich an meinem germanischen Thema weitermache, möchte ich gerne demonstrieren, was hier gemeint ist, weil nämlich jeder Mensch eine Beziehung zum Mythos hat, und zwar zu der praktischen Tätigkeit des Mythos. Mythos entsteht also dann, wenn Sprechen und Schweigen im richtigen Verhältnis koordiniert sind. Selbstverständlich meint das Geistige in diesem Falle die Ausgewogenheit der beiden Kräfte. Nun erleben wir uns als Menschen in Ereignissen, in Schicksalen stehend. Es gibt Ereignisse in unserem Leben, die so geartet sind und auf uns so wirken, daß wir sofort mit irgend jemandem darüber sprechen, in der Familie, mit Freunden oder Berufsgenossen, oder wer nun in dem entsprechenden Fall gerade zuständig oder zur Hand ist. Nun kommt ein mythologisches Gesetz: Was da geschehen ist in unserem Leben und was uns veranlaßt hat zu sprechen, das wird in unserem Leben niemals Mythos, und zwar darum nicht, weil wir es ausgesprochen oder – wie ich es jetzt ausdrücken möchte – weitergeschwätzt haben. *Das Schwätzen verhindert die Bildung eines Mythos.*

Ist der Mensch in der Lage, bei einem Ereignis zu schweigen, und wird er dann nach einer gewissen Zeit, die länger oder kürzer sein kann, darüber sprechen, so wird er entdecken können, daß das Ereignis, von dem er spricht, Mythos geworden ist. Man kann vom

Intellektuellen her einwenden, es sei in soundsovielen Fällen des eigenen Lebens nachweisbar, daß es trotz des Schweigens zu keinem Mythos kam. Selbstverständlich. Dann hat man nicht lange genug geschwiegen oder man hat nicht richtig geschwiegen. Das Schweigen ist auch eine Kunst und muß gekonnt werden.

Der Untergang der nordischen, der germanischen Welt vor dem Ansturm des römischen Christentums ist gekennzeichnet von zwei Merkmalen: von einem unglaublichen *Vorherwissen* – das heißt, von einer großartigen Wachheit – und von der Fähigkeit des *Schweigen-Könnens*.

Wir finden eine ähnliche Kraft des Vorherwissens in einem anderen mythologischen Bereich, im Bereich Trojas. Dort ist dieses Vorherwissen konzentriert in einer Gestalt, in der Tochter des Priamos, in *Kassandra*; sie ist ja dadurch in die Geschichte eingegangen. Doch hier stockt der Fluß des Wortes – wenn ich mich so ausdrücken darf –, und wir fragen uns: Wie ist das? In die Geschichte eingegangen? Nein, Kassandra ist nicht in die Geschichte eingegangen, Kassandra ist in den Mythos eingegangen.

Ich will ja davon sprechen, was Mythos und Mythologie ist. Kassandra ist nicht in die Geschichte eingegangen, denn sie ist geschichtlich nicht faßbar. Man weiß nicht, wann sie geboren ist, man weiß nicht, wann sie gestorben ist. Man weiß nicht einmal ganz genau, ob sie gelebt hat. Aber sie ist eingegangen – ja, wohin? In einen Raum, in den alle Menschen hineinzublicken vermögen. In diesem Raum lebt sie, Kassandra, und verkörpert in diesem Raum etwas, von dem alle Menschen wissen: die Fähigkeit des Vorauswissens von Unheil. Das Vorauswissen von Unheil ist eine Fähigkeit, die bei dem einen Menschen mehr, bei dem anderen weniger, bei dem dritten gar nicht entwickelt ist. Aber jeder Mensch hat eine Beziehung zu dieser Fähigkeit der Voraussage, des Vorauswissens eines Unheils. Auch wenn er sie selbst nicht besitzt, so weiß er um die Möglichkeit. Nun tritt eine Figur auf mit Namen Kassandra, und die verkörpert für die Menschen diese Fähigkeit des Vorauswissens von Unheil. Die meisten Menschen, die von ihr sprechen, wissen gar nicht, wer sie war. Aber auch diese Menschen sehen in ihr eine lebendige Figur. Und derart ist Kassandra eine mythologische Gestalt. Man sieht an ihr und in ihr etwas verkörpert, was in jedem Menschen vorhanden ist, was zum Menschen schlechthin gehört. Und dieses »zum Menschen schlechthin Gehören« ist etwas, was den Begriff »mythologisch« mit ausmacht.

Der Bericht von Kassandra ist ein Mythos, und ihre Gestalt ist mythologisch, mythologisch insofern, als sie jeden einzelnen von uns belehrt über eine Seite unseres Wesens, die nicht persönlich ist, sondern allgemein-menschlich und darum mythologisch. In dem Augenblick, da ich ein Unheil vorausahne, das kommt, bin ich an dieser Stelle meines Wesens Kassandra und nicht mehr die Persönlichkeit, die ich sonst bin, etwa als Schreiner oder Schuster. Ich kann also auf der einen Seite gerne Schreiner, Schuster, Gärtner oder sonst etwas sein und zu gleicher Zeit Kassandra. Dann bin ich an dieser Stelle meines Wesens mythologisch.

In Troja hat man auf Kassandra nicht gehört. Das gehört zur Eigenart des trojanischen Mythos. Alles das in uns, was aus der Mittelmeer-Strömung stammt, hört nicht auf die Kassandra. Alles das in uns, was aus der nordischen Strömung stammt, hört auf die Kassandra, denn die nordischen Völker haben den Kassandra-Ruf ihrer Priesterinnen vernommen. Auch das gehört dazu, meine Freunde, daß diese Seite immer weiblich ist – ob Mann oder Frau ist gleichgültig, diese Seite ist weiblich. Es muß Kassandra sein bzw. im germanischen Raum die Priesterin, die dort überhaupt maßgebend war. Die nordischen Völker hören auf den Kassandra-Ruf und haben darum die Maßnahmen ergriffen, die notwendig waren, um das Geheimnis des nordischen Menschen vor dem Zugriff zu schützen.

Nun darf man nicht etwa denken, daß diese nordischen Völkerschaften ihren Schatz vernichteten, um geistige Räuberei zu verhindern. Das ist historisches Denken. Das mythologische Denken sagt folgendes: Die Priesterinnen der nordischen Stämme und Völkerschaften wußten genau, daß die Menschen des Südens das gar nie verstehen könnten, was sie besaßen, und daß diese Völker des Südens aus reinem Mißverständnis und aus dem Hochmut des Siegers heraus damit nur Unfug treiben, frivol damit umgehen würden, daß das Heiligtum des Nordens zum Gespött des Südens würde. Darum, um das Heilige vor dem profanen Zugriff zu retten und zugleich die Eroberer vor einem Sakrileg zu schützen, sie also davor zu bewahren, daß sie schuldig würden in diesem Sinne, wurde diese Aufhebung vollzogen.

Was geschieht nun? Ein Stück der nordischen Seele wird getötet, bringt sich selbst um. Es ist wesentlich, daß es ein Selbstmord ist. In dem Augenblick entsteht in einem vorher geschlossenen seelischen Raum ein Einbruch. Es ist, als ob es eine Kaverne gäbe, eine Höhle, in der vorher dieses religiöse geistige Leben war, das jetzt vernichtet ist. In diesen Raum wird nun durch eine Injektion, durch eine Infiltrierung im Laufe der Zeit die Tradition Roms hineingelegt, das sogenannte historische Christentum. Das ist ein Prozeß, der sehr lange Zeit dauert, der bis heute noch nicht zu Ende ist. Man darf nicht glauben, daß unsere Landbevölkerung etwa zu mehr als sechzig Prozent römisch-christlich ist, wozu ich auch den Protestantismus rechne. Mindestens vierzig Prozent stehen noch durchaus im Banne der alten Zeit, der untergegangenen.

Wir müssen jetzt beim Folgenden unterscheiden. Sicher gibt es eine Weltgeschichte, die das Weltgericht ist. Das ist eines jener berühmten Schlagworte, die irgendwo sehr einleuchtend sind – die mythologisch sind, um es gleich dazuzusagen – und die trotzdem jeweils einer genauen Überprüfung bedürfen. Ich gebrauche das Wort also mit einer gewissen Vorsicht.

Wenn also der Vollzug der Geschichte immer getätigt wird durch die die Geschicke der Menschheit leitende Gottheit, dann war das, was geschah, natürlich richtig. Selbstverständlich war es also richtig, daß die nordische Geistigkeit unterging und daß der Süden mit Rom die nordische Welt überflutete und damit das Zeitalter des Intellektualismus im nordischen Raum einläutete. Dagegen ist gar nichts einzuwenden, wenn man an eine gerechte Lenkung der Geschichte glaubt.

Aber nebenher geht etwas anderes. Die Übertragung des Christentums in seiner südlichen Form, in der römischen Form, auf die nordischen Ackergründe bedeutet eine Ver-Setzung. Sie wissen, daß zwei Dinge durch die Repräsentanten des römischen Christentums nach dem Norden gekommen sind: der Weinstock und das Bier. Man darf den Met der Germanen beileibe nicht mit dem Bier in Verbindung bringen, sonst tut man dem Met bitter unrecht. Das »Münchner Kindl« ist ein Mönch, München ist Mönchen, die Stadt der Mönche und der Klöster und des ultraschwarzen Katholizismus; und da gehört eben das Bier hin als herkommend aus dem Bereich der römischen Klostertradition. Das heißt nicht, daß die Römer das Bier erfunden haben; aber die römischen Sendlinge, die sich auf dem germanischen Boden ausgebreitet haben, wurden hier zum Bier inspiriert.

Beides, der Wein und das Bier, sind Rauschgetränke. Der eigentliche Sinn der Rauschgetränke ging mir persönlich erst auf während des Krieges. Mit manchen Dingen muß man erst in eine konkrete Berührung kommen, um sie zu verstehen. Als ich merkte, wie man der Truppe vor schwierigen Angriffssituationen Schnaps zuführte, da war mir klar, was der Alkohol bedeutet und daß man die nordischen Völker mit Alkohol überzog, um sie zu benebeln, damit sie das wahre Wesen des historischen römischen Christentums nicht klar durchschauten und auch das nicht durchschauten, was mit ihnen gemacht wurde. Damit also solche Klarheit nicht entstünde, mußte man ihnen etwas bringen, was sie in einen Rauschzustand versetzte und sie benebelte. – Man mag zu den Dingen stehen, wie man will, so liegen sie.

Historisch ist, daß die Mönche Weinreben nach dem Norden brachten, daß sie das Bierbrauen anfingen und daß sie damit eine Kulturtat vollzogen. Das ist historisches Denken. Das mythologische Denken sagt, daß der Geist des Rausches sich dieser Mönche bediente, um die Unterwerfung des nordischen Menschen leichter zu bewerkstelligen. Das ist mythologisches Denken. Beim historischen Denken sagt man: »Ach Gott, aber diese armen Mönche, diese einfachen, schlichten Mönche waren doch gar nicht so böse, die wollten doch das Gute!« Wenn es heißt: »Sie wollten das Gute«, so ist das schon immer verdächtig; dann weiß man immer, daß man ferne vom Mythos ist. Und dann sieht man nur diese pausbäckigen, harmlosen, wohlgenährten, runden Mönche, die da mit ihren Bierkrügen oder Weinkrügen durch die Gegend schlurfen, und meint, darum handelt es sich. Es handelt sich aber um den Mythos, und der Mythos besteht darin, daß es einen Geist des Rausches gibt, einen Geist der Bewußtseinstrübung, und daß jeder, der auch nur im geringsten etwas tut, was Rausch, Trübung und Benebelung verbreitet, in einem solchen Augenblick überhaupt nicht als Persönlichkeit – die noch so nett, behaglich, liebenswürdig sein kann – in Frage kommt, sondern nur als Priester und Ministrant dieses Geistes der Benebelung. Das ist mythologisch. Als Mönch kann ich ein biederer, harmloser, liebenswürdiger, freundlicher, gutmütiger, frommer, religiöser Mensch sein und kann trotzdem gleichzeitig mythologisch ein Diener der Macht sein, die die Menschheit vernebelt. Und daß Rom alles getan hat im Laufe der Geschichte, um sich dieses Geistes zu bedienen, das weiß man ja.

Ich möchte dazu bemerken, daß ich mit einer ganz scharfen Dezidiertheit das *Wesen* des Christentums hiervon ausnehme. Was Jesus von Nazareth als Christentum gebracht hat, hat damit nichts zu tun. Denn das Christentum ist in seinen Inhalten – als Mythos – menschheitlich und würde darum in seiner reinen Form jeden Menschen erreichen, ganz gleichgültig, wo immer er geboren ist und steht.

Aber in der Ausprägung, die das Christentum des Jesus von Nazareth erhalten hat durch seine Nachfolger, ist es zunächst einmal israelitisch durchbildet worden und bekam damit das reine Gepräge der Mittelmeerkultur. Dazu wurde im Kultus die ägyptische Tradition gefügt, und dann wurde das Ganze intellektualisiert durch das römische Denken. Wir dürfen nicht vergessen, daß das römische

Denken ja heute noch den nordischen Menschen vollkommen in Beschlag hält. Unsere ganze abendländische Denkart des Intellektuellen und Philosophischen ist nur dem Einfluß Roms zu verdanken. Unter diesen Schichten liegt nun das eigentliche originale Wesen des nordischen Menschen begraben.

In den sehr fragwürdigen Jahrzehnten der esoterischen Aufklärung um die Jahre 1870 bis 1933 hat sich ein gewisser Teil der Menschheit immer mehr und mehr hineingewiegt in gewisse Wunschträume. Wunschträume, als ob man so »mir nichts – dir nichts« den Christus haben könnte, erleben könnte und der Christus in einem dann die regierende Macht würde. Als ob man so ohne weiteres Mensch sein könnte, während man in Wirklichkeit auf tausend Ebenen Mann oder Frau war und ist. Als ob man so ohne weiteres Mensch sein könnte im Sinne einer Übernationalität, während gerade diejenigen, die am meisten davon sprechen, deutlich ihre Gebundenheit an das Nationale offenbaren. Denn es ist einfach nicht möglich, daß man ohne weiteres die Grundgegebenheit der menschlichen Existenz, die Leiblichkeit, außer acht läßt. Und die Leiblichkeit wächst und bildet sich in einem ganz bestimmten Klima; womit ich nicht das meine, was man im üblichen Sinne »Klima« nennt, sondern die ganze Landschaft, in der ein Mensch aufwächst.

Es ist ganz selbstverständlich, daß die körperliche Struktur eines Menschen von seiner Umwelt abhängig ist, und zwar nicht nur deshalb, weil er in dieser Umwelt geboren ist, sondern weil seine Verkörperung in dieser Umwelt einen ganz deutlichen *Inkarnationswillen* zum Ausdruck bringt. Man wird nicht als Deutscher geboren, um international zu sein, sonst würde man sich nicht eine deutsche Leiblichkeit herauswählen, sondern eine schweizerische. Man wird nicht geboren als Franzose, um international zu sein, sondern man würde dann vielleicht in Panama zur Welt kommen oder sonst irgendwo. Aber eine solch dezidierte Entscheidung wie die, daß man sich überhaupt in Europa in einer Nation verkörpert, offenbart ja doch einen Inkarnationswillen, der nicht zu übersehen ist. Und darum wirkt auch die Umgebung in dieser Weise auf den Menschen ein.

Nun ist man, wenn man in diesem Raum geboren ist, deutsch. Ich sehe jetzt ganz ab von der außerordentlichen Bildekraft der Sprache, die auch wiederum aus einem ganz bestimmten Landschafts- und Klima-Grund stammt und die nun das Innenleben des Menschen ausformt.

Man muß sich vorstellen, daß sich eine solche Übertragung wie die der römischen Christlichkeit – besser gesagt, der römischen Jesuanischkeit – auf den nordischen Menschen immer in einer sehr fatalen Weise auswirkt. Nun, davon will ich jetzt gar nicht so sehr sprechen; nur davon, daß unter dem Zwang der römischen Propaganda, die wirklich gewaltig war, das ursprüngliche Erbe des landschaftlichen Raumes, des Klimaraumes, immer mehr in den Hintergrund gedrängt wurde. Es kam die Zeit des Schweigens und des Verschweigens.

Man darf nicht glauben, daß man irgend etwas umbringen kann. Die Vorstellung des Todes, so wie sie lebt in unseren Gehirnen – und wie sie auch aus dem Süden kommt, nebenbei –, diese Vorstellung des Todes ist ja keine Realität. Es gibt keinen Tod, es gibt nur die große Metamorphose aller Gestalten.

Also man kann nichts umbringen, man konnte die nordische Geistigkeit nicht umbringen, das ist nicht möglich. Man konnte sie aus dem geschichtlichen Raum wegnehmen und versenken in einen übergeschichtlichen Raum. Wohin? Wohin kann alles versenkt werden, was nicht im Bewußtsein der Menschen Raum hat? In das *Unterbewußte* der Menschheit. Dorthin wurde es verdrängt. Und was geschah nun? Selbstverständlich entwickeln die verdrängten Kräfte ein Leben. Die Griechen wußten davon. Der griechische Mythos wußte etwas von dem Leben der von den Göttern verdrängten Titanen. Die Titanen waren die vorangehenden Urväter der Götter und wurden hinuntergesperrt in das Unterirdische, das Unterbewußte. Aber man wußte: Dort leben sie und harren des Augenblicks ihrer Auferstehung. Später in der christlichen Zeit hat man die Dinge etwas salopper behandelt und dann einfach abserviert, ohne zu fragen und ohne Antwort zu geben auf die Frage, wohin nun dieses Abservierte kam, nämlich in das Kellergewölbe des Unterbewußten.

Der Mensch, der mit den unterbewußten Schätzen lebt – und jeder nordische Mensch lebt mit den unterbewußten Schätzen –, ist genau in derselben Lage wie jemand, der einen Besitz hat im äußeren Sinne, ein Vermögen. Das macht ihm Sorge. Er ist dauernd an der Überlegung, was er damit macht. Wenn er nichts macht damit, dann wird er bedrängt von der Vorstellung, daß er ein Schlamper ist, ein schlechter Verwalter, ein ungetreuer Knecht. Je stärker nun das römische Christentum wurde und je mehr das römische Christentum davon sprach, daß die Frau Hel die Hölle ist und das Böse, und je mehr also der Mensch sich fürchtete, sich den verborgenen Schätzen zuzuwenden, um so stärker wurde seine Sorge, ja seine Angst vor diesen Schätzen. Die Angst wurde immer lebhafter, und zuletzt kam es zu einem Aufstand der Angst. *Dieser Aufstand der Angst heißt Nationalsozialismus.*

Das geschah darum, weil es keinen Mythos mehr gab. Es gab nur die eine Seite des Mythos, das Schweigen, das Ver-Schweigen, und nicht die andere, das Aussprechen. Und weil das Aussprechen fehlte, kam es zu Bedrängungen des Verdrängten. Und weil nichts da war, was das Bedrängende klären konnte, nichts da war, was die Angst vor den rumorenden Titanen beseitigen konnte, so kam es zu dem Zusammenbruch, der interessanterweise zwei Gesichtszüge aufwies: den Kampf gegen Rom einerseits und das Auf-den-Schild-Erheben des nordischen Mythos andererseits. Beides geschah unter den konvulsivischen Zuckungen eines schwerkranken Gemeinschaftswesens und entartete dementsprechend.

Man könnte darüber noch vieles sagen, vor allen Dingen, was die Opfer dieses Systems betrifft, die in irgendeiner Weise Repräsentanten jener anderen Geistesart waren; auch darüber, daß es etwa die Menschen betraf, die international verhaftet waren, weil eben das Recht der Nationalität wieder irgendwie behauptet werden mußte.

In dem Augenblick, in dem der Mythos ausgesprochen worden

wäre, in dem Augenblick wäre der Nationalsozialismus vermieden worden.

Was ist nun dieser Mythos? Dieser Mythos enthält gar nichts anderes als die Grundstruktur jedes einzelnen deutschen Gemütes, gereinigt von allen subjektiven Erscheinungen und nur dargestellt im Prinzip, wie sie sich in jedem Menschen darlebt, der zu dieser Gemeinschaft gehört. Und dieser Mythos des germanischen Menschen, des nordischen Menschen, enthält sehr viele Motive, die in dem geistigen Bezirk des römischen Christentums keinen Raum haben, einfach nicht vorhanden sind.

Es ist etwa die ganze Frage der Stellung zur *Finsternis*, die absolut ungeklärt bleibt. Denn der südliche Mythos geht vom Tag aus, vom *Licht*. Das ist das primitive Erlebnis des südlichen Menschen und wird darum, weil es zu seiner Welt gehört, zu einer mythologischen Signatur des südlichen Menschen. Dieser südliche Mensch hat Angst vor der Dunkelheit und der Nacht; sie ist das Gegenteil seiner mythologischen Bildwelt. Der nordische Mensch hat eine Beziehung zu der Dunkelheit – ob sie positiv ist oder nicht, ist eine andere Frage –, eine reale Beziehung, denn in seinem Lebensraum herrscht unendlich viel Nacht, ist es dunkel und trübe; das gehört zu seinem Lebenselement. Ein Mythos, in dem nun die Dunkelheit schlecht wegkommt, also zu der Qualität der Hölle, des Bösen erniedrigt wird, vollzieht eine Kränkung in der Seele des Menschen, der mit ihr lebt.

Wir alle leben in diesem nordischen Raum und erleben die Eigenart dieses nordischen Raumes in seiner besonderen Weise in den Monaten Oktober, November, Dezember, Januar. Da waltet die Dunkelheit. Die Dunkelheit ist durch den römischen Mythos für uns das Böse geworden. Wir leben also effektiv durch Monate hindurch im Bösen, in der Hölle. Wir sind damit – nach dieser Anschauung – qualitätsmäßig böse und sind ein Höllengesindel.

Wir können überzeugt sein, daß in jedem einzelnen von uns sich die Struktur des Wesens gegen eine solche Beurteilung wehrt. Es paßt nicht in den Mythos des nordischen Menschen, daß das Dunkel das Böse ist, das geht nicht; sondern das Dunkel gehört zu der Lebenswelt. Es kommt zu einer solchen exklusiven Anschauung wie der des Novalis, der die Nacht verherrlicht. Es kommt so weit, daß selbst die katholische Kirche sich nicht dieser Nachtströmung entziehen kann und in Altötting die schwarze Madonna verehren läßt, um eine Kompensation zu versuchen. Das ist nur ein Kompromiß, der der nordischen Strömung aufgezwungen wird.

Die südlichen Völker schaffen aus dem Animalischen heraus, das sie in ihrer Welt erleben, ihren Mythos. Der südliche und weithin auch der östliche Mensch lebt ein vitales Leben, das erfüllt ist, vollkommen erfüllt ist. Das Füllhorn wird zum mythologischen Symbol dieser Völker. Der nordische Mensch – in die Dunkelheit, in das Nebelland verbannt – ist nicht etwa ein Verfluchter, sondern etwas ganz anderes: In seiner Weise ist er ein Gesegneter, denn er entwickelt etwas, was der südliche Mensch nicht entwickeln kann, nämlich die *Sehnsucht*. Der südliche Mensch kennt das Begehren, der nordische Mensch die Sehnsucht. Sie ist die Frucht eines Landschaftserlebens, das durch Nebel und Dunkelheit bestimmt ist. Dem südlichen Menschen geht es um den Besitz, dem nordischen Menschen um die Existenz. Das ist alles symbolisch oder mythologisch.

Es ist interessant, daß der Kampf der Amerikaner nach 1945 vor allen Dingen gegen die Sehnsucht der Deutschen ging. Das war der neuerliche Versuch einer Verdrängung mythologischer Grundbegriffe. Er ist nicht gelungen, weil er mit untauglichen Mitteln unternommen wurde.

Es bleibt nichts anderes übrig, als den Mythos zu pflegen, der das ausspricht, was im Inneren lebt, denn in dem Augenblick, da es ausgesprochen ist, ist es ge-äußert. Da unsere amerikanischen Erzieher glaubten, daß sie die Märchen und anderes verbieten müßten, taten sie genau das Verkehrte. Durch das Aussprechen werden die Verhältnisse des Inneren objektiviert, sie werden Objekt, dem sich der Mensch als Subjekt gegenüberstellt; und zwar erfaßt er sich dabei in seiner Freiheit vom Objekt.

Die Chinesen mußten als Zeichen auf ihre Fahne den Drachen malen, damit das Volk den Drachen sieht, damit der Drache nicht mehr im Inneren der Menschen wirkt. Der Mythos spricht die verborgenen Verhältnisse des menschlichen Inneren aus und schafft darum die Freiheit für den Menschen.

Das ist Mythos. Und was Mythologisieren ist, ergibt sich daraus und bedeutet, einen ganz bestimmten Zug eines Geschehens nicht mehr historisch und kausal allein zu sehen, sondern in seiner allgemeinen Gültigkeit. Wenn es gelingt, einen Zug des Geschehens in seiner allgemeinen Gültigkeit, in seinem Geistesraum zu erkennen, dann ist es gelungen, ein solches Geschehen mythologisch zu sehen und auszuwerten.

Solange man die Geschichte von Adam und Eva nur sah als ein historisches Ereignis, das die Theologen ernst genommen, die Wissenschaftler aber verlacht haben, solange war der Vorgang unverständlich. In dem Augenblick, da man diese Geschichte als Mythos erkennt und erlebt, daß jeder Mensch das durchmacht, was Adam und Eva durchgemacht haben, und daß die Geschichte nicht heißt: »Es war einmal«, sondern: »Es ist ständig in jedem Menschen«, in dem Augenblick ist sie ein Mythos geworden, und des Menschen Beziehung dazu ist mythologisch. Der Mensch, der den Bericht von Adam und Eva dem historischen Raum entreißt und einen Mythos daraus macht oder ihn als Mythos erkennt, der mythologisiert. Was wir hier tun, ist letztlich nichts anderes als Mythologisieren, denn wir versuchen ja, jedes Ereignis des menschlichen Lebens soweit abzuklären, bis erstens seine eigene Richtigkeit und dann seine allgemeine Gültigkeit offenbar wird als ein Gesetz, dem wir alle unterstellt sind, das uns jedoch nicht zwingt. *Der Mythos zwingt nicht, sondern Mythos – das Ausgesprochene – macht in Wirklichkeit frei.* Ein Gesetz, dem ich mich unterstellen kann oder nicht, manifestiert gerade meine Freiheit dem Gesetz gegenüber. Etwas, das mich zwingt, ist kein Gesetz, denn ich habe die Freiheit verloren. Das Gesetz ist erst dann möglich, wenn der Mensch die Freiheit gewonnen hat.

Grundformen
mythologischen Bewußtseins

Das Zeichen

Mythos und Mythologie – beides etwas, das zwar nicht neu, aber neuartig im geistigen Raum unserer Zeit steht und auch bis zu einem gewissen Grade ent-steht. Wir sind daran auf zweierlei Weise beteiligt: Wir haben als Menschen dieser Zeit naturgemäß die Grund-Veranlagung und die Grund-Geöffnetheit für alles Kommende oder sich Entwickelnde, und wir wurzeln gleichzeitig im Vergangenen und im Vergehenden.

Der Mensch ist gewiß nicht so wie eine Pflanze; und doch kann man sagen, daß er sich genau so verhält, wenn wir die Pflanze nur entsprechend verstehen. Wir denken immer, daß sie ein harmonisch sich entfaltendes Gebilde ist, das in jedem Augenblick das Rechte zu tun weiß. So sehen wir die Pflanze; ob sie so ist, wissen wir nicht. Es mag uns so erscheinen, weil wir es hineintragen. Und damit *mythologisieren* wir – um es gleich praktisch auszuwerten –, daß die Pflanze in irgendeinem Bestehenden und Gewordenen wurzelt und daß sie gleichzeitig in ein Unbestimmtes, ganz anderes hineinwächst. Denn Erde und Luft verhalten sich eben zueinander wie Bestimmtes zu Unbestimmtem – die Erde das Bestimmte und die Luft das Unbestimmte. Also wächst die Pflanze in etwas Unbestimmtes hinein, und zwar selbstverständlich und zuversichtlich.

In diesem Zusammenhang ist das Wort »Wurzel« interessant. Wir dürfen nicht vergessen, daß die Schreibmethode, die wir heute haben, eine konventionelle Angelegenheit ist. Wir brauchen uns gar nicht daran zu halten, sondern wir halten uns an das, was wir *sprechen*. Wir sprechen »Wurdsel«, und das setzt sich zusammen aus »wurd« und »sel«. »Wurd« weist auf das Gewordene hin, die »Wurdsel« steht in einer Beziehung zu dem Gewordenen, in dem sie bekanntlich ihre Arbeit leistet.

Wir denken also, daß sich die Pflanze ganz selbstverständlich in diesem Zusammenhang wohlfühlt, und können das ruhig annehmen. Beim Menschen allerdings entdecken wir etwas ganz anderes. Er kann in keiner Weise diese weiten Gegensätze des Vergangenen, in dem er wurzelt, und dessen, was an ihn herankommt als ein Zukünftiges, sehr leicht verbinden. Sondern er erlebt das Ganze, das durch ihn hindurchgeht wie durch eine Zwischenstation, als etwas sehr Spannendes. Und da Spannungen bekanntlich etwas außerordentlich Anstrengendes und schwer Auszuhaltendes sind, liebt der Mensch von sich aus die Spannungen nicht sonderlich.

Aus der Ablehnung der Spannungsverhältnisse kommt naturgemäß vielerei an Widerständen gegen das, was die Spannung herbeiführt. Die Spannung wird nie herbeigeführt durch das Bestehende, sondern immer nur durch das Kommende oder Zukünftige. Also ist der Mensch, der die Spannungen nicht schätzt, nicht liebt, ja mitunter sogar haßt, in einer entsprechenden Weise mißtrauisch und abwehrend, mitunter also auch hassend eingestellt gegen die Macht, die das Kommende bedeutet.

Das Mythologische ist etwas, was im Kommen ist, und das intellektuelle Bewußtsein, das begriffliche oder logische Bewußtsein, das immer gekoppelt ist mit dem historischen Bewußtsein, das ist die Welt, in der wir aufgewachsen sind, in der wir wurzeln. Und nun müssen wir uns also in dem, was derartiger Bestand des Vergangenen ist, auseinandersetzen mit dem, was da heraufkommt als ein Zukünftiges, das wir nicht ablehnen können, weil wir durch unsere schicksalhafte Eingeordnetheit in diese Zeit eine Veranlagung für diese Welt in uns tragen, der wir auch wiederum gerecht werden müssen.

So ist es wohl eine zeitgemäße oder zukunftsgemäße Aufgabe, sich mit Mythos und Mythologie etwas ausführlicher zu befassen.

Das Ganze ist in gar keiner Weise so kompliziert, wie es aussieht. Kompliziert wird es nur dadurch, daß wir unsere Kenntnis von Mythos und Mythologie aus der Vergangenheit beziehen, daß man also etwa von griechischen oder germanischen Mythen spricht. Naturgemäß ist das etwas Vergangenes und Altes, und wir haben nicht ohne weiteres den Zugang dazu. Denn Mythos und die Lehre vom Mythos – Mythologie – sind immer erst die Ergebnisse eines geistigen Schaffensprozesses, der entweder von einzelnen oder von größeren Menschengemeinschaften, von Völkern geleistet wird.

Es ist so, wie wenn man Ihnen eine unbekannte Frucht in die Hand gibt, und Sie sollen nun anhand dieser Frucht dem Lehrer aufzeichnen, wie der Baum dazu aussieht, und eine Naturgeschichte dieses Baumes geben. Das wird Sie ärgern und mit Recht, denn wie kann man verlangen, daß man aus einer Frucht ohne weiteres den dazu gehörigen Baum und gar die Geschichte dieses Baumes erkennt! Die Mythen, die wir besitzen, und das sich daraus ergebende Mythologische sind gar nichts anderes als solche Früchte, und darum steht man bei ihnen zunächst wie der Ochs am Berge.

Wir müssen, um nun einiges Verständnis dafür zu entwickeln, einen anderen Weg einschlagen, und zwar den mythologischen Weg. Das Mythologische besteht darin, daß man das, was zum eigenen Leben gehört, in einen Mythos verwandelt. Der Mythos ist der selbstverständliche Hintergrund aller Erscheinungen, anders ausgedrückt, alle Erscheinungen sind ihrem letzten Wesen nach mythologisch, oder jede Erscheinungskomponente ist die Komponente eines Mythos.

Nun hat jeder Mensch zu den Dingen in dieser Welt eine eigenartige Beziehung. Nehmen Sie etwa Wermut; ich meine den ganz gewöhnlichen und nicht schmackhaft gemachten Wermut-Tee.

Sie haben einen Menschen von behäbigem Typ, und Sie haben einen etwas galligen Typ; Sie haben diesen galligen Typ in einer jugendlichen Ausgabe von rund zwanzig Jahren und in einer älteren Ausgabe von etwa fünfzig oder mehr Jahren. Sie haben vielleicht noch jemand anderen dabei, etwa einen guten Weintrinker, und vielleicht noch jemanden, der sehr gerne Mohrenköpfe und derartiges ißt. Und nun servieren Sie also dieser geladenen Gesellschaft einen guten und zwar ziemlich starken Wermut-Tee.

Der gemütliche Mensch wird den Tee trinken und das Gesicht verziehen und in einer mehr oder weniger drastischen Weise äußern, daß er diesen Trank nicht schätzt. Der jugendlich-gallige Typ wird etwas erstaunt diesen Tee trinken und ein gewisses Wohlbehagen dabei empfinden. Der ältere gallige Typ, der schon im Laufe seines Lebens einige Leberentzündungen und Gallenkoliken gehabt hat und in Zeiten solcher wenig erquicklichen Zustände sich seinen tragischen Durst gerne mit einigen Tropfen Wermut gestillt hat, wird diesen Tee mit einer ganz großen persönlichen Verbundenheit und einer gewissen Dankbarkeit zu sich nehmen. Es werden also in ihm sehr positive Regungen wach in der Begegnung mit diesem Tee. Der Herr, der gerne guten Wein trinkt, wird mit cholerischer Entrüstung die Maske bzw. das Gesicht wahren und wird entsprechend wütend das Haus verlassen. Und so weiter.

Sie haben also auf dieses eine Objekt des Lebens die verschiedensten Reaktionen. Jedem dieser Menschen bedeutet dieses Naturprodukt etwas ganz anders. In dieser Lage sind wir allen Dingen gegenüber. Die Beziehung der Menschen zu den Erscheinungen und Dingen dieses Daseins ist eine durchaus im Subjektiven gegründete.

Das war nun eine relativ niedrige Etage, die wir miteinander betrachtet haben. Es gibt höhere Etagen, zum Beispiel eine weltanschauliche oder eine wissenschaftliche oder eine religiöse oder eine künstlerische. Jede dieser Etagen ist etwas höher als die, auf der wir uns eben bewegt haben, aber im Grunde genommen bleibt es immer das Gleiche. Man nimmt in einer ganz subjektiven Weise Beziehung auf zu irgendwelchen Dingen, Erscheinungen, Gegenständen dieses Daseins.

Und nun kann man etwa überlegen: Was ist an oder in dem Wermut, das in all diesen Erlebnissen als Gleichgeartetes auftritt, so daß jeder dieser Menschen sagen würde: »Ja, das ist's, das ist Wermut für mich«, und daß also eine vollständige Übereinstimmung erzeugt würde? Wenn man diesen Punkt findet, dann hat man das Mythologische im Wermut gefunden. Die *überpersönliche*, für alle Menschen gültige Bedeutung einer Erscheinung ist ihr Mythos.

Es ist für die meisten Menschen bedeutend schwieriger, anhand einer mythologischen Geschichte, eines erzählten Mythos aus der Vergangenheit diesen Weg zurück zu machen. Denn alle Einzelheiten eines geschilderten, erzählten, berichteten Mythos sind die mythologischen Ergebnisse einzelner Erscheinungen, die jeder Mensch individuell auffassen kann. Aber der Zug, den der Mythos herauswählt, ist der, der für *alle* Menschen gültig ist.

Wenn wir uns nun um ein mythologisches, also die Eigenschaft des Mythos annehmendes Verständnis bemühen, so können wir es am besten erreichen, wenn wir die Dinge, die zu unserem alltäglichen Leben gehören, *befreien* von der subjektiven Bedeutung, die sie für uns haben. Die bleibt natürlich irgendwo im Hintergrund bestehen; aber für den Augenblick befreien wir uns und die Dinge von ihrer subjektiven Bedeutung. Des weiteren bemühen wir uns, das in ihnen zu entdecken, was für alle Menschen das Gültige daran ist.

Jedes Ding dieser Welt, also jeder Gegenstand unseres Lebens, ist im letzten Mythos und ist darum seiner Eigenschaft nach mythologisch. Und doch ist es gar nicht so einfach, das Allgemein-Gültige an den einzelnen Dingen so ohne weiteres zu entdecken; man muß da bescheiden sein.

Was sollen wir tun, wenn wir diesem Ziel näher kommen wollen? Es bleibt uns gar nichts übrig, als unsere Welt leer zu fegen. Im äußeren Sinne ist das etwas schwierig, es würde uns schlecht bekommen; das geht nur mit Hilfe einer Atombombe. Also müssen wir uns auf das innere Feld beschränken, auf das Feld unserer Vorstellungen und Begriffe. Grundsätzlich ist es möglich, hier eine Leere herzustellen. Wenn wir es nicht können, so haben wir die Anlage dazu noch nicht in uns entwickelt, ein Mangel, dem wir durch gewisse Übungen abhelfen können.

Wir fegen also unsere Welt leer. Was bleibt dann? In dieser leergefegten Welt – die ich ja leergefegt habe – bleibt eines, das bin *ich.* Wenn ich mir diesen leergefegten Raum als eine Tafel denke, so kann ich ihn mit einem Stück Kreide bevölkern, wie ich will.

Die Tafel ist ein *leerer Raum*. Dadurch, daß sie ein leerer Raum ist, wird sie für mich zu einem Symbol der von mir in meinem Innern jetzt hergestellten Weltordnung, meines Welt-Bildes. Ich will in mir diesen leeren Raum herstellen, und da sehe ich nun, daß es etwas gibt in dieser Welt, was meiner Vorstellung, meinem Bild von einem leeren Raum entspricht.

Nun wollen wir mythologisieren. Wenn Sie etwa einen Pygmäen aus Zentralafrika holen und vor dieses Ding stellen würden, dann wäre das für diesen Pygmäen keine Tafel. Denn um zu dieser Vorstellung zu kommen, müßte er wissen, was Schreiben ist, was Lesen ist, was eine Tafel und was Kreide ist. Aber wenn wir nun alles Licht löschen und nur die Tafel beleuchten würden, dann wäre für ihn das ein leerer Raum genau wie für mich. Das Grund-Erlebnis daran ist die Leere. Leerer Raum – und zwar darum leerer Raum, weil er erfüllt ist mit etwas, was die Leere unterstreicht, nämlich mit der Farbe Schwarz. Wäre die Tafel weiß, dann wäre sie nicht das Symbol eines leeren Raumes, denn dann wäre sie für jeden Menschen automatisch doch in die Nähe einer Licht-Erfülltheit gerückt. Eine weiße Tafel kann niemals Mythos werden für den leeren Raum. Für den leeren Raum muß eine schwarze Tafel da sein, wenn überhaupt eine Tafel.

Wenn ich jetzt aus diesem Gegenstand den Begriff »leerer Raum« herausgezogen habe und sage: »Diese Tafel ist ein Bild des leeren Raumes«, dann habe ich die Tafel mythologisiert. Ich würde also in einem Mythos nicht anfangen: »Auf einem Aluminiumgestell mit einem hellgelben Holz, das dazwischengespannt war, stand eine schwarze Tafel...« Das ist intellektuell-historisch-gegenständlich und materiell. Sondern ich würde ganz einfach sagen, wenn ich einen Mythos anfangen wollte: »Wir saßen vor einem leeren Raum.« Nun kann man etwa weitermachen: »Sein Dunkel vertrieb alle Erinnerung an Licht.« Und schon beginnt der Mythos zu spielen. Mythos ist also aussprechen und – verschweigen.

In dem Augenblick, da ich sage: »leerer Raum«, ist eine Veränderung in der Seele vorgegangen, eine sehr wesentliche Veränderung, die ich etwa mit meinen Worten eine Ausweitung in den Bereich eines wachen Staunens nennen würde. Vorher, solange Sie wußten: »Tafel, schwarze Tafel«, da war die normale Enge da. In dem Augenblick, da das Bewußtsein der leeren Fläche, des leeren Raumes auftaucht, ist es wie ein Erwachen. Eine ganz behutsame Weitung und eine Art von Staunen, ja sogar eine Nuance von Frömmigkeit entsteht dabei, auch ein gewisses Erschrecken wie eine Art von schlechtem Gewissen, daß man seither etwas übersehen hat. Das ist schon die Wirkung des mythologischen Bewußtseins.

Sie werden in Zukunft – wenn Sie an diese Stunde denken – nie mehr nur mit Ihrem materialistisch-historisch-intellektuell-gegenständlichen Bewußtsein diese Tafel erblicken können, sondern sie wird Ihnen immer zugleich Mythos werden. Sie wird Ihnen etwas sagen von dem Verschwiegenen, was nämlich im Raum unseres Tagesbewußtseins verschwiegen wird; da ist es eben nur eine Schreibtafel. Aber das Verschwiegene wird ausgesprochen, sobald wir im mythologischen Bewußtsein diesem Gegenstand begegnen.

Wir versenken uns für einige Zeit in diesen Gegenstand, diese Leere, diesen leeren Raum. Man vermeidet dann nach Möglichkeit, irgend etwas anderes zu sehen als diesen schwarzen, dunklen, leeren Raum.

Nun will ich meinen *Standort* in diesem leeren Raum angeben, wobei ich natürlich weiß, daß es eine Fläche ist, etwas anderes kann ich mir intellektuell nicht sagen. Ich kann sie gewissermaßen als den Boden der Tatsachen nehmen, auf dem ich stehe. Und wenn ich dann meinen Standort angeben will, dann muß ich hier einen *Punkt* machen. Ich mache diesen Punkt mit weißer Kreide, denn ich habe jetzt keine andere zur Verfügung.

Man kann die Tatsache, daß die Kreide, die man hat, *weiß* ist, historisch-materialistisch-intellektuell-gegenständlich nehmen. Man weiß also: Kreide wächst weiß, ihr Abbau als weiße Kreide ist die natürlichste Gegebenheit; man verdient daran auch am meisten, es

37

ist mühelos, die Fabriken machen das so, und so weiter.

Und ich kann mythologisch denken; und das mythologische Denken beginnt meistens mit einem Mißtrauen gegenüber dem gegenständlich-materialistisch-historischen Denken. Man sagt also zu sich selbst: »Du, das mit dem Abbau von dem Kreidefelsen von Rügen ist so einfach und klingt nach Konversationslexikon. Da stimmt etwas nicht. Das geht mir zu leicht, diese Linie vom Kreidefelsen bis zu der Tafelkreide hier!« Damit fängt es dann an, das mythologische Denken.

Zu dem mythologischen Denken gehört eine große Behutsamkeit. Das Gelände des Lebens ist für den mythologisch denkenden Menschen überall mit Tretminen ausgelegt; bei jedem Schrittchen oder Teil eines kleinsten Schrittchens kann es losgehen. So muß man sich verhalten, wenn man mythologisieren will.

Ich sage mir also: Da ist ein Kontrast, ein ganz scharfer Kontrast von Schwarz und Weiß, der schärfste Kontrast, den ich mir im Bereich der Licht-Farbe-Vorstellungen denken kann. Dieser Punkt bin ich, denn er bezeichnet mich; er ist mein Zeichen in dieser Fläche. Das Zeichen, das mich bezeichnet, bin ich in diesem Zusammenhang. Ich bin also kontrastiert zu der ganzen Umgebung. Wenn ich meinen Weltraum leerfege, meinen Bühnenboden räume und gar nichts mehr darin ist und auch das Licht weg ist, ist er eine schwarze, leere Fläche. Dann bleibe ich allein als Gegenstand da, als Gegen-Satz zu allem anderen, das ja nicht mehr ist – ringsum ist nichts. Ich bin etwas. Und während alles andere im Dunkel liegt, bin ich im Licht, in der Helligkeit meines Bewußtseins. Ich *weiß* mich.

Früher auf dem Land, wenn Pfingsten, das liebliche Fest, vor der Türe stand, haben die Bauern geweißelt; das heißt, die Stube und die Küche und der Gang wurden mit Kalk geweißelt.

Ich *weiß* mich! Nun geht das Mythologische hin und her. Das »ich weiß mich« bedeutet, daß ich mich in das Licht meines Bewußtseins setze; und da alles andere im Dunkel liegt, so weiße ich mich, um es schwäbisch zu sagen, ich weißle mich in dem ganzen Raum der Dunkelheit. Und Wissen im Sinne von »ich weiß« und Weiß-Sein dieses Punktes ist dasselbe. Die Weißheit dieses Punktes ist das Abbild meines Wissens von mir selbst.

Also diese leere schwarze Tafel ist das Bild des entleerten Bewußtseinsraumes. Dieser weiße Punkt ist das Bild des sich selbst wissenden, man kann vielleicht sagen, weißenden Menschen. Und jetzt ist eine mythologische Beziehung hergestellt zwischen dem Inhalt des Bewußtseins des Menschen und dieser Bildwelt der Tafel mit dem Punkt. Beides, die Tafel und der Punkt, sind im Menschen, die dunkle, entleerte Bewußtseinsfläche ohne jede Vorstellung, ohne alle Bilder, ohne alle Gedanken – soweit das möglich ist –, und darin dieser durch das Bewußtsein erhellte, weiß-gewordene Punkt.

Diese Tafel mit diesem Punkt ist ein *Zeichen*. Und dieses Zeichen bezeichnet einen ganz bestimmten Bewußtseinsinhalt, den Sie herstellen können, und darum haben Sie hier etwas Mythologisches. Das gilt für alle Menschen. Jeder Mensch kann aus diesem Zeichen herauslesen, was es darstellt. Es ist für jeden Menschen der leere Bewußtseinsraum mit dem angedeuteten Ort seines Wissens um sich selbst.

Wollen Sie also einen Mythos darstellen von dem, was in Ihnen vorgeht, wenn Sie alle Dinge wegräumen – der Anfang jeder Lebens-, Menschen-, Welt- und Selbsterkenntnis –, und wenn Sie in dieser Leere nur noch sich selbst wissen, dann müssen Sie dieses Bild wählen. Dieses Bild ist gültig für den Grundausgangspunkt jedes Menschen, wenn er über Welt, Leben, Menschheit, Selbst nachdenken will. Dieses Zeichen bezeichnet einen Bewußtseinszustand, der in jedem Menschen vorhanden ist.

Was ich jetzt ausgeführt habe, ist das eigentlich Mythologische, ist die Darstellung der an dieser Stelle gültigen Gesetzmäßigkeit des exakt Mythologischen. Jetzt mache ich einen kleinen Sprung, der aus der eigentlichen Exaktheit herausführt, aber der Seelenlage des heutigen Menschen etwas näherkommt. Manche von Ihnen werden sich bei dieser kleinen Exerzitienübung darum schwer getan haben, weil sie plötzlich in die Lage versetzt wurden, sich in einer gewissen Art ernst und auch bedeutend zu nehmen. Dagegen wehrt man sich mit der Beschränktheit und Bescheidenheit, die man uns anerzogen hat. Und darum projiziert man das Mythologische, das auf diese Weise einem etwas auf den Leib rückt und einen ernst und bedeutend nimmt, gern auf eine andere Ebene.

Auf dieser anderen Ebene, die die religiöse ist, sagt man: Da ist die Gottheit im Ur-Beginn ihrer Schöpfung, der Geist Gottes, der brütend schwebt als Bewußtseinsträger über der Finsternis des hin und her wogenden Chaos. Nehmen Sie also dieses Zeichen hier – diesen weißen Punkt auf dieser schwarzen Tafel –, so haben Sie damit auch den Zustand der Gottheit gezeichnet am Anfang der Schöpfung. Jetzt denken wir daran, daß diese Geschichte von Gott und dem hin und her wogenden Chaos ein Mythos ist. Wir lassen dieses Bild weg und setzen an die Stelle der Tafel den Mythos des Alten Testamentes: den Geist der schöpferischen Gottheit, brütend schwebend über der Dunkelheit des hin und her wogenden Chaos.

Dieser Mythos ist bekanntlich eine Angelegenheit des historischen Wissens, damit des intellektuellen Wissens, damit auch des materialistisch-gegenständlichen Wissens. Schon dadurch, daß der Mythos in einem gedruckten Buch vor uns liegt, ist er auch materialistisch gegenständlich. Und wenn man nun diesen Mythos intellektuell-historisch-materialistisch-gegenständlich nimmt, dann ist er ein Schöpfungsbericht und ein Gegenstand für Konfessionen und Religionsunterricht. Nimmt man aber diesen Schöpfungsbericht als Mythos, dann ist er etwas ganz anderes. Dann steht er – dieser erste Satz der Bibel – an der Stelle dieses Zeichens, das wir heute abend aufgerichtet haben. Das heißt in das Wort übertragen: Schwarze Tafel gleich wogendes Chaos in der Finsternis; weißer Punkt gleich Bewußtsein – das ja immer schöpferisch ist, schwebend, brütend, nämlich überlegend, bedenkend, wach seiend über dieser wogenden Finsternis.

Jetzt gehen wir zurück zum Eigenen und überlegen: Wenn ich diesen Raum herstelle, diesen schwarzen, finsteren Raum, und mich darin als diesen beleuchteten Punkt, was tue ich denn da? Jeder

Mensch tut nämlich dieses: Er brütet denkend über dem hin und her wogenden Chaos der Finsternis. Ein Mensch *kann* gar nicht anders – wenn er das herstellt –, als sich sofort als ein geistiges Wesen zu erleben, brütend über dieser wogenden Finsternis. Wobei man entdeckt, wie gut das beobachtet ist, denn eine schwarze Tafel können wir nicht in uns herstellen. Sobald wir diesen leeren Raum herstellen, ist ein merkwürdiges Leben darin, ein Wogen der Finsternis.

Nun haben wir also zweierlei Mythos. Wir haben eine schwarze Fläche mit einem weißen Punkt – den Mythos des Zeichens –, und wir haben den Mythos des Alten Testamentes. Und beide Mythologien sind bezogen auf den Menschen oder, anders ausgedrückt, stellen etwas dar, schildern etwas, was jeder Mensch von sich aus so anerkennen kann, daß er sich sagen muß: »Das ist ein Zustand meines Wesens.«

Doch langsam! Ich habe gesagt, wir müssen bei jedem Schritt damit rechnen, daß eine Mine losgeht. Mancher von Ihnen wird einwenden: »Das stimmt doch gar nicht, niemals habe ich die Finsternis erlebt, sondern die Tafel.« Freilich. Aber etwas anderes ist der Fall. Jeder von Ihnen erlebt, wenn er in den Schlaf versinkt, das Auslöschen seiner Bewußtseinsinhalte und das Sich-Ausbreiten einer dunklen Finsternis in seinem Inneren. Sie können den Moment des Einschlafens beobachten, wie zum Beispiel, wenn Sie lesen, die Buchstaben entschwinden und also an dieser Stelle ganz deutlich die Entleerungs-Macht nach den Inhalten Ihres Bewußtseins greift. Damit haben Sie eine Begegnung mit dieser Macht, die den leeren Raum herstellt, und Sie wissen, daß Sie in jeder Nacht diesem Bild gegenübergestellt sind.

Sie wissen noch viel mehr, auch wenn Sie es nicht wahrhaben wollen während Ihres Tagbewußtseins, während Ihres sogenannten normalen Bewußtseins. Das normale Bewußtsein ist nämlich immer das anormale, denn es läßt die wesentlichen Dinge unserer Existenz aus dem Spiel und verdrängt sie und verjagt sie und tut so, als ob sie nicht da wären. Das ist eine reine Verleugnung, und darum ist das

Bewußtsein, das wir haben, eine reine Lüge und ist gar nicht *das* Bewußtsein.

Wenn wir nur wahrhaftig weiter fragen, dann wissen wir, daß unser Leben begonnen hat mit diesem leeren Raum. Er war nicht ganz leer, einiges war schon darin, aber sehr wenig. Und erst im Laufe der Zeit – bis etwa zum achtundzwanzigsten Jahr – hat sich der Raum ganz gefüllt. Wir wissen also, daß die Grundlage unseres Bewußtseins und damit unseres Selbstbewußtseins diese schwarze Tafel ist, daß aber von Anfang an das Selbst-Gefühl da war, ohne das nie ein anderer Inhalt hätte entstehen können.

Und wenn ich auch davon gar nichts weiß in meinem Bewußtsein, dieses Bild ist die Wahrheit, der Mythos; der Mythos nicht meines ganzen Lebens, sondern eines Teiles meines Lebens, meines Bewußtseinslebens. Und der besagte Satz des Alten Testamentes ist ebenso der Mythos meines Bewußtseinslebens.

So entstehen Mythos und Mythologie.

Die Kugel

Bei der Entwicklung eines Verständnisses für Mythos und Mythologie muß man begreifen, daß der Mensch in sich Bilder trägt, Vorstellungen, die ihm ganz tief eingegraben sind und die er gar nicht in sein Bewußtsein zu bekommen braucht, die er aber dann, wenn sie ihm begegnen, als irgendwie zu ihm gehörig erlebt und darauf anspricht. Es entsteht die Empfindung einer Entsprechung zwischen dem auftretenden Bild und dem Inneren des menschlichen Wesens.

Mythos entsteht also dann, wenn derartige Zeichen und Bilder in einen *Zusammenhang* gebracht werden, in eine Geschichte, in eine Sage, in ein Märchen, in eine Legende oder in ein Bild, in denen der Mensch sich aufgenommen fühlt – das Gefühl ist hier zunächst einzig und allein ausschlaggebend und bestimmend –, so aufgenommen fühlt, daß er in diesen Bildern und Zeichen eine Gesetzmäßigkeit erlebt, der er unterstellt ist. Der Mensch verlangt dabei, daß das ihm hierbei Begegnende nicht nur für ihn Gültigkeit besitzt, sondern eine allgemein menschliche Gesetzmäßigkeit zum Ausdruck bringt.

Wir haben damit einige Formulierungen; dem modernen Bewußtsein entspricht es ja, derartige Formulierung zu haben, die man – nach dem berühmten Zitat – nach Hause tragen kann. Man muß nur wissen, daß solche Formulierungen im Augenblick etwas Befriedigendes haben können, aber nicht auf die Dauer. Denn auf die Dauer erlebt man – wiederum nicht in seinem Bewußtsein, sondern im gesamten Lebensgefühl –, daß es sich noch um ganz anderes und um weit mehr handelt, als in einer solchen Formulierung enthalten ist. Und dessen wollen wir uns für den Augenblick auch ganz bewußt sein, daß eine solche Formulierung nur einmal eine Art von Insel bildet, auf der wir erst Fuß fassen müssen, um uns in aller Ruhe mit der Erscheinung des gesamten Meeres zu befassen.

Mythologie bedeutet weiterhin die Lehre, das entwickelte Verständnis alles dessen, was im Mythos auftritt an Motiven und Zeichen, und bedeutet darüber hinaus noch die reine Historie der Mythologie, also eine Zusammenfassung und Aufzählung aller Mythologien, die je vorhanden waren, was etwa im wissenschaftlichen Rahmen wichtig sein mag. Wir hier wollen Mythologie vor allen Dingen aufgefaßt wissen im Sinne eines Verstehens der mythologischen Motive oder, genauer gesagt, der Motive des Mythos.

Wir haben das letzte Mal ein derartiges mythologisches Motiv betrachtet, das man den *Stand-Punkt* des Menschen nennen kann.

Da wir hier in diesen Stunden gern etwas für das Konkrete tun wollen und man das ganze Gebiet also etwas schulmäßig auffassen muß, so wollen wir uns noch einmal vergegenwärtigen, daß das Punkt-Erlebnis als Standpunkt-Erlebnis durchaus nicht ständig im Bewußtsein des Menschen vorhanden sein muß. Ja vom Mythos aus gesehen ist es gar nicht notwendig, daß es überhaupt im Bewußtsein des Menschen vorhanden ist. Für den Mythos ist nur wichtig zu wissen, daß das Standpunkt-Erlebnis etwas für den Menschen bedeutet, dem er sich in der Praxis nicht entziehen kann. Es ist etwa so, wie wenn wir einen Schluck Wasser trinken und eine ganze Fülle von Elementen einnehmen in unser Wesen und nur für den Augenblick das Angenehme und Wohltätige, Durststillende dieses Wassertrunkes erleben, ohne daß auch nur ein geringer Prozentsatz von Menschen wüßte, was für Elemente er da in sich aufnimmt. Man trinkt, man erlebt eine gewisse Wirkung wohltätiger Art und begnügt sich mit dieser Wirkung. So ist es mit allem Mythologischen.

Wir können in unserem Lebensgefühl ohne das Standpunkt-Erlebnis überhaupt nicht sein. Wir trinken dieses Erlebnis gewissermaßen mit unserem Gesamtlebensgefühl in uns hinein, aber wir müssen es gar nicht wissen, daß wir es haben, daß wir es brauchen, daß wir es im Laufe eines Tages in einer solchen Fülle aufnehmen können.

Etwas ganz anderes geschieht, wenn ich es mir zum Bewußtsein bringe, denn dadurch werde ich plötzlich für den Reichtum meines Lebens aufgeschlossen. Es ist ganz klar: Wenn ein Mensch eine chemische Analyse des Wassers vornimmt, das er trinkt, und die ungeheure Vielfältigkeit an Elementen, Mikroben und anderem erlebt, die er da in sich aufnimmt, dann wird sein Weltbild unendlich bereichert. Und so wird das Weltbild bereichert, wenn wir uns die mythologischen Motive zum Bewußtsein bringen können.

Nun darf man nicht etwa denken, daß man sich nur anzuhören braucht, was zu einem solchen Motiv gesagt werden kann, und daß man dann in einer gewissen Weise damit fertig ist. Dann beginnt es nämlich erst.

Jedesmal, wenn das Bewußtsein des Menschen etwas Neues erfährt, reagiert es in einer doppelten Weise. Das ist nun auch etwas Mythologisches, deshalb erwähne ich es. Und zwar reagiert dieses Bewußtsein zunächst wie ein Huhn, wenn es ein Korn sieht. Es stürzt sich darauf und pickt es mit Feuereifer auf. Wenn es das Korn aufgepickt und das Korn in dem Huhn – jetzt also im Bewußtsein – eine Zeitlang gewirkt hat, dann entsteht im Bewußtsein ein Ärgernis, ein Ärgernis darüber, daß es etwas nicht gewußt hat und daß nun dieses Nicht-Wissen dadurch enthüllt worden ist, daß es sich – wie das Huhn auf das Korn – auf diesen Gedanken gestürzt hat. Und nun wird dieser Gedanke wie ein Fremdkörper betrachtet.

Alles, was der Mensch aufnimmt, wird ja von ihm so bearbeitet, daß es vernichtet wird. Das Essen des Menschen ist ein Vernichtungs-Prozeß, eine Zerbeißung. Der Mensch ist der Speise gegenüber bissig. Und da die beiden Worte »essen« und »sein« in einem Wort *»er ist«* so sinnfällig gehörmäßig zusammenfallen, mag uns dies immer ein Ausrufezeichen zu unserer ganzen Existenz bedeuten. Wir müssen immer überlegen, daß unser Sein ein ständiges Essen darstellt und im Vorgang das Essen als erstes eine Zertrümmerung erfolgt, Zerstörung, Auflösung, Vernichtung. Die Vernichtung gelingt ja nicht substantiell, nur formmäßig; eine Diskrepanz im menschlichen Bewußtsein, die immer wirkt, und zwar auch wiederum mythologisch wirkt.

Genauso wie wir uns im Bereich von Essen und Trinken verhalten, verhalten wir uns durchgängig. Wir erleben nach jeder Aufnahme erst einmal den Fremdkörper. Der Mensch unterscheidet sich sehr wesentlich von den Tieren. Die Tiere sind im großen und ganzen Schlinger, man sagt dazu: sie fressen. Das Fressen des Tieres ist weit natürlicher als das Essen des Menschen. Denn das Essen des Menschen zeigt seine Dämonie in der Beziehung zu dem Du, zu dem anderen. Das aufgenommene Du wird vernichtet.

Man darf sich darum auch nicht wundern, daß zum Beispiel die Ehe innerhalb der menschlichen Zusammenhänge vom Mythologischen her immer mehr oder weniger einen gegenseitigen Vernichtungs-Prozeß darstellt. Manche Menschen sind natürlich so träge und verhärtet, daß sie in diese Erlebnisse gar nicht hineinkommen. Aber die meisten werden davon ergriffen. Es ist nicht ein trivialer, vordergründiger, soziologischer Machtkampf, der da stattfindet, sondern wirklich ein existentieller Vernichtungs-Prozeß im Sinne des menschlichen Essens. Und der Mensch ist nicht etwa über dem Tier, sondern weit unter dem Tier, weil sein Essen diabolisch ist, dämonisch.

Nun handelt es sich ja um die Gedanken. Der Mensch, zunächst etwas überrascht von der neuen Speise, läßt sich überrumpeln, um dann erst in diesen Vernichtungsprozeß einzugehen. Man versucht den aufgenommenen Gedanken dadurch zu zerstückeln, daß man ihn bezweifelt. Der *Zweifel* ist das Äquivalent zum Kauen, das intellektuelle Äquivalent; und wenn man dann gewissermaßen den Gedanken zerzweifelt hat, dann ist er vollkommen ungefährlich, er tut einem nichts mehr; man kann ihn ganz ruhig belassen.

Und darum muß man sehr vorsichtig sein.

Der intellektuelle Mensch des Abendlandes antwortet etwa auf diesen Gedanken: »Ja – aber das muß doch nicht immer so sein!« Der mythologisch geschulte Mensch lächelt darüber und sagt: »Natürlich muß es so sein. Das ist eine der Grundordnungen, unter denen der Mensch als Mensch steht.«

Nun ist das Paradoxe, daß es dann doch nicht so sein muß. Das gilt aber erst dann, wenn der Mensch im Mythos die Grundgesetzmäßigkeit der menschlichen Existenz so in das Bewußtsein aufgenommen hat, daß der Mythos das Leben bestimmt, das heißt, daß der Mensch in seinem Bewußtsein fortwährend mit dem Mythos rechnet. Wenn er den Mythos im Bewußtsein hat – also das Grundgesetz des Menschentums –, dann ist er in der Lage, anders damit zu verfahren.

Man darf aber nicht denken, daß dazu genügt, einige Bücher zu lesen oder einige Vorträge zu hören. Sondern dazu gehört, daß man das durchmacht, was man in alter Zeit eine Einweihung nannte, was gar nichts anderes bedeutet als einen vollkommenen Umbau des Bewußtseins, einen Umbau, der im Neuen Testament mit μετάνοια bezeichnet wird, eine Umdenkung, eine Gesinnungsänderung, auch eine Sinnes-Änderung, eine Änderung der Sinne. Das alles gehört dazu.

Wenn also jemand sagt: »Ja – aber das muß doch nicht sein!«, dann muß man immer antworten: »Natürlich muß es sein!« Denn wenn jemand sagt: »Ja – aber«, dann weiß man, daß er die *Ein-Weihung* nicht hinter sich hat. Wer die Einweihung hinter sich hat, sagt in solchen Zusammenhängen nie: »Ja – aber!« Die beiden Worte existieren für ihn nicht mehr. Erst wenn einer die Einweihung hinter sich hat, dann kann man ihm sagen: »Es muß nicht immer so sein«, weil er dann den Mythos angenommen hat, eins geworden ist damit und ihn deshalb beherrscht.

Gerade darin zeigt sich, wieweit der Mensch ein intellektuelles oder ein mythologisches Bewußtsein besitzt. Der intellektuelle Mensch wehrt sich gegen alles. Der mythologische Mensch hat das Lächeln der Weisen und weiß, daß die Dinge alle stimmen; und er unterwirft sich. Die Unterwerfung ist für ihn kein Kunststück, sondern etwas, was er ganz selbstverständlich aus-übt, weil er einfach weiß, wie die Dinge liegen.

Darum darf man zum Beispiel mit dem mythischen Gedanken des Stand-Punktes nicht einfach so umgehen, als wüßte man, was er ist.

Sondern man muß ihn *ein-üben*. Das ist unangenehm, unangenehm für den intellektuellen Egoisten, der der heutige Mensch zumeist ist. Sehr leicht ist es für den Menschen, soweit er den intellektuellen Egoisten abstreift an sich. Dann wird es geradezu zu einem freundlichen Spiel, wie ja Ein-Weihung immer Spiel ist. Man kann Einweihung nie vollziehen mit dem Bierernst der Intellektual-Philister, sondern immer nur mit der Heiterkeit des spielenden Kindes. Verkrampfte Stirnen führen niemals zur Einweihung, sondern nur zur Krampf-Institution. Die Gelöstheit und die Heiterkeit des kindlichen Gemütes ist eine der Voraussetzungen für jede Einweihung.

Während eines Vormittags etwa, wenn man nichts anderes zu tun hat, denkt man beim Stehen für einen Augenblick: »O Himmel, was für einen Standpunkt hast du nun eigentlich?« Und dann versucht man, ein Bein zu heben, und hebt das eine und dann das andere Bein und versucht, dem Standpunkt zu entkommen, was aber nicht gelingt, weil man ja mit dem einen Fuß immer einen Standpunkt hat. Dann kann man etwa mit der Ferse auf den Boden stampfen und wütend werden und sagen: »Herrgott nochmal, immer dieser verflixte Standpunkt!« Aber es hilft nichts. Der Standpunkt ist ein Mythos. Dann entdeckt man dieses unausweichliche Gesetz, als Mensch einen Stand-Punkt zu haben – nicht haben zu *müssen*, o nein, man *hat* ihn! Man hat einen Standpunkt, unausweichlich.

Am besten natürlich, wenn man schon mit dem Standpunkt hadert, man legt sich schlafen; dann braucht man keinen Standpunkt, dann hat man auch keinen Standpunkt, denn das wesentliche Merkmal des Standpunktes fehlt.

Ach, wie ist das? Jetzt haben wir plötzlich ein Merkmal des Standpunktes. Wir dachten doch, das sei selbstverständlich? Nein, das ist es wiederum nicht. Der Standpunkt ist keine Angelegenheit meiner Ferse und meiner Fußsohle, sondern eine Angelegenheit meines Hauptes, meines Gehirns, meines Bewußtseins. Die beiden Pole meiner Leiblichkeit, Gehirn und Fuß, scheinen hier eine Entsprechung zu besitzen.

In diesem Zusammenhang fällt uns dann auf, daß wir als Menschen alle einem Komplex unterworfen sind, einem Standpunkt-Komplex. Ein solcher Komplex ist der sogenannte *Absatz*. Die Menschen unserer Epoche tragen ja Absätze an den Schuhen, das zartere Geschlecht besonders hohe Absätze nach Möglichkeit, es sei denn, man schwärmt für Reformkleidung. Aber im allgemeinen schätzt man den Absatz. Der Mensch erschrickt sehr, wenn er zufällig irgendwo hängen bleibt und der Absatz abgeht und er plötzlich ohne Absatz mit dem einen Bein dasteht. Der Absatz ist nichts anderes als eine Verlagerung des Standpunktes von der Ferse auf den Ballen. Das ist natürlich eine Illusion und darüber hinaus ein Betrug, ja ein Betrug, den der Mythos sehr genau kennt.

Da gibt es zum Beispiel die Achillesferse; und dann gibt es die Äußerung der Bibel: »Er soll dir (der Schlange) den Kopf zertreten, und du wirst ihn in die Ferse stechen.« Das ist Mythos, und zwar grandioser Mythos. Die Menschen, die das Alte Testament geschrieben haben, die haben geschaut. Sie waren nicht nur außerordentlich helle – helle ist man im Intellekt –, sondern sie waren erleuchtet. Sie schauten das, was die Menschen von heute nicht mehr schauen: die Gesetzmäßigkeiten des menschlichen Daseins. Der heutige Mensch begnügt sich damit, die Ungesetzmäßigkeiten seines eigenen individuellen Daseins mehr oder weniger darzuleben und vielleicht bis zu einem gewissen Grade zu durchschauen und zu erschauen. Diese Menschen begnügten sich damit nicht, sondern sie erschauten die allgemein-gültigen Gesetze des Menschentums. Und wenn heute einer dieser erleuchteten Geister – »nach abermals fünftausend Jahren« – wiederkäme und sich die Menschen mit ihren Absätzen ansähe, dann lächelte er weise und dächte: »Ich habe es doch genau gesehen. Sie haben Angst vor der Schlange.«

Der Absatz ist ein Ausdruck der *Angst vor der Schlange*. Wer einen Absatz trägt, der zertritt auch der Schlange nicht den Kopf, denn das kann man nur mit der Ferse, aber nicht mit dem Ballen.

Nimmt man nun dem Menschen den Absatz weg und stellt ihn ohne Absatz auf die Erde, so verändert sich etwas im Lebensgefühl und im Lebensgefüge des Menschen. Er kommt viel mehr auf den

Boden der Wirklichkeit. Es gibt im gesamten Rückgrat eine Art Verlagerung. Und der Mensch fühlt, daß er gerade auf der Erde steht, ganz anders. Ja, vielleicht kann er fühlen, daß er wirklich auf der Erde steht.

Das Gefühl, das der Mensch haben kann, wenn er mit der Ferse auf dem Boden steht und nicht auf einem Absatz, ist etwa zu vergleichen einem sehr starken Vitalitäts-Zuschuß. Es ist eine ganz andere Kraft da im Menschen, eine wunderbare Stärke, vielleicht etwas allzu vital für den Augenblick; das kommt aber nur daher, weil das Gefühl so lange entbehrt worden ist. Und zugleich verschiebt sich noch etwas in ihm: Er erlebt das Schwinden eines gewissen Hochmutes. Das alles muß man sich erst erarbeiten, man muß es üben.

So erfährt man, was der Stand-Punkt wirklich bedeutet und daß man einen richtigen Standpunkt haben muß, einen wirklichen, bei dem man nicht nur mit beiden Füßen auf dem Boden der Wirklichkeit steht, sondern mit beiden Fersen. Man erlebt, wie eben der Mensch unserer Zeit, der mit dem Ballen auf dem Boden der Wirklichkeit steht, keinen festen Standpunkt hat und daß der Absatz nicht eine Notwendigkeit der menschlichen Existenz bedeutet, sondern einen Ausdruck der menschlichen Unzulänglichkeit.

Damit sind wir aber noch lange nicht fertig mit dem Standpunkt. Sondern der Standpunkt interessiert uns gerade deshalb, weil wir sehen, wie der Mensch sich gegen ihn wehrt, und zwar durch diese Verlagerung auf den Ballen. Wir fragen uns: Was veranlaßt den Menschen, den richtigen Standpunkt zu vermeiden und einen verschobenen Standpunkt einzunehmen?

Diese Frage »Warum?« zwingt den Menschen dazu, sich mit dem Symbol, mit dem mythologischen Zeichen, das er vor sich hat, zu befassen. Und es wird einem ganz seltsam ergehen: Man wird plötzlich die Menschen daraufhin sehen, wie sie gehen, man wird sich selbst daraufhin erfühlen, wie man geht, und man wird ganz deutlich erleben, wie dieses Gehen auf dem Absatz nicht richtig ist, wie die Verlagerung des Gewichtes auf den Ballen nicht richtig ist im Sinne einer idealen Entwicklung des Menschentums. Und dann wiederum wird man rückschließend folgern können: Jetzt verstehe ich, warum der Mensch unserer Epoche so gar keinen rechten Stand-Punkt hat, warum es ihm so schwer wird, zu einem Stand-Punkt zu kommen, und warum er ganz vergessen hat, daß der Standpunkt zu seinem Mythos gehört.

Was ist »vergessen«? Vergessen ist nichts anderes als nicht wissen wollen. Man vergißt nur das, was man im letzten Grunde nicht mehr wissen *will*. Der Mensch will natürlich nicht wissen, daß so ein Standpunkt kein Stand-Punkt ist und daß das Stehen auf dem Ballen – das Verlagern des Gewichtes auf den Ballen – nicht richtig ist; das alles will er nicht wissen. Darum vergißt er die Art des richtigen Standpunktes und vergißt damit, daß sein Standpunkt kein Standpunkt ist, sondern eine Täuschung. So wird der Absatz das mythologische Zeichen der menschlichen *Über-Heblichkeit* und des Irrtums.

Nun sind wir durch eine Fülle von mythologischen Stationen hindurchgegangen. Wir haben vom Standpunkt gesprochen und vom Standpunkt des Menschen zum Standpunkt, und wir haben dabei die Beziehung zu einem mythologischen Symbol gefunden, zu dem Absatz. Und nun entsinnen wir uns eines Märchens: des Märchens vom *Aschenputtel*. Da geht es um eine Königin, die zwei eigene Töchter hat und ein nicht-eigenes Kind, Aschenputtel, das aber in den Dreiklang der Kinder als Stiefkind hineingehört. Im entscheidenden Augenblick versucht die eine der eigenen Töchter in den gefundenen Schuh hineinzukommen. Da zeigt sich, daß die Ferse zu groß ist und abgeschnitten werden muß; aber es ist ein Betrug. Man kann den Maßstab der Welt nicht betrügen. Von der anderen, die die Zehen abschneiden mußte, wollen wir im Augenblick nicht reden, die interessiert uns weniger. Aber beim Aschenputtel ist nun alles im rechten Maß, und sie kommt in den goldenen Pantoffel hinein.

Aschenputtel hatte den richtigen Standpunkt. Warum? Weil sie durch die Schicksalsführung gelehrt wurde, die Überheblichkeit abzulegen. Sie wurde gezwungen zu dem Leben in der Asche. »Von Asche bist du genommen, zu Asche sollst du werden!« Sie wurde gezwungen zu der letzten Konsequenz der Inkarnation, zu der Auseinandersetzung mit der staubhaften, aschenhaften Vergänglichkeit der körperlichen Existenz. Sie machte sich darüber nichts vor, und sie lebte damit bis zu dieser Konsequenz, die notwendig ist, alle Überheblichkeit abzulegen und barfuß über dieses Dasein zu gehen. Darum hat sie auch Verständnis für die tote Mutter und für das Grab.

Diese Ein-Übung in die Inkarnation, dieses Vertrautwerden mit Asche und Staub bewirkt, daß sie später das rechte Maß des Menschentums zur Darstellung bringt. Der Prinz erkennt sie als den Träger des Menschentums im Sinne des Wortes: »*Ecce homo*« – »Siehe, der Mensch!« Und die Entsprechung für das Liegen im Staube und das Arbeiten im Staube ist der Zustrom des heiligen Geistes in Gestalt der Tauben. So wird der Ausgleich geschaffen.

Dem steht der Mensch unserer eigenen Epoche gegenüber, beschränkt auf seinen eigenen Intellekt, ohne Zustrom des Geistes, weil ohne richtigen Standpunkt – mit Absatz lebend. Wenn der Mensch den Standpunkt erkennt und seine Wichtigkeit, dann wird er mit einer ganz anderen Gebärde als zuvor das Zeichen des Punktes setzen.

Wir sprechen in diesem Zusammenhang auch vom *Stand-Ort*. Standpunkt ist etwas enger und spezieller gefaßt, Stand-Ort ist etwas allgemein-gültiger in unserem Sprachgebrauch. Dieses Wort »Ort« hängt mit einem Wort zusammen, das im Lateinischen auftritt und das »entstehen« heißt. Wenn wir ent-stehen, dann stehen wir irgendwo, um dort zu ent-stehen, zu er-stehen. Auf dem Standpunkt oder auf dem Standort steht man, und Ort heißt also Entstehung.

Wenn man sich das eine Zeit lang überlegt, bekommt man ein merkwürdiges Gefühl in seine Füße, in die Fußsohle. Ich meine das nicht abstrakt, sondern ganz wirklich. Wenn man das durchlebt und durchdenkt, verändert sich sofort das Gefühl in den Füßen. Und man beginnt irgendwie zu begreifen, warum der Mensch einen Absatz hat. Wir brauchen den Absatz, um uns zu retten.

Nehme ich das Wort »Stand-Ort« – den Entstehungs- und Erstehungs-Ort – ernst, dann muß ich diesem Raum, wo ich jetzt stehe, zugestehen, daß ich aus ihm erstehe. Und wenn ich aus ihm erstehe, bin ich jetzt im Augenblick ein *anderer*. Ich bin ge-ändert – ge-ändert –, und ich bin ein anderer durch die Kräfte, aus denen ich erstehe, aus denen ich entstehe, auf denen ich stehe, aus denen ich auferstehe.

Bin ich ein anderer durch die Kräfte, aus denen ich erstehe, so bin ich nicht mehr ich selbst, sondern ich bin ich selbst plus ein anderer plus ein Änderer, der Änderer, auf dem ich erstehe, aus dem ich erstehe. Wenn ich aber ein anderer bin durch den Änderer, dann ist hier – wenn ich mich diesem Ort nähere – mein Ende, das Ende meiner selbst. Man muß wissen, was das für unser Selbstgefühl bedeutet. Schleunigst schieben wir einen Absatz zwischen unseren Standort und uns selbst, eine dicke Isolierschicht, damit ja das andere, der Änderer, nicht in uns eindringt und wir andere werden. Wir verlagern unser Standpunktgewicht auf den Ballen, der nicht beeinflußt werden kann von dem Änderer.

An dieser Stelle kommen wir wieder auf den Punkt zurück, den wir letztens auf die leere Tafel zeichneten, und wir fragen uns: Warum zeichnen wir einen Punkt so, als einen ausgefüllten Kreis? Welch ein eigenartiges Gefühl, daß jeder Punkt etwas Rundes ist! Dieser Punkt ist in Wirklichkeit gar kein Punkt, sondern eine *Kugel*. Wir haben also hier eine Rundung. Woher kommt das? Weil der Mensch bei seinem Stand-Punkt niemals ein punktuales Erlebnis hat, sondern etwas ganz anderes. Sein Fuß ist gewölbt, und der Mensch spürt ganz deutlich, daß er nicht irgendwie im Leeren steht, sondern daß eine Art von Fülle da ist, ein Erfülltsein. Es strahlt etwas aus in diese Wölbung, es ist wie eine Brücke am Fuß, und diese Brücke ist erfüllt. Der Mensch hat ein Empfinden dafür, daß er über eine Kugel schreitet, die Kugel der Erde, die Erd-Kugel, von der er gar nicht durch die Wissenschaft wissen muß, sondern nur durch sein eigenes Gefühl.

Das Erlebnisgefühl des Menschen ist das Schreiten von Stand-Punkt zu Stand-Punkt, ein Schreiten über eine Kugel. Wunderbares Spiel des Kindes: einen Ball unter die Füße zu bekommen und auf diesem Ball zu stehen und ihn zu rollen, meist so, daß man an Ort und Stelle bleibt. Ein eigenartig mythologisches Gefühl: Man rollt mit dem Stand-Ort, mit dem Stand-Punkt, man rollt mit der Erde.

Der Ort des Standes, der Standort, wird die Erde, die Erd-Kugel. *Mein Standort ist identisch mit der Erde.*

Mein Stand-Ort, das ist der Ort, wo ich aus Staub und aus Asche gemacht bin, zu Staub und zu Asche werde.

Entstehen oder Erstehen an einem Stand-Ort würde also bedeuten, entstehen oder erstehen aus den Kräften der Erde, meine Entstehung von der Erde ableiten. Es würde bedeuten, daß man ein anderer ist, geändert ist.

Der Mensch, der am Absatz festhält, entzieht sich seiner ständigen Neugeburt.*) Als ein sich derart der Neugeburt Entziehender wird er alt; er veraltet und muß sterben. Die ständige Veränderung des Standortes, die ständige Neugeburt durch den veränderten Standort bewirkt eine ständige Erneuerung des Menschen, wenn er nicht am Absatz festhält, an der Überheblichkeit, am Hochmut, wenn er sich dem Dienst in der Asche unterwirft – um im Mythologischen zu sprechen.

Wir fahren fort im Mythos: Wir fragen: Warum ist der Mensch ein Absatz-Mensch? Wobei sehr interessant ist, daß die Männer niederere Absätze haben und die Frauen höhere.

Wir lassen die Frage der Schlangenfurcht jetzt einmal offen und sehen statt dessen auf die Tatsache, daß die Menschen Jahrhunderte, Jahrtausende mit Bällen spielen – zunächst wiederum vor allen Dingen eine weibliche Beschäftigung und dann allmählich übergreifend auf das Männliche. Wir erleben das Weibliche den Ball mit den Händen spielend, das Männliche der heutigen Zeit mit dem Fuß spielend, dazwischen eine Zwischenlösung, bei der typischerweise das Männliche und das Weibliche häufig zusammen-spielen: das Tennis. Bei diesem Tennis wird der Ball geschlagen, mit einer großen Wucht geschlagen.

Wir kennen aus dem Märchen das Spiel mit den Kugeln. Mit der

54 *) vgl. Antäus (Ἀνταῖος)

Kugel spielen bedeutet, mit dem Standort des Menschen spielen. Die Kugel wird Symbol für den Standort des Menschen einerseits und für die Erde als Ort dieses Standortes andererseits. Es entsteht das mythologische Symbol der Kugel.

Die Kugel bringt zum Ausdruck, daß der Mensch weiß, um was es sich handelt, aber er will damit spielen. Er will spielen mit seiner Hand. Und in einem gröberen Zeitalter beginnt das Spiel mit der Kugel im Fußball und im Schlagball, die Spiele, die den Zorn des Menschen über seine Gebundenheit an einen Stand-Punkt offenbaren; während das Weibliche in dem Ballspiel mit der Hand glaubt, daß sich der Ernst des Daseins an einem Standpunkt durch List überspielen lasse.

Der Mensch nimmt den Absatz weg und stellt sich ganz auf die Erde. Und dann kommt die Schlange, die ihn in die Ferse sticht. Denn in dem Augenblick, da der Mensch die Ferse freigibt von dem Absatz, wird der Hochmut offenbar, und der Mensch erkennt, daß ihn die Schlange gestochen hat. Die Überheblichkeit und der Hochmut sind die Wirkungen des Schlangengiftes.

Das Zeitalter, in dem der Mensch von der Schlange gestochen wird, entdeckt die *gerade Linie*. Die gerade Linie entsteht dann, wenn der Mensch mit Hilfe eines Absatzes sich der Wölbung entzieht. Diese Linie nennen wir eine Tangente. Bei der Tangente entsteht für den Fuß der falsche Standpunkt, der falsche Berührungspunkt. Die Weltanschauung des Menschen wird tangential: Berührung anstatt Vertiefung. Die Vertiefung würde bedeuten, daß der Mensch verwurzelt, verwurzelt mit dem Ort seines Daseins, aus dem er entsteht. Dagegen ist die Signatur der Geraden, die unser Denken und Empfinden heute vollkommen beherrscht – zum Beispiel in der Logik mit aller Gesetzmäßigkeit –, der Ausdruck unserer Überheblichkeit, unserer Nicht-Verkörpertheit.

Solange die Menschheit nicht aus dem Grab die Kräfte der Auferstehung bezieht, solange wird sie am Alter sterben. Der Ausdruck »Jünger«, der gewählt ist durch Luther, bekommt eine neue Bedeutung. Man muß das Mysterium des Standpunktes, den Mythos des

Standpunktes durchleben, um zu wissen, was dieses Wort »Jünger« bedeutet und was wiederum der Mythos im Leben des Jesus von Nazareth bedeutet: *der geänderte Mensch*.

Unsere Position im Märchen ist die der einen oder der anderen Stiefschwester. Sie sollte werden die des Aschenputtel, das das Grab versteht als den richtigen Stand-Ort und das Mysterium der Asche als den Ort der Begegnung mit dem Heiligen Geist der ständigen Erneuerung.

Der Weg

Zur Ausbildung eines mythologischen Bewußtseins gehört, daß man die Eitelkeit der Bescheidenheit ablegt. Das klingt seltsam und paradox und muß doch in dieser Weise formuliert werden. Noch glauben die Menschen der Epoche, der wir angehören, daß der seriöse Mensch nicht genug darauf bedacht sein kann, die Unscheinbarkeit seines Wesens, seiner Erscheinung und seiner Lebensumstände zu betonen.

Man ist des Beifalls der sozialen Umwelt sicher, wenn man eine derartige Bescheidenheit darzuleben vermag. Wie schwer ist es doch, sich von der Zustimmung oder dem Mißfallen der sozialen Umwelt unabhängig zu machen!

Mythologisches Bewußtsein ist natürlich nicht das Bewußtsein schlechthin, das ein Mensch besitzen oder entwickeln kann, sondern es ist ein Teil unseres Bewußtseins. Es gibt Menschen, die aus einer gewissen Anlage oder Neigung heraus sich darum bemühen, ein ausschließlich mythologisches Bewußtsein in sich zu entwickeln. Das ist wiederum auch eine Einseitigkeit; aber genauso ist es ein Mangel, wenn man diese Seite des Bewußtseins nicht entwickelt. Viele Menschen scheuen überhaupt vor dem, was aus der Mythologie auf sie zukommt, weil das mythologische Bewußtsein einen Angriff auf das individuelle Bewußtsein darstellt. Jede Begegnung mit dem Mythos raubt uns einen wesentlichen Teil unseres Selbstbewußtseins.

Um das nun nicht so stehen zu lassen, muß ich gleich dazusetzen, daß eine Vertiefung im Raume des mythologischen Bewußtseins das Ich-Bewußtsein des Menschen stärkt im Gegensatz zu dem Selbstbewußtsein, Ich-Bewußtsein gemeint als ein Menschheitsbewußtsein. Der Mensch erfährt sich dabei nicht so sehr als eine Persönlichkeit mit Vor- und Zunamen, sondern als *Mensch*. Und da der Mensch ja die übergeordnete Kategorie über die Person, die durch Vor- und Zuname gekennzeichnet ist, darstellt, so wächst der Mensch also in diese höhere Kategorie hinein, in ein Übergreifendes, Überragendes und Umfassendes.

Die Schöpfungsgeschichte im Alten Testament zum Beispiel und die dazugehörige Geschichte vom Sündenfall verlangen die Bereitschaft zu einem Selbst-Verzicht von außerordentlichem Ausmaß. Der Mensch wird in diesem Mythos des Alten Testamentes einerseits weit über sein sonstiges Maß erhoben, so daß er davor zurückscheut, und andererseits in vielem unter das Maß gedrückt, so daß eine gewisse Empörung zustande kommt. Die enge Verflechtung mit dem Sündenfall fühlt der heutige Mensch weithin als eine Entwürdigung oder eine Zumutung an sein Wesen, und er lehnt sie darum ab. Dagegen die Einhauchung des Geistes und die Tatsache, daß er Gott gleich ist, wird ebenso als eine Zumutung nach der positiven Seite empfunden und abgelehnt. »Das kann doch nicht stimmen« ist die Formel, unter der man seine Ressentiments abreagiert.

Ich habe dieses Beispiel gewählt, weil es deutlich macht, daß die Begegnung mit dem Mythos etwas ganz Entscheidendes bedeutet für den Menschen und das Schrebergarten-Ausmaß seines Selbstbewußtseins zerbricht und zerstört. Man muß einfach ganz andere Dimensionen in Betracht ziehen, wenn man dem Mythos begegnet und wenn man ein mythologisches Bewußtsein zu entwickeln bemüht ist.

Es ist unerhört schwierig, sich ohne weiteres in diesem Gelände beheimatet zu fühlen. Es ist, als ob das Handfeste des Ankergrundes, den man in der eigenen Person besitzt, sich irgendwie auflöste. Und zugleich tritt an die Stelle dieses mehr Handfesten ein Wogen von unerhörten Dimensionen und Gewalten, so daß man nicht den Eindruck hat, man gewinne einen festeren Ankergrund.

So wie die Griechen davor zitterten, daß die Titanen, die von den modernen Göttern der Griechen in die Tiefe verbannt waren, eines Tages wieder auferstehen, aufbrechen würden, so durchzieht das historische Christentum die ständige Furcht vor dem Auftauchen des Tieres aus dem Abgrund nach dem Ende des tausendjährigen Reiches. So findet man überall in derartigen Traditionen dieses Furchtelement vor dem Aufstand der Tiefe, die man im Deutschen von vorneherein etikettiert hat als Hölle. Damit hat man auf eine listige Weise den Menschen narkotisiert, daß er sich einspannen läßt in alle die Bemühungen, die darauf ausgehen, diesen Aufbruch der Hölle zu verhindern. Das stellt geschichtsgemäß einen Un-Sinn dar, denn etwas, was im Vollzug des Weltenplanes geschehen muß, kann durch keine noch so starke menschliche Bemühung aufgehalten werden. Aber der Mensch wünscht diesen Aufbruch nicht, weil damit zugleich das Große in die Welt einbricht, weil die kleine Welt des heutigen Menschen dadurch zerstört wird und an ihre Stelle eine große Welt tritt.

Vieles von dem, was in der Welt geschieht und was für den Menschen in seiner heutigen Struktur furchtbar, schrecklich und entsetzlich ist, muß von einer anderen Seite her absolut gedeutet werden als das erste Anzeichen einer kommenden menschlichen Größe.

Ein zweiter Gesichtspunkt, den wir in Betracht ziehen müssen, ist der folgende: Für das mythologische Bewußtsein gibt es keine Nebensächlichkeiten oder Unwichtigkeiten. *Alles ist bedeutend.* Wir verbinden mit diesem Wort »bedeutend« im Sprachgebrauch etwas Außergewöhnliches, Vorzügliches, Achtunggebietendes, Ehrenwertes, Respektables... Wir gestehen ihm den Charakter des Außergewöhnlichen zu, weil wir ein intellektuelles Bewußtsein haben und kein mythologisches. Im mythologischen Bewußtsein kehren sich die Verhältnisse um. Da wird nun *alles* bedeutend, ganz gleichgültig, um was es sich handelt. Wenn es nur überhaupt charakterisiert werden kann mit dem Wort »etwas«, dann hat es grundsätzlich eine Bedeutung. Das Merkmal des Bedeutenden wohnt für das mythologische Bewußtsein allem und jedem inne.

Es ist eben bedeutend, und zwar absolut bedeutend, ob Sie ein

Stück Brot morgen früh beim Frühstück brechen oder zerschneiden. Es ist absolut bedeutend, wie Sie dieses Brot behandeln und mit was Sie dieses Brot behandeln. Es ist absolut bedeutend, ob Sie dieses Brot beim Essen in die linke Hand nehmen oder in die rechte Hand; und so geht es weiter.

Der faule und der träge Mensch in uns, der nur den ganzen Tag seinen Intellekt wie eine Drehorgel zu drehen braucht, und die ganze Moritat des täglichen Lebens läuft ab auf dieser Drehorgel, der ist empört darüber, daß er nun unheimlich viel zu tun bekommt. Denn wenn das mythologische Bewußtsein entwickelt wird, dann ist man den ganzen Tag gejagt. Unaufhörlich bedrängt einen die Frage: Was hat dieses oder jenes für eine Bedeutung? Was bedeutet es, daß du jetzt mit einem bestimmten Menschen zusammenkommst? Was für eine Beleuchtung ist draußen am Himmel? Wie ist die Stimmung im Raum? Und was bedeutet das im Zusammenspiel mit dem, der da kommt? Und so weiter. Das mythologische Bewußtsein in uns zielt auf eine derartige Lebensführung hin, und bevor man nicht so leben kann, wird man auch die Zeichenschrift des eigenen Lebens nie lesen können. Man wird sich selbst und sein Leben ohne mythologisches Bewußtsein nie ganz verstehen.

Bei einer geistigen Arbeit kommt nur alles auf die *Geduld* und auf die *Intensität* an. Der Intellekt wird, wenn nach acht Tagen das Ganze nicht funktioniert, uns sagen: »Die Sache ist nichts!« Und wenn das nicht zündet, dann sagt er als nächstes: »Du kannst es doch nie und nimmer mehr! Also hüpfe nur wieder in deinem alten Trott davon!« Dann ist es gut, man besinnt sich, daß solche Inspirationen von dem inneren Gegner kommen und nicht von dem Engel. Dann hat man die Möglichkeit, sich zu besinnen und haltzumachen und zu sagen: Jetzt beschäftigen wir uns einmal einige Jahre in aller Ruhe mit dem Problem, und dann werden wir erst sehen, ob ich nicht Talent dafür habe. Aber vorher hast du nichts anzumelden!

Hat man diese Übergangszeit gut durchgestanden, dann verändert sich das Bild vollkommen. Denn man steht dann in einer Welt, in der eben alles Botschaft ist.

Hier muß ich eine Einschaltung machen, die sehr wichtig ist. Mythologie ist nicht grundsätzlich ein paradiesisches Parkett, auf dem nur Engel ihre Reigen tanzen, sondern wie weiland bei dem Prolog im Himmel in Goethes *Faust*, so mischen sich auch hier die mephistophelischen Gestalten hübsch und munter unter die Engel. Man kann sich bei der Besichtigung der mythologischen Lebensausstellung des eigenen Daseins von einem Engel oder von einem Teufel führen lassen. Und da die Teufel meistens ganz gut aussehen, ist es vielleicht schwer, sie richtig zu erkennen. Vor allem haben sie meistens einen bestechenden Intellekt und sind sehr gescheit; man hüte sich deshalb grundsätzlich vor gescheiten Leuten! Und es kann sein, daß man auf diesem Parkett ganz gefährlich auszurutschen beginnt, wenn man vergißt, daß man in einer bestimmten Art dem Christentum verbunden ist.

Die christliche Welt ist von dem Lehrer des abendländischen Christentums, Jesus von Nazareth, außerordentlich behutsam aufgebaut; es wird meist nicht mit Keulenschlägen gearbeitet, sondern nur mit einem sanften, stillen Hauch. Wenn man ein sehr dickes Fell hat oder wahnsinnig besessen ist von seinen eigenen Dingen, dann spürt man diesen Hauch schlecht. Zu dieser sehr wichtigen und ständig daseienden Anhauchung gehört das Grundwort dieser Welt, das *euangelium* heißt. Dieses *euangelium* ist – wenn man lebendig zu horchen versteht – ein Fanfarenstoß und sonst nur ein stiller, sanfter Anhauch. Bei unserem Thema – das wir ja nicht ohne den Christus behandeln wollen – heißt das, daß man außerordentlich aufmerken soll, damit man nicht mit den Teufeln zu tanzen beginnt bei der Entwicklung des mythologischen Bewußtseins. Zum Beispiel ein Mann wie August Strindberg hat auf diesem Parkett mit dem Teufel getanzt. Darum sind seine Sachen sehr gescheit, und wer Gescheitheit hamstern will, der wende sich dorthin. Aber sie sind eben teuflisch.

Ich möchte dazu ausdrücklich erklären, daß ich den Teufel absolut hochschätze – aber nur an der richtigen Stelle und im richtigen Rahmen seiner Aufgabe. Nicht an der falschen Stelle, vor allen

Dingen nicht an der Stelle, an die die Engel gehören, die allerdings bedeutend zurückhaltender und bedeutend langweiliger sind – wie man auch bei Goethe nachsehen kann – und bei denen man viel mehr auf der Hut sein muß. Der Mephisto ist gefälliger, er läuft dem Menschen nach. Die Engel sind ungefällig, sie warten, daß der Mensch ihnen nachläuft. Und sie sind außerordentlich spröde; man muß einiges einsetzen, um sie ein bißchen gesprächig zu machen.

Bei der Entwicklung des mythologischen Bewußtseins muß man sich, wenn man im Christlichen bleiben will, an die Engel wenden. Ich meine beileibe nicht, daß man sich nur an die Engel wenden muß, warum denn! Wenn einem wohl ist bei dem Teufel, wende man sich ruhig nach dort. Aber man muß wissen, daß der Teufel einem zum Schluß immer ein Bein stellt und daß man mit Sicherheit stürzt. Und wenn man das nicht absolut will, dann muß man sich etwas hüten davor.

Der langen Rede kurzer Sinn: *evangelium* heißt die Botschaft von dem absoluten, qualitativ Guten. Das heißt, daß sich der Mensch durch diese Welt, mit der er im Neuen Testament in Berührung kommt, Augen einsetzen läßt oder seine Augen heilen läßt, daß sie nur Gutes sehen – nicht »das Gute«, sondern »nur Gutes«. Alles ist gut, mit diesem Auge gesehen. Was Jesus von Nazareth meint, ist ja, daß der Mensch aus allem die Botschaft hören kann, die ihm das Gut-Sein des Daseins verkündet. Das bedeutet freilich, daß der Mensch auch in der Lage ist, es anders zu hören, so daß er nur das Schlechte hört, oder auch so, wie die meisten Menschen im Abendland es tun, daß er mal so, mal so hört. Aber die Disziplin der jesuanischen Schulung erwartet von dem Schüler, daß er sich auf das Gute einstellt.

Das ist insofern außerordentlich wichtig, als der Mythos an sich vollkommen qualitätslos ist. Wenn man in den Mythos eintritt mit dem üblichen Urteil von Böse und Gut, dann kommt man nie zurecht. Das haben wir in der Vergangenheit erlebt, als der aufgeklärte amerikanische Westen den Versuch gemacht hat, uns die Märchen als die Quelle des deutschen Unheils darzustellen. Ich erinnere mich noch, wie wir hier im Jahre nach dem Kriege danach trachteten, eine Märchenausgabe herauszubringen, und daß man mit Rücksicht auf unsere amerikanischen Vorgesetzten einige Märchen herausstreichen mußte. Die Überlegung war etwa, daß, wenn die böse Stiefmutter bei dem Schneewittchen in glühenden Schuhen tanzen muß, das deutsche Gemüt zu KZ-Methoden angeregt wird und ähnliches. Das ist ein vollkommenes Mißverständnis des Mythos, weil man an den Mythos nicht mit diesen Begriffen herangehen kann. Der Mythos ist vollkommen jenseits der Moral und in diesem Sinne amoralisch.

Wenn ich in den Mythos das Urteil von Gut und Böse oder von Gut und Schlecht hineintrage, dann verirre ich mich vollkommen. Der Mythos ist immer nur eine Aufklärung über Tatsächliches, über die wirklichen Verhältnisse, und so muß man ihn auffassen. Ist man einmal eingestellt darauf, alles bedeutend, bedeutungsträchtig zu erleben, stellt man sich darauf ein, aus allem nur das *evangelium*, die Botschaft des absoluten Guten zu hören, dann hat man die richtige Voraussetzung geschaffen, um überhaupt ein mythologisches Bewußtsein entwickeln zu können, und zwar im Sinne der jesuanischen Welt.

Ich betone noch einmal: Selbstverständlich hat der Mensch die Möglichkeit, aus derselben Botschaft das absolut Schlechte herauszuhören; das steht ihm frei. Ich persönlich kann deshalb über Mythologisches und über Mythos nur vom Hintergrund des Christentums aus sprechen, weil ich als Mensch gar nicht bereit bin, das Schlechte zu hören. Aber das sind Ermessens- und Entscheidungsfragen, und man muß wissen, was man will. Denn das ist das Heimtückische am Mythos: Er sagt uns gar nicht, was wir sollen, er enthält keinerlei Anweisung, sondern er überläßt es ganz uns, was wir ihm an Richtungs-Weisung entnehmen wollen. Auch das kann einen mitunter sehr zornig machen in der Begegnung mit dem Mythos; aber wenn man es durchschaut, wird man auch diesen Zorn leicht überwinden.

An dieser Stelle muß ich eine Einschränkung machen, denn was ich eben in bezug auf die Erzeugung oder Erringung oder Erwerbung eines mythologischen Bewußtseins ausgeführt habe, ist wahr und auch nicht wahr. Es ist nicht wahr insofern, als der Mensch ein mythologisches Bewußtsein besitzt. Jeder Mensch *hat* das mythologische Bewußtsein, aber *erwerben* müssen wir es darum, weil wir unser Selbstbewußtsein nicht aus dem Bereich des Mythos beziehen, sondern aus dem Bereich der Intellektualität. Das Selbst des abendländischen Menschen basiert auf dem Gedanklichen, Gesetzmäßigen, auf dem Intellektuellen. Und da wir ganz eingefuchst sind auf diese Linie des Bewußtseins, so können und kennen wir das andere nicht.

Das bringt sich etwa dadurch zum Ausdruck, daß wir im allgemeinen so wenig mythologisch in der Sprache leben, daß wir bei einzelnen Worten unserer Sprache die nahe Verwandtschaft mit allen anderen Sprachen nicht erleben. Hätten wir ein wirklich mythologisches Bewußtsein, dann würden wir aus der mythologischen Auffassung unserer Sprache mühelos sehr vieles verstehen von dem, was andere Völker sprechen. Man würde nicht alles verstehen, weil die Sprachen heute auch nicht nur mythologisch basiert sind, sondern weithin intellektuell; aber man würde sehr vieles verstehen.

Also: In seinem Selbstbewußtsein hat der Mensch heute kein mythologisches Bewußtsein, obwohl er *als Mensch* ein vollkommen entwickeltes mythologisches Bewußtsein besitzt. Wie stark das ist, zeigt Ihnen die Tatsache, daß Kinder bis etwa zum zwölften Jahre mit wahrem Heißhunger Mythen anhören und einfach unmittelbar verstehen. Sie können es nicht in Begriffe kleiden, weil das dem Kinde noch nicht so geläufig ist, aber sie haben ein unmittelbares Verständnis für das Mythologische. Und so sind wir in der leidigen Situation, daß wir das mythologische Bewußtsein wie etwas Vergessenes erst wieder erwecken und heraufholen und darum erwerben müssen.

Das mythologische Bewußtsein besitzt die Wahrheit. Das intellektuelle oder Selbst-Bewußtsein besitzt sie nicht; es besitzt einen Ausschnitt aus der Wahrheit, eine teilweise Wahrheit, aber es besitzt genauso viel Nicht-Wahres, Täuschung und Illusion. Denn die Bezogenheit eines Bewußtseins auf ein Individuum erzeugt notwendig die Lüge. Wahr ist nur das nicht-individuelle Bewußtsein, das allgemeine Bewußtsein.

Da das mythologische Bewußtsein als menschheitliches Bewußtsein in uns lebt, so hat die Person in uns mit ihrem Intellekt dauernd ein schlechtes Gewissen, und im Laufe der Zeit wird diese intellektuelle Person sehr böse auf das Mythologische, auf die Wahrheit. Denn das intellektuelle Bewußtsein schüren ja die Teufel. Die wollen unter gar keinen Umständen, daß der Mensch sich mit der Mythologie befaßt, sondern sind absolut erpicht darauf, daß er das läßt. Denn wenn der Mensch zur Wahrheit findet, dann verhungern die Teufel. Und der Teufel muß aus Selbsterhaltungstrieb dafür sorgen, daß der Mensch nicht in diese Nähe kommt.

Bei jedem falschen Schritt nun weiß der Mensch, weiß sein Gewissen ganz genau, daß er flunkert und daß da ein Gesicht ist, ein großes Antlitz auf dem Grunde seines Wesens, das ihn immer mit großen Augen anschaut, auch mit einer gewissen Überlegenheit, vielleicht sogar mit einem leichten Spott. Das ärgert den Menschen furchtbar, und er stellt alles mögliche an, um sich vor diesem Auge zu verstecken, um es nicht wahrhaben zu müssen, und macht viel Lichtgefunkel, damit ja niemand etwas sieht von diesem Auge. Und wenn gar noch eine Stimme leise zu flüstern beginnt, dann macht er Jazzmusik und anderes, um sie zu übertönen, damit er ja nicht hört, daß eine Stimme der Wahrheit in ihm spricht.

Solange der Mensch Person ist, Individualität und nicht Mensch, fühlt er das Menschliche, das Menschentum als einen Vorwurf und lebt in einer ständigen Spannung zu diesem Überragenden und Übergeordneten. Ganz gleich, was er in seinem Leben unternimmt – ob er sich schneuzt, oder ob er sich die Augen auswischt, oder ob er sich kämmt oder in den Zähnen stochert oder etwas Ähnliches macht –, bei allem ist das merkwürdige Dröhnen dieser Unterkellerung seines Bewußtseins da, wo der Mythos lebt. Immer dröhnt es mit.

Und immer ist dieses unangenehme Wissen in einem, bei einem, auch wenn man es noch so weit verdrängt: »Paß auf, du gibst ein Zeichen von dir, und dieses Zeichen bedeutet etwas! Es enthüllt dich und ist eine Weisung an die anderen!«

Die Menschen sagen: »Aber das wird ja ganz unheimlich!« Ja, sehr gemütlich wird es nicht, aber die Welt ist nicht auf Gemütlichkeit eingerichtet. Wer von unseren Generationen das noch nicht gemerkt hat, der ist eine merkwürdige Schlafmütze! Das Leben ist nun einmal unheimlich, weil es auf Größe veranlagt ist und nicht auf Schrebergarten-Maß.

Es wird Schlaue geben, die zimmern sich dann ein Leben zurecht, um der Gefahr zu entgehen. Am besten man kauft sich irgendwo im indischen Archipel eine kleine Insel und baut dort eine Hütte und setzt sich in den Türkensitz und rührt sich nicht mehr. Dann entsteht wenigstens nur noch *ein* Zeichen, nämlich das des dahockenden, ängstlichen Nichtstuers, und das genügt ja auch. Man riskiert dann weniger. Wenn man sich aber an dem abendländischen Leben beteiligt, dann entsteht ein ganzes Gefunkel von lauter Signaturen und Zeichen.

Aber wenn ich christlich eingestellt bin, brauche ich gar nichts zu fürchten. Die christliche Welt wird meinen Zeichen nur Gutes entnehmen. »Ja – aber«, ertönt es nun, »wo sind denn die Christen?« Kommt es darauf an? Wichtig ist doch nur, daß, wenn ich die Verbindung mit der christlichen Welt herstelle, in meinen Zeichen der Christus lebt. Wichtig ist nicht, wie die andern es auffassen.

Nun besitzt der Mensch zwei Organ-Gruppen, mit denen er vornehmlich zeichensetzend wirkt, das ist die Gruppe der beiden Beine und die Gruppe der beiden Arme. Mit den Beinen bewegen wir uns vom Ort weg. Dieses »vom Ort« wird in der Sprache zu dem Wort »fort«. Wir bewegen uns. Natürlich wird der intellektuelle Mensch – auf Befehl seines Teufels – einwenden müssen, daß man sich nicht nur mit den Beinen bewegt, sondern daß man sich auch mit dem Rumpf bewegen kann, mit den Armen, mit dem Kopf und so weiter.

Aber die Sprache – die ja die Amme der Mythologie ist –, die Sprache ist der Meinung, daß es vor allen Dingen mit den Beinen zu tun hat, denn sie befiehlt uns, dafür ein Wort zu wählen, das mit dem Wege zu tun hat: »be-weg-en«.

Wenn ich zum Beispiel von diesem Rednerpult hier hinübergehe, dann mache ich einen Weg. Ist es nicht vollkommen gleichgültig, ob ich zwanzigtausend Schritte tue oder nur drei Schritte? Entscheidend ist doch das Schritte-Tun. Auch ist es für das mythologische Bewußtsein in mir nicht unwichtig, daß ich, wenn ich das Rednerpult verlasse, zunächst hinuntersteige, und zwar aus einer gewissen Höflichkeit rückwärts hinuntersteige. Der Mythos fragt nicht, warum – ob aus Höflichkeit oder Unhöflichkeit –, das ist gleichgültig. Das Effektive interessiert ihn, das Rückwärts-Hinabsteigen. Das ist der erste Schritt, der getan wird. Und dann geht es nach der linken Seite hinüber, das ist auch nicht gleichgültig. Die linke Seite ist, mythologisch gesehen, die Seite des Herzens und die Seite der Vergangenheit, die weibliche Seite des Menschen. Auch ist es nicht gleichgültig, daß ich mich dabei nach Süden bewege. Und dann ist es nicht gleichgültig, sondern bedeutsam, daß ich eine Kehrtwendung mache, mich dieser schwarzen Tafel zuwende und dann schreibe. Das ist der Weg. Wenn Sie eine Kurve aufzeichnen wollen, so beginnt diese bei der Rückwärtsbewegung, dann kommt eine Seitwärtsbewegung und dann eine Wendung. Das ist das Bild des Weges, der zurückgelegt ist, ein *Bild* des Weges, nicht der Weg selbst.

Man muß sich überlegen, wie man in seinem Leben steht. Man kann etwa diesen Raum hier betreten, indem man dieses Betreten mythologisch vornimmt, oder man kann es nur intellektuell machen. Wenn ich es intellektuell mache, dann werde ich mir weiter keine Gedanken darüber machen, denn dann geht es gewohnheitsmäßig. Wenn ich es mythologisch mache, dann wird alles ganz anders. Dann wird es zum Beispiel wichtig, ob ich in ruhiger Gelassenheit durch diesen Raum hindurch nach vorne schreite, oder ob ich, peinlich betreten, eilfertig und rasch nach links oder rechts in die hinteren Reihen hineinhusche. Es ist wichtig, ob ich mich auf die linke oder auf die rechte Seite setze, und was dergleichen mehr ist. Noch braucht man das Ganze gar nicht im einzelnen zu deuten, das kann später kommen. Jetzt handelt es sich nur darum, mir überhaupt dessen bewußt zu sein, daß ich, indem ich solches tue, nicht in erster Linie eine Person bin, sondern eine menschliche Möglichkeit zur Darstellung bringe, die menschliche Möglichkeit, einen Weg machen zu können.

Nun bedeutet »einen Weg machen« immer etwas Außerordentliches, nämlich: Ich verlasse einen Ort. Bei jedem Weg-Machen ergibt sich ein *Weg*-Machen, ein Wegmachen von einem Stand-Punkt, von einem Stand-Ort aus. Habe ich ein mythologisches Bewußtsein, so muß ich mich fragen, bevor ich mich hier weg-mache, um einen Weg zu machen, mich auf den Weg zu machen: »Hast du das, was von diesem Ort von dir verlangt war, erfüllt?« Ich frage nach der *Erfüllung* dieses Ortes. Man kann nicht von irgendwo weggehen und einfach eine Leere zurücklassen, ein Vakuum. Man muß sich immer vorstellen, daß man – wenn auch nur für einen Augenblick – die Pflicht hat, diesen Ort zu segnen.

Nun fragt sich: Wie will man ihn segnen? War er wirklich ein Gotteshaus für mich und damit für andre? Oder war er eine Stätte, die ich verwüstet habe? Was hinterlasse ich? Wie gehe ich weg? Das ist die entscheidende Frage. Kann ich in dem Bewußtsein weggehen, daß ich erfüllt habe, dann ist es möglich, daß ich mit Würde von dannen schreite und mich »auf den Weg mache«. Ist aber die Erfüllung nicht geschehen, dann ist mein Mich-Wegmachen eine *Flucht*.

Was ist eine Flucht? Das Wort »Flucht« weist nicht nur auf »fliehen«, sondern auch auf »fluchen« hin, und zwar darum, weil fliehen und fluchen zwei Worte sind, die unmittelbar zusammengehören. Jedes Fliehen ist ein Fluch, ist als Tätigkeit ein Fluchen, und jeder Fliehende ist verflucht. Wenn ich auf der Flucht bin, wenn ich fliehe, bin ich verflucht.*)

Das ist im Mythos ganz sachlich dargestellt. Der Mythos richtet einfach die Gesetzmäßigkeit auf. Er stellt uns vor die Alternative:

68 *) etymolog. nicht stimmig

Entweder du bist ein individueller Mensch, ein ganz kleines, von dir selbst eingebildetes Gemächte, dann kannst du machen, was du willst. Dich interessiert das alles nicht, du verdrängst es in dein Unterbewußtes. Oder du lebst als Mensch. Dann mußt du wissen, was du tust. Du kannst dich nicht wegmachen, ohne daß hier erfüllt ist, ohne daß du das Zeichen des Segens aufrichtest. Wenn man der christlichen Strömung angehört, dann richtet man in einem inneren Sinne das Kreuz auf – nicht das Kruzifix, sondern das Kreuz –, und dann kann man in Würde weggehen und flieht nicht, sondern man bewegt sich weg.

Ich bin also an einen bestimmten Ort gestellt. Mythologisch gesehen, wird der jeweilige Ort, an dem ich stehe und an den ich durch mein jeweiliges Schicksal gestellt werde, zum Symbol für den Ort meines Lebens überhaupt, bedeutet für mich symbolisch nie etwas anderes als den Standort meines Lebens. Darum frage ich bei jedem Ort: In welcher Beziehung steht er zu dem Standort meines ganzen Lebens? Wie stehen diese beiden Orte in Beziehung zueinander?

Ich weiß, daß ich hierher gestellt bin mit meiner Gestalt. »Gestalt« ist das Wort, das zu »gestellt« gehört. Hierher bin ich gestellt. Und nun überlege ich, daß ja jeder weitere Schritt eine unerhörte Kühnheit bedeutet. Ich wage mich weg, ich bewege mich weg von dem Ort, an den ich gestellt bin. Woher nehme ich den Mut zu dieser Wegbewegung? Dabei denke ich an den Auftrag, den ich habe, der mich ermächtigt, mich wegzubewegen. Ich frage also nach der überpersönlichen, menschheitlichen Bedeutung meines Auftrages, der mich veranlaßt, mich auf den Weg zu machen, mich wegzubewegen.

Dieser Auftrag wird vor das Forum der Menschheit einerseits und das Forum des Mythos andererseits gefordert, vor beiden Foren muß sich der Auftrag verantworten. Erst dann, wenn er von hier aus verantwortbar ist, kann ich es wagen, mich auf den Weg zu machen. Vieles wird sich dann als in keiner Weise gerechtfertigt entpuppen, vieles werde ich durchschauen als eine Laune von mir, als irgendeine Versuchung, Verirrung, Verführung. Und ich werde den Weg nicht mehr machen können. Wieder ein Grund, weshalb unser intellektuelles Bewußtsein kein mythologisches Bewußtsein haben will, denn dann geht vieles nicht mehr, was vorher gegangen ist.

Hinzu kommt die Einsicht, daß jeder Weg, ja jeder Schritt, den ich tue, ein Teil meines Lebensweges ist, meines Lebensweges, der mir vorgezeichnet ist. Damit ich dieser Vorzeichnung folge, ist es notwendig, daß ich einen Führer habe. Ich werde also unmittelbar darauf verwiesen, daß ich eine Führung habe.

Bei kleinen Kindern, die in einem Gitterchen befestigt sind – dahinter die Mutter, die das Ganze hält –, sehen wir, wie sie mutig und stolz vorausstapfen und in der Einbildung leben, daß sie ganz allein ihren Weg machen; während doch in Wirklichkeit die Mutter von hinten das Kind hält und aufpaßt, daß das Kind nicht fällt, und letztlich das Kind dahin oder dorthin lenkt. Dem Kinde darf man das nicht sagen, weil sonst sein stolzes Selbstbewußtsein beeinträchtigt wird. Dem Menschen von heute, dem Erwachsenen, darf man so etwas erst recht nicht sagen. Der ist sofort empört, wenn man ihm sagt, daß er seine Wege nicht macht. Das Individuum macht nämlich keine Wege, die macht nur der Mensch. Denn der Geist der Menschheit duldet nicht, daß wir Kapriolen machen; er sorgt dafür, daß wir auf dem Pfade bleiben.

Nun sagt man zu sich selbst: »O je, du hast immer gemeint, daß das deine Wege seien, und nun zeigt sich, daß das alles die Einbildung eines Kindes im Leitgitter war. Und du hast ganz vergessen, dich jeweils erst dahin zu tasten, wo die Nähe des Führers, des Menschheits-Geistes fühlbar wird!« Das wäre nicht schlimm, wenn wir nicht in stillen Stunden – und je näher es dem Tode zugeht, desto deutlicher – empfinden würden, wie wahr das ist. Dann kommt die Reue darüber, daß man versäumt hat, die Verbindung aufzunehmen zu dem Geist, der einen führt und die Wege für einen macht. Und das Leben steht plötzlich vor einem: Wie oft man sich überlegt hat, welche Wege man machen soll, und sich zergrübelt hat und keinen Ausweg fand. Und wenn man nur ein wenig seine Eigenbrödelei, seinen Eigenstolz aufgegeben und sich still gemacht und nach der Hand getastet hätte, die einen führt, dann hätte man ohne weiteres gewußt, wie der nächste Schritt geht, und hätte sich nicht anstrengen müssen.

Jeder Weg endet irgendwo. Wo endet denn der Weg? Immer da, wo ich stehe. Er endet immer bei mir. Das intellektuelle Bewußtsein ist erfüllt davon, daß wir auf irgendwelche Dinge zu-wandern, Ziele haben. Das mythologische Bewußtsein lächelt und gibt nur eines zu erkennen, nämlich daß wir stets auf uns selbst zu-wandern. Das mythologische Bewußtsein sagt uns, daß die ganze Lebenswanderung eine Wanderung zu sich selbst ist. Da wir auf diesen Wegen nicht nur die Schritte wagen, sondern meist auch noch auf irgendeinem Wagen fahren, weil wir zu faul sind, um uns schöpferisch selbständig zu bewegen, deshalb machen wir auf diesen Wegen Erfahrungen. Und da man immer nur zu sich selbst fährt, ist es die Erfahrung des eigenen Wesens.

Der Mythos sagt: *Du wanderst immer zu dir selbst, du er-fährst immer dich selbst!*

Entscheidung

Die Schwierigkeiten bei der Ausbildung eines mythologischen Bewußtseins sind verschiedener Art oder verschiedener Herkunft. Es ist verständlich, daß der Mensch sich zur Wehr setzt gegen die Entwicklung einer inneren Fähigkeit, Möglichkeit oder Anlage, wenn diese Entwicklung ihn in Schwierigkeiten zu bringen droht. Ich könnte im Stil unserer Betrachtungen sagen: Der gefährlichste Mythos, der den Menschen von heute gefangenhält, ist die Vorstellung eines ausgeglichenen, harmonischen Lebens, die Vorstellung, daß dies der Sinn dieses Daseins sei. Und aufgrund dieses Mythos setzt sich der Mensch gerne gegen das zur Wehr, was ihm als schwierig oder gefahrvoll entgegentritt.

Es ist ein typisches Kennzeichen für das, was ich »mythologisches Bewußtsein« nenne, daß es in erster Linie – nicht einzig und allein, aber in erster Linie – mit dem gigantischen Raum des *Unterbewußten* des Menschen zu tun hat. Von diesem Unterbewußten machen wir uns kaum reale Vorstellungen, und zwar wiederum, weil das Bemühen um solche realen Vorstellungen für den Menschen, wie er heute nun einmal ist, gefahrbringend sein kann. Jedermann spricht heute von einem Unterbewußten, aber kaum einer unterzieht sich der Mühe, diese Vorstellung, diesen Begriff wirklich bis zu seinem Ende abzuklären.

Das mythologische Bewußtsein ist also weithin von diesem Unterbewußten abhängig, an das Unterbewußte gekettet, und das ist für das Bewußtsein des heutigen Menschen etwas außerordentlich Bedenkliches. Damit kommt in das Bewußtsein des Menschen etwas hinein, was sich nicht ohne weiteres seinem geistigen Herrschafts-Anspruch unterwirft. Er hat es mit Mächten zu tun, die ihm weithin verborgen und verschlüsselt und dabei durchaus in der Lage sind, ein Äquivalent zu bilden zu dem, was der heutige Mensch sein Bewußtsein nennt. In der Begegnung mit Gedanken-Welten und -Mächten, die sich nicht seinem Selbst-Anspruch unterwerfen, ist der Mensch sehr leicht geneigt, eine ablehnende Haltung einzunehmen.

Mythos ist gerade darum Mythos, weil er nicht gebunden ist an die Individualität, an das Selbst des Menschen, sondern weil er die Individualität und das Selbst des Menschen überragt. Vor dem Mythos ist jede Individualität, jedes Selbst ein Zwerg, im Märchen gerne »der Schneider« genannt, was bekanntlich das Fliegengewicht bedeutet. Und der Mensch von heute mit den unerhörten Ansprüchen seines Selbstes, mit seinen Prätentionen und Vorurteilen gerät naturgemäß in eine entscheidende Krise, wenn ihm derart die wirklichen Proportionen seines Selbstes vom Mythos her aufgezeigt werden. Es handelt sich nicht um etwas Kleines, Beiläufiges, sondern um etwas außerordentlich Gewichtiges.

Sobald nun der Mythos in das Bewußtsein des Menschen so eingelassen wird, daß er gewisse Herrschaftsbereiche eingeräumt bekommt, erlebt der Mensch, daß er nicht in erster Linie eine Individualität ist, sondern ein Mensch. Im Mythos brechen die menschheitlichen Gesetze im Bewußtsein des Menschen auf; und damit verliert er sein eigenes, individuelles Gesicht, und die Züge, die sein Antlitz von da an prägen, sind menschheitlicher Natur. Aus dem Träger eines persönlichen und eines Geschlechter-Namens wird *Adam*, der Mensch schlechthin.

In diesem Zusammenhang muß ich betonen: Begegnung mit dem Mythos – und das heißt, Entwicklung eines mythologischen Bewußtseins – macht die Welt, in der wir leben, in gar keiner Weise freundlicher, liebenswürdiger, vertrauter – ganz im Gegenteil. Das Liebenswürdige, Heimliche, Vertraute und Freundliche entsteht nur in dem Schrebergarten-Bewußtsein des Individualisten. Da kann er wuscheln wie die Maus in ihrem Loch. Aber in dem Augenblick, da das Überindividuelle, das Menschliche eintritt, ist es einfach vorbei. Die Figuren, die nun auftreten, sind groß und gewaltig, und es ist nichts von Gemütlichkeit mehr da; das Gemüt hat hier ausgespielt. Es geht um die Kraft und die Herrlichkeit und um das Stehen-Können vor dem Großen dieses Daseins.

Das alles klingt doppelsinnig. Auf der einen Seite hat es etwas Verlockendes, sich da hineinzudenken, aber nur im Rahmen einer mehr theoretischen Betrachtung. In der Praxis, in der Durchführung, als Übung am eigenen Wesen erweist sich das alles ganz anders. Der Mensch erlebt es dann als gefährlich.

Über dem Beginn des abendländischen Bewußtseins steht der Mythos von *Ödipus*. Dieser Mythos verbildlicht das typische Verhalten des abendländischen Bewußtseins zum Mythos an sich. Insofern ist gerade dieser Ödipus-Mythos, der am Beginn des abendländischen Bewußtseins steht, so weisheitsträchtig und von einer so prophetischen Kraft. Denn obwohl vor Jahrtausenden entstanden, trifft er tatsächlich die Bewußtseinssituation der abendländischen Menschheit von Epoche zu Epoche und so auch dieses Verhalten des abendländischen Geistes zum Mythos bis ins letzte.*

Die Gestalt des Ödipus reicht durch das Wort *Theben* bis hinüber in den ägyptischen Raum, zu dem Griechenland auch auf andere Weise eine mythologische Beziehung entwickelt hat, etwa durch den Europa-Mythos. Europa wird von Zeus in der Gestalt eines Stieres von ägyptischen Gestaden geraubt und nach Griechenland getragen. Also sieht das Griechentum die Wiege Europas in Ägypten, und das ist bis zu einem gewissen Grade wohl auch richtig.

Was wir vom ägyptischen Bewußtsein heute wissen, deutet darauf hin, wie stark das mythologische Bewußtsein im ägyptischen Raum entwickelt war, und zwar einfach darum, weil das individuelle, das Persönlichkeits-Bewußtsein in der Menschheit noch gar nicht erwacht war. Es war also keine Kunst für den Ägypter, mythologisch zu denken. Es gab noch nicht die Person, sondern es gab nur den Typus Mensch. Und sofern der einzelne Mensch in irgendeiner Art Spezialisiertes an sich trug, war dieses Spezialisierte doch verwoben mit dem Gesamtmenschheitsbild und wurde nie als etwas Individuelles aufgefaßt. Darum gab es in dieser Zeit überall in solchen Kulturen

74 *) Es ist also ein Mythos, der den Mythos selbst zum Thema hat.

die ganz selbstverständliche Einteilung in Kasten – was nur dann möglich ist, wenn alle Glieder solcher Völker ein mythologisches Bewußtsein besitzen in dem Sinne, daß der Sklave mit derselben Leidenschaft Sklave ist, wie der König mit Leidenschaft König ist, und es dadurch kein soziales Problem gibt. Wir transportieren die sozialen Schwierigkeiten aus dem heutigen Kulturraum in die Vergangenheit. Das ist vollkommen irrig. Der Sklave war stolz auf sein Sklavendasein, weil die mythologische Notwendigkeit dieser Gesellschaftsschicht erkannt wurde. Das ganze abendländische Bewußtsein leidet ja daran, daß kein Verständnis für diese Dinge mehr vorhanden ist; andererseits gehört das wohl gerade zu dem abendländischen Bewußtsein.

Ganz anders der griechische Geist, der sich schon aus diesem ägyptischen mythologischen Bewußtsein herauslöst und allerorten die Persönlichkeit in Erscheinung treten läßt. Wie es wohl bei jeder Entdeckung ist, die der Mensch macht, so ist es auch bei dem Eintritt irgendeiner neuen Geistesphase in die Geschichte der Menschheit. Gleich zu Beginn ist das Ganze einmal in einer vollendeten Erscheinung da; und im Laufe der Zeit blaßt es wieder ab und wird dann wie aufgegliedert in kleinen Stücken der Menschheit dargereicht und wird nie mehr so eindeutig klar und sinnkräftig wie am Anfang. So steht das Wesen der Persönlichkeit, der Individualität in ihrer ganzen Tragik sofort und unmittelbar in der griechischen Geistesgeschichte da und offenbart sich vollkommen unverhüllt; besonders deutlich etwa in der Tragödie des noch nicht voll-griechischen Menschen in der Auseinandersetzung mit den Göttern, wie sie dargestellt wird in Herakles, und dann wiederum in der vollen Menschlichkeit und nun schon Gottlosigkeit dargestellt in einer Erscheinung wie Odysseus.

Was ist die Signatur dieser Zeit? Das delphische Orakel verheißt den Eltern des Ödipus ein ganz bestimmtes Schicksal. In der ägyptischen Zeit wäre es ganz selbstverständlich gewesen, den Orakelspruch einfach hinzunehmen; denn der Mensch war den mythologischen Kräften unterworfen. Das Griechentum beginnt damit, daß es versucht, dem ganz klaren Orakelspruch auszuweichen. Aufgrund dessen wird Ödipus, der Sohn, ausgesetzt. Es ist ihm durch das Orakel prophezeit, daß er seinen Vater töten und seine Mutter heiraten wird. Beides erscheint dem individuellen Menschen, der gleichzeitig an eine moralische Auffassung gebunden ist, als etwas Ungeheuerliches; und es ist von dem Menschen aus verständlich, daß er alles veranstaltet, um dieses Schicksal zu verhindern. Doch daran scheitert der individuelle Mensch, er scheitert von Schritt zu Schritt. Und mit einer ganz ehernen Unbeweglichkeit vollzieht sich Schritt für Schritt das Schicksal, das Bestimmte, der Mythos.

Es geht so weit, daß ja Ödipus vor dem mythologischen Gebilde der Sphinx nicht mehr die übliche Achtung und den Respekt besitzt, sondern als individueller Mensch, ausgerüstet mit dem kritischen Verstand – Moral und kritischer Verstand sind die Grundlagen des Individuums – gewissermaßen die Fassade der Sphinx ent-zaubert. Das Groteske ist, daß durch diese Tat Theben von einem mythologischen Fluch befreit wird. Die Sphinx fraß alle diejenigen auf, die ihre Rätselfrage nicht beantworten konnten. Das war natürlich höchst unangenehm für eine solche Stadt wie Theben. Aber der augenblickliche Triumph über den vermeintlichen Tod, über die Beseitigung der Sphinx läßt nun die Menschen das andere ganz vergessen, daß nämlich durch das, was weiterhin durch Ödipus geschieht, weit größeres Unheil über Theben kommt.

Das ist es, was wir in diesem Abendland fortwährend erleben. Der abendländische Mensch ist aufgrund der kritischen Intellektualität fortwährend auf der Flucht vor dem Mythos und bewirkt dadurch um so größeres Unheil. Wir versuchen etwa, der ganz bestimmten Pädagogik der Schöpfermacht dadurch zu entgehen, daß wir Impfungen einführen. Diese Impfungen bewirken, daß für Augenblicke – für einige Jahrzehnte – irgendein Unheil, das dem Individuum droht, aufgehalten wird; und statt dessen tritt dann ein weit stärkeres Unheil zutage, das natürlich nie damit in Zusammenhang gebracht wird. Niemand in Theben brachte das furchtbare Unheil, das viel später über die Stadt hereinbrach, in Zusammenhang damit, daß Ödipus der Sphinx die Majestät entriß. Und doch war es so. Da begann es.

Dem gegenüber bringt das mythologische Bewußtsein den Menschen dahin, sich ganz ruhig dem Drohenden zu stellen, nichts und niemandem aus dem Weg zu gehen.

Es ist hier notwendig zu betonen, daß es sich bei einem Versuch wie diesem nicht darum handelt, das individuelle und intellektuelle Bewußtsein zugunsten eines mythologischen Bewußtseins auszulöschen. Selbst wenn man diesen Versuch machen wollte, würde er nie gelingen, denn es ist nicht möglich. Es handelt sich vielmehr darum, dem seitherigen, ganz naiv nur auf das Individuell-Kritische abgestellten Bewußtsein das andere hinzuzufügen und damit dem Menschen, der heute ganz selbstverständlich auf dem Acker der Individualität gedeiht, das als Ergänzung beizugeben, was ihn bewußtseinsmäßig erst zu einem vollen Menschen macht: den Zugang zur Mythologie.

Wo der Mythos uns begegnet, werden wir als individuelle Persönlichkeiten einfach ausgeschaltet. Gegen den Mythos kann sich niemand behaupten, vielleicht darum nicht, weil der Mythos ein älteres und ein heiligeres Recht besitzt – ich betone, ein *heiligeres* Recht. Denn alles Individuelle ist in das Dasein getreten durch Unheil und Unrecht. Und vielleicht liegt einfach auf dem Heil und dem Recht ein größerer Segen und damit eine größere Stärke. Das kritische Denken – so entwickelt es im einzelnen Menschen sein mag – bedeutet niemals Kraft, sondern immer Schwächung. Darum läßt der Mythos – sprich hier, das Märchen – auch immer den »Thumben«, den dummen Hans oder den Däumling oder irgendeinen anderen im Geist und in der Natur siegreich und erfolgreich werden. Das ist nun einmal so, man kann das ruhig hinnehmen, ohne es irgendwie erklären zu müssen.

Diese Gedanken führen uns weit aus dem Rahmen dieser Betrachtung hinaus in die schwierigen Probleme unseres Daseins und Lebens. Wo stehen wir und wie müssen wir uns verhalten, wenn sich ἀπ'ἀρχῆς »vom Urbeginn an« des abendländischen Bewußtseins die Inferiorität der Persönlichkeit individueller Prägung gegenüber dem Mythos dauernd erwiesen hat? Wie grotesk, daß die Sphinx sich in die Tiefe stürzt und darob Ödipus als Sieger in Theben gefeiert wird, daß dann die Kraft der Sphinx sich auf merkwürdigen Umwegen in die Stadt einschleicht und es zu dieser furchtbaren Rache kommt, wodurch die Stadt in schauerlichen Bruderkämpfen vernichtet wird! Wie seltsam!

Kein Mensch will glauben, daß alles, was heute im Raume der Technik erfunden und entdeckt wird, ausschließlich zum Verderben der Menschheit gereicht. Man kann es kaum wagen, das auszusprechen, aber es ist so, weil alles den Versuch unternimmt, den Mythos zu entmächtigen und das Intellektuell-Individuelle zum Sieg zu führen, was unmöglich ist. Jede Kraft, die wir im Intellektuell-Technischen beschwören, muß sich gegen den Menschen wenden, und jede Hoffnung, als ob man einmal die entfesselten Kräfte zum Wohle der Menschheit anwenden könnte, ist eine vollkommene Illusion. Es wird immer so sein, daß vordergründig Ödipus einen Sieg erringt und daß hintergründig die besiegte Kraft mit um so stärkerer Dämonie über den Menschen herfällt.

Nur wenn das Abendland den Mythos von Golgatha einstens richtig verstehen wird, wird es die Lösung geben, die darin besteht, daß der individuelle Mensch ganz bewußt sein intellektuelles Vermögen der Bestimmung des Schicksals unterwirft, daß er aus freiem Willen auf seine scheinbare individuelle Freiheit verzichtet und das Gesetz der Bestimmung anerkennt, daß er die Person weniger wichtig nimmt als seine Berufung dazu, ein Mensch zu sein.

Dies nicht im Sinne dessen, was man heute Menschlichkeit nennt: Sphinxe herunterstürzen, Krankheiten bekämpfen und anderes. Darin besteht die Tragödie des Abendlandes, daß es für Menschlichkeit hält, was Unmenschlichkeit ist. Es gilt, nicht die Sphinx in die Tiefe stürzen zu lassen, sondern zu wissen, was sie mit dem Rätsel meint, und die Antwort zu verschweigen und die Sphinx als eine Macht anzubeten, die gesetzt ist. Was Ödipus nicht kann, das müssen wir lernen im Laufe dieser grauenvollen, blutigen abendländischen

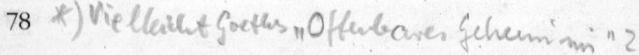

*) Vielleicht Goethes „Offenbares Geheimnis"?

Geschichte, in der es von Irrtum zu Irrtum geht und mit jedem neuen Irrtum sich die unbesiegbare Macht des Mythos – des Mythos Mensch – als stärker erweist.

Nun spreche ich schon lange über das angesetzte Thema: das Wesen der *Entscheidung*. Dieses Problem schließt sich der vorangegangenen Betrachtung an. Es ist ein Problem des *Weges*.

Jeder Weg erfährt einmal sein augenblickliches Ende an einer Kreuzung mit anderen Wegen oder an einer Gabelung. An einer Kreuzung bleiben den Menschen vier Möglichkeiten, wenn wir von einer absehen, die man dazurechnen muß, nämlich das Stehenbleiben. Mancher Mensch bleibt in einem bestimmten Augenblick seines Lebens stehen und kommt nie mehr weiter, weil er an einen Kreuzungspunkt gekommen ist. Also davon abgesehen gibt es vier Möglichkeiten für den Menschen: Er geht geradeaus, oder er biegt nach rechts oder nach links ab, oder er geht rückwärts – rückwärts dann, wenn das Entsetzen und die Furcht vor dem Kreuzweg so groß sind, daß er an dieser Stelle nicht stehenbleiben kann, nicht einmal das.

Der intellektuelle Mensch von heute hat es leicht mit diesen Dingen. Er meint selbstverständlich, daß er ohne weiteres geradeaus weiterzugehen hat. Aber der intellektuelle Mensch, der sich durch seine Fixigkeit, Listigkeit und Raffiniertheit – das gehört ja alles zum Schneider dazu – über das mythologische Problem dieses Bildes hinweggesetzt hat, wird heute von dem Mythos eingeholt, und zwar weil jede Straßenkreuzung heute einen ganz besonderen Gefahrenherd bedeutet durch das, was in unserer Kultur den Namen *Auto* trägt und was ja übersetzt »das Selbst« heißt. Gerade dadurch wird heute der Mensch an den Kreuzungen bedroht. Nicht einmal ein Fußgänger kann heute über das Problem, das diese Sphinx des Mythos für uns aufrollt, hinwegschreiten, sondern muß sich ihm stellen, wobei dies allerdings weniger mit Bewußtsein als durch Übung geschieht. Es wird eingeübt beim heutigen Menschen durch das Schicksal, durch den Mythos der *Kreuzungssituation*.

Entwickelt der Mensch aus geistiger Erkenntnis und Disziplin dazu noch ein Bewußtsein dieser Situation, dann wird es zu einer neuerlichen Begegnung mit dem Mythos kommen. Dann wird der Mensch in dem Augenblick, da er an eine Kreuzung stößt, sich besinnen und erkennen, daß er jetzt wissen muß, was er tut.

An jeder Kreuzung endet mein Weg. Jeder solche Punkt ist ein *terminus* oder ein *finis*, ein Ende. An jedem solchen Punkt in meinem Leben steht der Tod, nicht in der massiven Gestalt körperliches Ereignis, sondern in weit subtileren Formen, für die sich der Mensch unserer Epoche leider weit weniger interessiert. An dieser Stelle muß gestorben werden. Darum hat der Mensch eine instinktive Furcht vor dieser Stelle, eine Furcht, die man auf die verschiedenste Weise betäuben und übertönen kann.

Der Mythos verlangt, daß ich mich an dieser Stelle entscheide. Denn ich komme in eine Situation, die nicht nur eine Angelegenheit meines äußeren Weges ist, sondern die eine der schwierigsten Aufgaben meines ganzen Menschentums offenbar macht. Der abendländische Mensch aber sagt: »Lächerlich! Ich kann doch nicht an jeder Straßenkreuzung Entscheidungen fällen!« Sicher, für mich – für meine Individualität – ist es vielleicht gleichgültig, wie viele Straßenkreuzungen ich überschreite, bis mich ein Auto erwischt. Aber für mich als Mensch ist es nicht gleichgültig, denn: *Ich kreuze einen Weg.*. Es ist ein *anderer* Weg. Und dieser steht zu meinem augenblicklichen Schicksal in einem rechten Winkel. Ich kreuze diesen Weg.

Das Kreuzen bedeutet ein *Überschreiten*, ein *Übertreten*. Hier ist eine Strömung. Diese Strömung, die durch mich hierherkommt, ist nun im Begriff, in eine Auseinandersetzung mit der bereits vorhandenen Strömung zu geraten. Wie vollziehe ich diese Auseinandersetzung? Gehe ich geradeaus, so ist es eine *Selbst-Behauptung*, eine absolute Selbst-Behauptung, und ich muß in diesem Augenblick wissen, welchen Gefahren ich damit ausgesetzt bin. Eine Selbstbehauptung ist etwas außerordentlich Gefährliches. Ich muß also, um der Gefahr vorzubeugen, an dieser Stelle der Übertretung, ja der

Gesetz-Übertretung – denn es ist das Gesetz, das mir entgegensteht – auf die Waagschale der anderen Wegseite ein Gewicht legen. Ich muß auf die andere Waagschale etwas legen, wodurch das Übergewicht, das ich durch die Selbstbehauptung gewinne, wieder ausgeglichen wird. Das kann durch einen Gedanken der Demut oder einen Gedanken des Dankes oder einen Gedanken der Ergebung geschehen, und sicherlich gibt es noch viele andere Möglichkeiten.

Nun muß ich wissen, daß ich für einen Augenblick den Strom teile, der hier fließt. Ich gehe mitten hindurch, und das bedeutet, daß ich eine Totalität auflöse. Die Totalität dieses Stromes wird durch mich – für einen Augenblick nur – in zwei Teile gespalten. Ich habe also das Schwert – das Richt-Schwert meiner Richtung – aus der Scheide gezogen in dieser Entscheidung, die ich fälle. Ich bin ein Zer-Teiler, ein διάβολος – das heißt im allgemeinen, ein Teufel. Jedes Geradeaus-Gehen in der Durchkreuzung eines anderen Weges, in der Übertretung, in der Überschreitung, ist etwas Diabolisches.

Hier ist der Mythos außerordentlich lehrreich, denn er gibt uns zu bedenken, daß der Weg geradeaus nicht immer der gute Weg ist, geschweige denn der beste, sondern daß er außerordentlich kompliziert sein kann, weil er ein diabolischer Weg ist, ein Weg der Selbstbehauptung. Und das Abendland ist gerade an einer solchen Stelle vor das Forum gefordert, denn es wird uns fortwährend der gerade Weg gepriesen, der Weg des Diabolischen.

Natürlich kann ich auch den Weg zurückgehen – warum nicht? Dann weiche ich einer ganz klaren und unbedingten Forderung meines Schicksals aus; *ich entziehe mich*. In dem Augenblick, da ich umkehre, gehe ich auf die Flucht, und die Folge wird sein, daß mich das empörte Schicksal, das mich hier erwartet, verfolgen wird. Niemals erlangen wir auf der Flucht vor einer Situation mehr als nur eine um so härtere Erzwingung durch die Macht des Schicksals.

Wer das weiß, der muß zunächst einmal stehen. Dann aber ist die Frage für den Menschen: Was nun? Soll ich mich zum Diabolischen entscheiden, zum ganz bewußt Diabolischen: mitten hindurch? Dies ist die Entscheidung, zu der uns *Parzival* anhalten will. Parzival muß lernen, daß er »mitten hindurch« *(per-ce-val)* geht, und muß darum die kindliche Unschuld dessen verlieren, der immer nur harmlos sein möchte und ja nirgends verletzen möchte. Erst nachdem er das bis zur letzten Tiefe erlitten hat, gelangt er dahin, wohin er muß: zu dem Königtum des Grales.

Bleiben mir noch, wenn ich die diabolischen Möglichkeiten ablehne, die beiden anderen Möglichkeiten: einzubiegen nach rechts oder nach links.

Wohin will ich gehen? Wenn ich hier einmünde oder da einmünde, gehe ich einen anderen Weg. Dieser Weg ist nicht mein Weg, sondern eine Abwinkelung von meinem eigenen Weg. Es ist selbstverständlich, daß, wenn ich diese Wegbildung erzeuge, hier ein *Winkel* entsteht und damit ein Winkel-Bewußtsein. Mein Wesen wird winkelig, mein Weg verwinkelt, und beides ist wiederum nichts Anziehendes. Es ist für mich relativ gleichgültig, ob ich nach rechts oder nach links gehe, jedenfalls münde ich dann in eine andere Richtung ein. Durch diesen Winkel bin ich auf einem anderen Weg und erkenne nun, daß ich von dem geraden Wege, von meinem Wege abgewichen bin.

Plötzlich taucht mir wieder auf, daß es mit diesem geraden Weg doch etwas auf sich hat. Ich gewinne ein neues Verständnis dafür, denn dieses Abbiegen wird mir verdächtig. Aber es ist nicht nur verdächtig, sondern es verlockt mich andererseits: »Du gibst nach, du bist nachgiebig. Nachgiebigkeit ist etwas Schönes. Man muß sich auch einfügen können. Man muß nicht immer auf seiner Meinung bestehen. Man kann ja ruhig auch einmal andere Wege gehen...« Und was dergleichen mehr ist. Und plötzlich steht über diesem Schritt, der mir ganz positiv erschien, das fragwürdige Wort: Kompromiß. Das Leben auf diesem Wege ist ein fortwährender Kompromiß und eine Abgewinkeltheit. Man weiß nach dem Mythos, daß sich in diesem Winkel der Teufel versteckt und sich in Ratten und Mäuse verwandelt, die dann das ganze Haus bedrohen.

Und indem mir das Nachgeben und Einbiegen fragwürdig wird,

wird es mir plötzlich klar, daß ich eben doch das Diabolische, den Zerstörer, auf mich nehmen muß und Parzival werden muß – mitten hindurch! Es bleibt mir gar nichts anderes, als das Schwert der Ent-Scheidung zu ziehen. Und jedes Schwert, das da gezogen wird, ist selbst in der Ent-Scheidung, denn es wird aus seiner Scheide herausgenommen. Darauf kommt es zu der weiteren Entscheidung, die ich mit dem Schwert vollziehe: dem Durchschneiden des Weges, dem Überkreuzen.

Es bleibt uns gar nichts anderes übrig, als diesen Weg zu gehen, wenn wir nicht in wesentlichsten Bezirken unseres Inneren zerstört werden wollen. Was aber kann ich nun tun, damit ich das, was durch mich geschieht, irgendwie aufhebe, kompensiere? Vielleicht muß darum der Christ – der wirkliche Christ, nicht der historische – die Fußwaschung vornehmen, damit seine Füße beim Überschreiten der anderen Wege geheiligt dadurch sind, daß er das Bewußtsein der Liebe entwickelt dem gegenüber, was er überschreitet. Vielleicht heiligte ich das Ganze dadurch, daß ich mich unter die Notwendigkeit stelle, die in diesem Augenblick über mir liegt.

Wenn man dies alles in Betracht zieht, dann versteht man, daß der Mensch, der keine Beziehung zum Mythos hat, auch keine Beziehung zu der Entscheidung hat und ihr aus dem Wege geht, weil die mythologische Hemmung zu stark ist. Aus der Welt des Mythos kommt das ganze Unheimliche der Entscheidung auf den Menschen zu, und da er ganz im Individuellen und Intellektuellen befangen ist, kann er sie nicht ergreifen; er fürchtet sich. Entweder bleibt er wie gebannt stehen, oder aber er weicht zurück.

Selbstverständlich bleibt dem Menschen die Möglichkeit, stehenzubleiben. Es ist eine wirkliche Möglichkeit, und sehr viele, gerade sogenannte »feinsinnige« abendländische Menschen pflegen sie zu wählen. Aber letztlich kann man hier nicht stehenbleiben, und das Schicksal greift ein und gibt dem Menschen einen Stoß oder reißt ihn weiter. Dann ist der Mensch vielleicht sogar beglückt darüber, daß er durch Abwarten sich der Entscheidung entzogen hat. Auch dadurch, daß er nicht zum Mit-Wirkenden am Schicksal wurde, hat er sich geschwächt. Er hat eine Gelegenheit, sich im Einsatz zu stärken und zu stählen, vorübergehen lassen. Das macht vielleicht gar nichts. Aber in seinem eigenen Unterbewußten tritt die Schwächung als Vorwurf auf: »Du hast Dich also wieder einmal nicht entschieden!« Und es flüstert ihm zu: »Du bist ein Schwächling und – feige!«

Nach außen hin entsteht eine Form von Unschuld und Reinheit, weil ein Mensch, der keine Entscheidungen trifft und darum nicht übertritt, eine Art von unschuldhafter Harmlosigkeit besitzt, denn er hat nicht das Diabolische aufgenommen in sein Schicksal. Aber wer in seinem Leben in diese Situation kommt, der ist von seinem Schicksal aufgerufen, am Diabolischen teilzuhaben, was er, wie gesagt, wiederum dadurch ausgleichen kann, daß er dies in dem Gedanken der Liebe vollzieht.

Damit sind wir auf dem Wege an die Stelle gekommen, an der uns die Signatur des Kreuzes außerordentlich lebendig wird, *das Kreuz als ein mythologisches Symbol*. Man wird sich als Mensch dieser Zeit sagen müssen, daß es keine treffendere Signatur gibt als die des Kreuzes. Denn wir sind durch die fortwährenden Entscheidungs-Situationen an dieses Kreuz geheftet. Es ist nicht ein glückliches Verhaftet-Sein, sondern – nach Maßgabe unserer heutigen seelischen Verhältnisse – ein durchaus schmerzliches Genagelt-Sein an das Kreuz der Entscheidung. Wohin wir uns auch immer wenden, immer ist es Entscheidung.

Wir haben also aus dem Ödipus-Mythos eine, wie mir scheint, ausgesprochen abendländische Problematik entwickelt. Zum Schicksal des Abendländers gehört, was man »das Tragische« nennt und was darin besteht, daß dem Abendländer der Weg des reinen Lichtes nicht gegönnt ist, sondern immer nur der Weg der Be-Trübnis, des Getrübt-Seins. Wir müssen uns daran gewöhnen, daß alles Feuer von Rauch umgeben ist, wie die *Bhagavad Gītā* sagt, und alles Licht in einer größeren oder näheren Entfernung Ruß absetzt und zugleich Materie verzehrt.

Hier beginnt das wirkliche Leid und das wirkliche Leiden des Menschen, wodurch eine andere Dimension entsteht als die hier gezeichnete, die Dimension der Tiefe. Die Augenblicke der Erkenntnis des Leidens bilden am Menschen, denn das Leiden ist unerläßlich für das, was dem Menschen als höchstes Ziel vorschwebt, nämlich die Weisheit. Ohne Leiden gibt es keine Weisheit. Es gibt ohne Leiden Erkenntnis und Wissen, aber es gibt ohne Leiden keine Weisheit.

Mit diesen Ausführungen habe ich die Stelle markiert, an der wir uns entscheiden müssen. Es ist keine Lösung gegeben, sondern nur der Punkt bezeichnet, an dem wir stehen. Und jeder Schritt, den wir von diesem Punkt aus tun werden, hat eine Licht- und eine Schattenseite im Gefolge. Keiner ist so, daß er vollkommen eindeutig und rein in das Licht oder in die Finsternis ginge.

Wiederum berühren wir die Parzival-Dichtung des Wolfram von Eschenbach, wo ja sehr mahnend in der Ouvertüre oder im Prolog darauf hingewiesen wird, daß der Mensch bestimmt ist, einer Elster zu gleichen, nämlich Schwarz und Weiß an sich zu tragen. Und gerade das ist es, wovor der abendländische Mensch sich fürchtet.

Ödipus, bestimmt, den Vater zu töten und die Mutter zu heiraten, soll diesem Schicksal entzogen werden. Alles wird veranstaltet, um es zu vermeiden – und unausweichlich vollzieht sich das Schicksal oder der Mythos, Schritt für Schritt.

Wir können der Bestimmung unseres Daseins und unserer Epoche nicht entgehen. Wir können uns nur über die Wirklichkeit hinwegtäuschen, aber das macht uns klein und eng und führt uns an dem Wesentlichen der abendländischen Aufgabe vorbei: *dem Erlangen der Weisheit durch Leiden*.

Der Turm

Zu den Grundgesetzen der Mythologie gehört die Anwendung des *Bildes*. Wenn wir das Wort »Bild« abgehoben von seinem heute üblichen Sprachgebrauch nehmen, dann ist die tatsächliche Anwendung der Mythologie die *Bildung* im Sinne einer *Ausbildung* wie auch einer *Abbildung* und dann wieder zurückschlagend einer *Einbildung*. Auch dieses Wort »Einbildung« sollte nicht so genommen werden, wie man das heute nimmt, sondern ganz sachlich und neutral als eine Hinein-Bildung im Sinne einer Einwirkung. Eine Einwirkung ist etwas anderes als eine Einbildung; wir werden im Laufe der Betrachtung wohl dahin kommen, das zu verstehen.

Wir sind daran gewöhnt, daß man es im mythologischen Zusammenhang mit Bildern zu tun hat. Die Mythologie ist an das Bild gebunden, das Bild bedingt die Mythologie. Damit erklärt die Mythologie als Erscheinungsform unserer Bildung einem ganz wesentlichen Teil unseres Wesens den Kampf, und zwar dem ganzen Bereich dessen, was wir den Intellekt nennen, das begriffliche, das logische Denken. Diesem Bereich entzieht sie sich. Das begriffliche und das kausale Denken ist ein Raum, mit dem sich die Mythologie nicht befaßt und durch den sie also auch nicht angefaßt sein will.

Der Inhalt der Mythologie, die einzelnen Mythen entstammen der geistigen und der Erlebnis-Leistung von Menschen. Man muß also hinter diesen Mythen Menschen sehen, und diese Menschen haben Bilder benutzt, um etwas zum Ausdruck zu bringen. Sie haben nicht abstrakte Gedanken benutzt und in der Aneinanderreihung solcher abstrakter Gedanken logische Gesetze beachtet, sondern sie haben Bilder geschaffen, und die Bilder spotten den logischen Gesetzen. Im Mythos sprechen Tiere und spielt weder der Raum noch die Zeit eine Rolle. Im Mythos tritt der lebendige Mensch in Gestalt eines

Bären auf oder in Gestalt irgendeines anderen Tieres, meist eines Untieres. Man hat es mit Zwergen und mit Feen zu tun, auch mit Riesen. Überall wird die Welt, wie der Mensch sie begriffen und logisch erfaßt hat, Lügen gestraft durch den Mythos; und umgekehrt straft die Welt der Begriffe und des abstrakten Denkens den Mythos Lügen.

Bis zum Beginn dieses Jahrhunderts war es einfach. Da wußte man, daß Märchen nur für Kinder sind, und die großen Mythen und Sagen wurden durch Gustav Schwab für Jugendliche von neun Jahren aufwärts in der Annahme zubereitet, daß ab sechzehn Jahren die Beschäftigung damit aufzuhören hätte, weil dann das Vernünftige an die Reihe käme. Unter dem Vernünftigen versteht man bei uns das klare, nüchterne, logische Denken. Auf diese Weise wurde man bis zu dem Jahr 1900 sehr leicht fertig mit der Kampfansage des Mythos.

Aber dieser Mythos hat ein merkwürdiges Leben in sich. Plötzlich, als sich diese abendländische intellektuelle Welt auf ihrem Höhepunkt befand und sich ganz sicher wähnte, da kam der Mythos von irgendeiner anderen Seite durch eine Hinterpforte.

Eine entscheidende Rolle spielte dabei Frau Blavatsky, die Begründerin der Theosophie, die als vollkommene Außenseiterin der bürgerlichen Gesellschaft natürlich niemals damit rechnen konnte, daß ihr Impuls in breiteren Ebenen zur Wirksamkeit käme und ernst genommen würde. Sie war die allererste im Rahmen des sich entwickelnden abendländischen Bewußtseins, die den Finger in die Richtung des Mythos erhob und von ihm sprach.

Der Mythos ist also ein Bildgeschöpf und wendet sich damit an die sinnliche Wahrnehmung des Menschen und an das, was wir das *ästhetische Bewußtsein* nennen. Auf dem Umweg über das Bild wird eine ganz bestimmte Ebene des Menschen erreicht, die wesentlich mit seiner Empfindung und mit seinem Gefühl im Zusammenhang steht.

Der Mensch unserer Epoche behauptet, daß alles klar und logisch sein müsse. Unser gemeinsames öffentliches Spiel, das wir miteinander treiben – auch zum Beispiel solch ein Vortragsspiel –, ist auf Vernunft, Verstand, Logik und Begriff aufgebaut. Aber das nicht öffentliche Spiel wird vollkommen von den Empfindungen und Gefühlen der Menschen beherrscht, etwas enger gefaßt, von den leidenschaftlichen Emotionen. Gerade von daher ist der Mensch absolut anfällig, ja umfällig.

Die meisten Menschen können heute sehr sachlich und klar über einen Schicksalzusammenhang im Leben eines anderen Menschen denken. Aber in dem Augenblick, da das eigene Leben in Betracht kommt und vielleicht die Bilder ganz gleich gestellt sind wie bei dem anderen, den man einst beraten hat, in dem Augenblick setzt es vollkommen aus. Wir sehen, wie der Mensch die merkwürdigsten Kapriolen schlägt und zum Narren wird dadurch, daß er versucht, seine Unterworfenheit unter das Emotional-Leidenschaftliche zu drapieren mit irgendwelchen logischen Gedanken, die nichts anderes sind als Ausreden oder Lügen. Dabei ist es ganz deutlich, daß er überfallen wird von seinen Empfindungs- und Gefühlskräften, die absolut unberechenbar sind.

Wir wissen ja, wie das ist: An einem Morgen erwachen wir und sind strahlender Laune, alles wird leicht genommen, das ganze Leben sieht sich heiter und gut an. An einem anderen Tag erwachen wir, und die ganze Schwere und Düsternis liegt auf uns, und wir wissen weder, woher das eine, noch woher das andere kam. Es ist einfach da, und wir sind die Opfer dieser Welt.

Bekanntlich kommt man gerade in solchen Zeiten, in solchen Stunden mit seinem Verstand gar nicht bei sich durch. Man kann sich selber zureden wie einem lahmen Gaul, es nützt gar nichts, wenn man in der depressiven Woge darin ist; es kommt einfach kein Erlösungskontakt zustande. Man sieht sich mit dem intellektuellen Bewußtsein, das man hat, vollkommen wehrlos gegenüber einer solchen Entscheidung.

Noch deutlicher wird es einem bei anderen Menschen, deren Laune man ausgesetzt ist. Natürlich machen wir einen Menschen verantwortlich für seine Launen, aber im Grunde genommen ist das ganz falsch. Leidet ein solcher Mensch nicht am allermeisten unter der Unausgeglichenheit seines sogenannten Seelenlebens, seiner Empfindungen und seiner Gefühle? Eigentlich verdiente er weit mehr unser Mitleid. Wir verurteilen ihn auch nur darum, weil er uns so unangenehm ist; aber weit besser wäre es, sich auf einen Akt der Erlösung zu besinnen. Wir sehen da einen Menschen, der mit der Kraft seines Bewußtseins vollkommen machtlos ist gegenüber dieser aus den Tiefen aufbrechenden Kraft seiner Gefühle und Empfindungen.

Was macht der Mythos? Der Mythos wirkt nur durch Bilder, und zwar, weil der Mensch mit dem Bild an der Stelle getroffen wird, an der er durch den Verstand nicht getroffen werden kann, im Raum seiner *Empfindungen* und seiner *Gefühle*. Empfindungen und Gefühle reagieren unmittelbar auf das Bild.

Der Mythos will sich also nicht mit dem Verstand unterhalten; der Mythos verhöhnt uns nur, wenn wir ihm mit dem Verstand beikommen wollen. Der Mythos will sich mit der Ebene unseres Wesens unterhalten, aus der wir unsere Stimmungen beziehen: mit der Ebene unserer Gefühle und unserer Empfindungen. Das heißt, der Mensch, der sich sehr stark im Gedanklichen verankert, alles begreifen, alles verstehen, alles wissen will, der sieht sich plötzlich ausgeschlossen, die Türen sind zu. Nun hämmert er gegen die verschlossenen Türen, und je mehr er hämmert, desto wütender wird er, und er empört sich gegen den Mythos, der ihn nicht hineinläßt.

Doch der Mythos ist etwas sehr Anspruchsvolles, er will nicht, daß wir sagen: »Das und das bedeutet das und das«, sondern er will, daß wir bescheiden werden, ihn anhören und versuchen, etwas zu erleben, Empfindungen und Gefühle zu entwickeln.

Man nehme etwa die Geschichte von dem *Rotkäppchen* und dem Wolf. Diese Geschichte kann man nur verstehen, wenn man sie nicht *verstehen* will, sondern wenn man sie *erlebt*. Man muß das in Gedanken vollziehen: sich ein rotes Käppchen aufsetzen und dann mit Kuchen und Wein in den Wald gehen, um dort dem Wolf zu begegnen. Alles das muß man ganz genau als seine eigene Situation erleben; dann wird man etwas von dem Rotkäppchen verstehen.

Es kommt der Augenblick, wo man ganz genau weiß, daß man in dem unendlichen Wald des Daseins ja schon als Kind mit Brot und Wein gestanden hat, bzw. mit Kuchen und Wein, denn der Mythos will gar nicht, daß man gleich so massiv die christliche Glocke zieht. Brot und Wein, das ist zu verdächtig, darum läßt er das Rotkäppchen Kuchen nehmen.

Das ist sehr anspruchsvoll. Um den Mythos zu verstehen, muß ich mich bequemen, ihm zu folgen, mich zu verwandeln.

Ich muß also wissen, daß ich mit einem Denken, ganz erfüllt von der Farbe der Liebe, in dem wilden Urwald dieser rätselhaften Menschen stand mit dem Himmelsbrot und mit dem Lebenswein in den Händen, daß ich nur, *nur* mit meinem guten Glauben unter den Menschen weilte und ihnen das anbot, was ich als Zutraulichkeit besaß. Und dann ist plötzlich der Wolf da, der Wolf, der zum ersten Mal in der Gestalt jenes Kameraden spricht, der mich aufklärt, der dann immer wieder spricht, wenn die Zweifel kommen, der mir überhaupt grundsätzlich das Gift des Zweifels als die wahre Weisheit anpreist im Gegensatz zu dem dummen Vertrauen, das doch so wesentlich ist. So bahnt sich die ganze Katastrophe an, weil man, verführt durch das Wölfische, nicht mehr das wahre Gesicht der Urahne erkennt.

Das sagt einem der Mythos. Aber dazu bedarf es dessen, daß man seinen augenblicklichen Eigensinn ablegt und den Mythos in Empfindung und Gefühl auf sich wirken läßt. Und dann wird man sehr traurig, man gerät in eine weisheitsvolle Trauer, das Leben wird sehr weit. Und noch ein anderes: Man erlebt, wie geschwisterlich man den Menschen verbunden ist, da diese Bilder auf jeden Menschen passen. Man entdeckt, wie man im Wesentlichsten der Erlebnisse mit allen eins ist.

So kommt man dahin zu verstehen, was der Mythos will und ist: daß er Bild ist, Bild unserer Erlebnisse, Abbild und Ausbildung unserer Erlebnisse; daß er durch sein Festhalten unserer Erlebnisse in seinen Bildern in der Lage ist, zur unvergeßlichen Erinnerung zu werden, zu der Kraft, die immer wieder das in uns wohl Versunkene, aber Vorhandene erinnert und lebendig macht – in diesem Beispiel etwa, daß wir nie vergessen, wie und wohin wir von der Mutter geschickt waren und wie und wo uns das Wölfische verführte.

Das ist das Schöne, daß man immer bei dem Mythos die Lösung miterlebt. Hat man den Anschluß an ihn gefunden, so braucht man sich ihm nur zu überlassen, man kommt schon dahin, wohin man will. Man braucht also vor dem Schneewittchen-Schicksal nicht zu erschrecken, das man erlebt; man weiß ja, was geschehen wird. Man braucht vor der Aschenputtel-Situation, in die man gerät, nicht zu erschrecken; man weiß ja, was man zu tun hat, und wie es dann, wenn man es tut, ausgeht. Natürlich weiß man auch, wenn man einmal in seinem Leben die böse Stiefmutter ist, daß einem am Ende nichts bleibt als der Tanz in den glühenden Schuhen und ähnliche Erlebnisse, die wir alle schon hatten. Alles ist ja in einem da.

Wir dürfen nie vergessen, daß der Anfang der Kultur nicht im Intellekt liegt. Im Intellekt liegt immer nur das Ende einer Kultur; und darum sind wir am Ende einer Kultur, weil sie heute vom Intellekt beherrscht wird. Am Anfang entspringt die Kultur der Phantasie des Menschen, jener wunderbaren wogenden Welt der Erlebnisse und der Empfindungen, zusammenschwingend zu wolkigen Gebilden. Und dann entspringt Kultur dem Tun des Menschen, aber auch hier wieder dem erlebten Tun. Am Anfang steht lauter Phantasie, lauter Kunst, auf eine wunderbare Weise jeweils. Und nicht der Verstand schafft sich seinen bildhaften Ausdruck, sondern die Welt des Erlebens, die Welt von Gefühl und Empfindung. Darum ist alles, was am Anfang steht, Mythos: Ausdruck.

Da ist etwa das *Zelt*. Man kann das Zelt von zwei Gesichtspunkten aus betrachten, vom praktischen und vom mythologischen aus. Das heutige Zelttuch, die sogenannte Zeltbahn, ist eine rein praktische Angelegenheit. Wenn am Beginn der Zelt-Kultur die Menschen wirklich praktisch gedacht hätten, hätten sie dann diesen Unsinn gemacht, in jahrelanger, jahrzehntelanger Arbeit die kostbarsten gemusterten Zeltbahnen zu weben – in einer Zeit, wo es noch gar keine praktischen Erleichterungen gab? Damals wäre es verständlich gewesen, wenn die Menschen irgendwelche Jutestricke genommen und im Kreuzgeflecht ineinandergewoben hätten, möglichst schlicht und einfach. Aber die Herstellung von wunderbar geschmückten Zeltbahnen, wie es sie gerade am Anfang der Zeltkultur gab, ist vom Praktischen her ein wahrer Unsinn und kann nur vom Mythos her erklärt werden, nämlich als Ausdruck, Abbild eines Erlebnisses.

Nun versuchen wir, uns diesem Abbild irgendwie zu nähern. Wir müssen uns vorstellen, daß der Mensch ein bestimmtes Verlangen zur Darstellung fühlte, daß er jedoch nicht ohne weiteres eine Auslösung dafür fand. Nun kommen Regengüsse, Schnee fällt, und von außen her fordert das Leben, daß der Mensch eine Haltung einnimmt im Sinne einer Gegenwehr oder Abwehr. Also das Praktische ist auslösendes Element. Plötzlich wird die Kraft, die im Menschen rumort hat, lebendig und schafft sich in dem Motiv des Zeltes ein Abbild, ein wirkliches Abbild.

Was ist denn ein Zelt? In der Mitte ein aufgerichteter Stab und darüber mit Figuren, Zeichen und Farben geschmückte Zeltbahnen gelegt. Und was *erlebt* der Mensch dabei? Es ist für ihn gar nicht möglich, zu der Darstellung dieses Gebildes zu kommen, zu dem Ausdruck, wenn er nicht ein unmittelbares, ganz tiefes Erlebnis hat, und zwar das Erlebnis seines eigenen Skelettes, seines *Rückgrates*.

Natürlich haben die Menschen nicht an das Rückgrat gedacht, so wenig wie der heutige Mensch. Aber warum erleben wir heute von unserem Rückgrat gar nichts? Weil wir den Kopf Tag und Nacht voll von anderem Zeug haben und weil dieses Zeug uns so beschäftigt, daß wir überhaupt nicht an unsere Leiblichkeit denken. Ich sage nicht, daß wir sie nicht erleben; aber mit unserem intellektuellen Kopfzentrum sind wir von der Welt unseres Erlebens so weit entfernt, daß wir gar nicht daran heranreichen. Wir wissen gar nicht, was in unserem Hause an Erlebnis vor sich geht, weil wir nur in diesem Dachgeschoß mit dem Gedanklichen und mit den Sorgen und den

Berechnungen leben.

Das Erlebnis ist immer da. Und nun vergegenwärtigen Sie sich einen Menschen, der bezüglich des Kulturellen etwas primitiver lebt, dem wirklich die leibliche Existenz etwas bedeutet, der noch ein voll sinnliches Dasein lebt; das heißt in diesem Fall, daß er versucht, seine ganze Körperlichkeit zu einem Sinnesorgan zu machen. Der muß ja, wenn er einmal auf dem Boden liegt – nicht etwa auf Couchen und anderem Unfug wie wir heute –, dieses wunderbare knöcherne Rückgrat, auf dem er liegt, erleben und zugleich auch die Schwingung, die in dem Rückgrat ist.

Man muß sich vorstellen, wie der natürliche Mensch sich hineinreckt in sein Rückgrat, die Knochen erfühlt und die Streckung erfühlt ... Wie er im Gegensatz zu uns, die wir nur mehr die Denkarbeit pflegen, eine Dankbarkeit besaß für diese Leiblichkeit, die er an sich fühlte, denn wohin er blickte in der Welt um sich herum, war nichts so kostbar wie sie. Das war weitaus das Wertvollste und Wunderbarste, was er auf der Welt haben konnte. Wenn er so auf der Erde liegend, auf der harten Erde seine Knochen spürte und sie da empfand, da konnte er nur voll Freude sagen: »Das alles gehört mir!«

Aber dazu gehört, daß man erleben kann!

Dann dieser wunderbare Augenblick des Aufstehens, des Aufschnellens, wenn ein Adler über den Himmel zog, des Aufschnellens, wenn irgendwo das Geräusch eines Raubtieres war, des Aufschnellens, wenn man irgendwo die Stimme eines Menschen hörte! Plötzlich spannte sich alles in dem Körper, und mit einem Sprung aufgerichtet war der Mensch und schaute nun nicht neugierig aus, wann der nächste Omnibus oder die nächste Straßenbahn kommt, sondern empfand plötzlich: »Hier stehe ich«, und sah erstaunt an sich hinunter. Da lagen die Kühe oder die Kamele oder die Pferde seiner Herde, und er sah sich mitten darin, aufgerichtet. Voll einer wunderbaren Kraft fühlte er: »Das kann ich!«

Und man muß wissen, was in den Menschen eintrat, wenn er in großen Sätzen über die Landschaft jagte und jedesmal in dem

Zwischenraum zwischen zwei Sprüngen seine Gestalt erfaßte in der wunderbaren Vibration, daß er sagen konnte: »Das bin ich!« Dann nahm er seinen *Speer* und steckte ihn in die Erde und betrachtete ihn, den Speer, den er in erster Linie nicht geschaffen hatte, um jemanden zu töten, sondern um ein Abbild jener wunderbaren Kraft zu haben, die ihm in seinem Rückgrat zu eigen ist. Wenn er den Speer in die Hand nahm, war es wie das Aufnehmen eines tiefen Rauschgefühles, wie wenn man sich selbst berühren und trinken könnte. Das alte innere, verborgene Rückgrat wurde in diesem Speer zu einem erlebbaren Du.

Und über diesen Speer war dieses seltsame Gewebe gehängt, diese *Haut*. Die Worte »Haut« und »Haus« sind ja nur durch eine ganz kleine Nuance verschieden. Das Merkwürdige für diese Menschen war, daß sie in dieser Haut lebten. Auch das gehört ja zu dem Unfug, zu der Ungefügtheit unserer Zeit, daß wir für unsere Leiblichkeit gar kein Interieur-Gefühl mehr besitzen. Das würde zum Beispiel bedeuten, beim Hände-Waschen zu erleben, daß wir in dieser herrlichen Haut darin stecken, die wie ein großes Zelt ist, das um einen wogt. Dann kann man nicht einfach im Laden ein Zelttuch kaufen; das empfände der mythologische Mensch als eine so unerhörte Geschmacklosigkeit, daß er sicher entsetzt wäre über seine Ur-Ur-Ur-Ur-Ur-Urenkel und den Kopf schütteln würde über dieses heruntergekommene Gesindel. Anstatt einfach eine Zeltbahn zu kaufen, muß man dann etwas weben, von dem man sagen kann: In etwa entspricht dies dem wunderbar seidigen Wesen meiner Haut, diesem herrlichen Durchpulstsein von dem Lebendigen, von dem Blut und was dazugehört. Also muß in dieses Zelttuch viel Rot hinein und auch ein dunkles Blau, weil bei der gestrafften Gestalt die blauen Adern hervortreten; schließlich soll es ein Abbild werden. Vielleicht muß man auch noch die Sterne hineinweben, die man sieht, wenn man die Hand vor die Augen hält und hinter dieser Hand die wunderbarsten Sterngebilde in den Augen flimmern. Und noch vieles andere muß dazu, was dem Menschen in einem solchen Augenblick einfällt. So beschreibt er das Abbild seiner Haut, das

Zelttuch, mit den wunderbarsten Farben und Ornamenten.

Dann steht das Ganze da, und der Mensch fühlt sich davon nicht getrennt, sondern sein »Das bin ich« wird zu einer Selbstverständlichkeit. Er deutet auf seinen Speer und sagt mit Stolz: »Das bin ich!« Und er berührt von innen die Zeltwand und sagt: »Das ist wie meine Haut!« Und der Mythos ist fertig. In Zukunft spricht man von Zelt und meint dieses ganze Erlebnis des Menschen.

Es soll noch von einem anderen Erlebnis die Rede sein, das wir alle kennen, aber längst vergessen haben: dem Erlebnis der Last. Wenn der Mensch dem nachsinnt und einen Ausdruck dafür schaffen will, kann er kein Zelt mehr bauen, sondern muß Steine nehmen, schwere Steine. Der *Stein* ist für den Menschen ein mythologischer Ausdruck von *Last*. Das ist das mythologische Urerlebnis des Menschen am Stein. Wenn im Mythos Stein auftritt, dann meint das Last, schweren Druck.

Der Mensch muß also einen Stein nehmen und noch einmal einen Stein und noch einmal einen… Wir meinen, es sei selbstverständlich, daß der Mensch dahin gefunden hätte, damit zu bauen, einen Turm hochzuziehen und diesen rund zu machen. Das ist diese schauerliche Abstraktion unserer Zeit, daß wir meinen, die Dinge seien selbstverständlich, weil sie da sind. Was dazu gehört an innerer Kraft, bis man dahin kam, einen Turm mit rundem Grundriß bauen zu können, das können wir uns gar nicht vorstellen. Wie der Mensch erst spielte mit diesen Steinen und nur wußte: »Ich muß mir einen Ausdruck einer Last verschaffen.« Erst legte er einen Stein hin, und dieses Herbeitragen und Niederlegen war ein Befreiungsakt, eine Grund-Stein-Legung. Und dann wurden weitere Steine hinzugefügt, und der Mensch fühlte ganz deutlich: »Ich muß um mich herum diese Steine haben, um mich herum.« Und plötzlich war ein Stein-Kreis da, ein Steinkeis, wie wir ihn in den keltischen Kulturen häufig vorfinden.

Erst in viel späterer Zeit kam es zu dem Bau eines *Turmes*. Stein auf Stein und Kreis auf Kreis wurde geschichtet, bis der Mensch sah, wie die Mauern ihn überragten. Immer weiter und weiter wurde gebaut. Es war für die Menschen eine Notwendigkeit, dieses Gebilde zu erzeugen.

Da stehen sie nun, die Türme – uralt und nur noch in Resten vorhanden oder weniger alt und noch vollständig – als mythologische Frage-Zeichen in der Landschaft der Kulturen. Und wiederum kann man nichts anderes tun, als sich hineinzuversetzen.

Das unterste Geschoß der Türme, das noch zumeist in die Erde hinein ausgehöhlt wurde, heißt das Verlies. Da hinein wurden die unterworfenen Feinde gebracht, und sie bildeten sozusagen die Grundlagen dieses Gebildes. Das Verlies ist der Ort der Verlassenheit. Ist man in diesem Verlies, so bleibt einem nichts übrig, als zu versuchen, irgendwie den Turm hinaufzutasten. Oben ist der Turm offen, gegen den Himmel zu, denn zum Dach kommt es noch lange nicht, dazu reicht die kulturelle Leistung erst viel später aus.

In der Verlassenheit dieser äußersten Tiefe ist das Auge ganz im Finsteren, und nur wenn es sich erhebt, sieht es oben in ein schwaches Licht. Die lange Zeit der Verlassenheit in dem Verlies bringt den Menschen dazu, daß er eine ganz bestimmte Beziehung zu dem Licht da oben aufnimmt. Es entwickelt sich in dem Menschen die *Sehnsucht*, die neben dem, was das Wort heute im Sprachgebrauch bedeutet, auch – mit einer etwas kühneren mythologischen Deutung – die Sucht zu sehen ist.

Es entsteht also eine Sucht, eine Krankheit. Die Sehnsucht ist ein Krankheitszustand des Menschen, der natürlich im Menschen vorhanden ist, aber als ein Krankheitszustand erkannt werden muß, der in einem unmittelbaren Zusammenhang mit dem Verlies-Erlebnis des Turmes steht. Gefangenschaft ist im Turm, Enge und damit Angst ist im Turm und die totale Ein- und Abschnürung. In diesem Raum – wenn man es Raum nennen will – bleibt dem Menschen gar nichts, als zu kreisen: zu kreisen um sich selbst, um die erlebte Dunkelheit und um die entstehende Sehnsucht, die Sehnsucht nach dem Licht, das von oben kommt.

Das ist das Grunderlebnis, das der Mensch haben mußte, bevor er einen Turm bauen konnte. Damit befinden wir uns im Bereich des Mythos.

Wir fühlen uns in die Tiefe gestürzt, und wir fühlen – das ist ein weit bekannteres Gefühl – uns dauernd in der Angst. Die Angst ist ja nur eine Gefühlsreaktion auf ein Engigkeitserlebnis. Wir fühlen uns eingeengt, und wir erleben die Welt, in der wir sind, als absolutes Dunkel. Wir erleben die Verlassenheit in dieser Welt. Und da ist dieses Schauen nach dem Licht, diese Sehnsucht nach dem Licht. Die ganze Geschichte der Menschheit, wie sie uns bekannt ist, ist erfüllt von dem Ausdruck der Sehnsucht nach dem Licht; nach der Erleuchtung, nach dem Lichtheld, nach dem Lichtspeer, nach dem Lichtvogel und so weiter.

Der Turm ist der mythologische Ausdruck dessen, was der Mensch erlebt, der dieses Dasein betritt. Eben vorher war der Leib das wunderbare Zelt; das ist *ein* Empfinden. Jetzt wird der Leib, des Leibes Dasein zu dem Turm. Aus der wunderbaren lichten Weite und Unbegrenztheit eines geistigen Daseins fällt der Tropfen Mensch in die Finsternis und in die Tiefe dieser Welt und erlebt dieses Dasein immer als ein einengendes. Es ist zu beachten, daß an dieser Stelle das Zelt als Bild des vorleiblichen geistigen Daseins verstanden wird, während es zuvor als Abbild erlebter Leiblichkeit galt. Dieses Körpererleben im Sinne des Zeltes erschließt aber bereits in der Weise der voll entfalteten Sinnlichkeit jene im zweiten Bild zum eigentlichen Ausdruck gebrachte geistige Wette, die dann dem Turm als Bild leiblicher Gefangenschaft entgegengesetzt wird (Anm. d. Hrsg.).

Man darf das nicht grob oder eng fassen, sondern man muß nachspüren im eigenen Leben: Wo ist denn diese Engigkeit, dieses Gefühl aufgetreten in mir? Wie habe ich es zu bekämpfen versucht? Denn jeder Mensch versucht und erlebt es auf eine andere Weise. Aber das Bild des Turmes faßt alle diese Weisen zusammen.

Ich sehe fortwährend diesen Lichtschimmer aus der Höhe, die ganze Menschheit sieht ihn; aber es erscheint hoffnungslos, weil ich da in der Tiefe, in dem Verlies verlassen bin.

Und dann kommt die Auseinandersetzung mit diesem Zustand. Entweder ich muß verzweifeln – das heißt, das Wölfische gewinnt vollkommene Gewalt über mich, und ich werde von den Wölfen, in diesem Falle von der Verzweiflung, zerrissen. Oder aber ich tue das, was *Rapunzel* im Turme macht: Ich beginne zu singen – das heißt, ich lasse die Melodie meines Wesens in diesem Raum ertönen. Ich entfalte die Möglichkeiten, die mir gegeben sind in diesem engen Bezirk, und erfahre dann ein Doppeltes:

Zum ersten finde ich in diesem Turm mich selbst. Anders würde ich mich nie finden als durch dieses Verlassensein, das ich damit segne. Dieses Auf-mich-Geworfen-Sein, dieses Verbannt-Sein in die Gesellschaft mit mir selbst bewirkt, daß ich mich mit mir selbst befreunde, Umgang mit mir pflege, mich zu erkennen, mich zu verstehen suche.

Das andere, was mir bleibt als das Köstlichste, ist, in Wort und Ton Zeugnis abzulegen von dem, was in meiner Existenz sich offenbart. Abgeschnitten von der Welt, dringt gleichwohl meine Botschaft in die Welt. Dazu gehört ein Glaube. Diese Botschaft eines von Sehnsucht Erfüllten oder die Botschaft eines Menschen, der in dem Glück dessen, was ihm der Turm gegeben hat, einfach jubiliert.

Jeder Mensch stürzt aus den großen, weiten geistigen Bereichen seines vorleiblichen Daseins in diesen Turm hinab. Der Turm ist ein Zeichen unserer tatsächlichen Existenz. Wie wir diese Existenz führen, das schreibt uns das Bild nicht vor, aber es gibt uns die vielen Möglichkeiten. Auch die Möglichkeit, die dann später angewandt wurde, als man den Mythos betrogen und die Feinde in den Turm geworfen hat in der Meinung, man könnte sich auf ihrem Rücken emporarbeiten. Welch ein Irrtum! Darum sind die Burgen und die festen Schlösser geschleift worden und die Türme eingestürzt, weil ihre Verwalter nichts mehr von ihrem Mysterium verstanden.

Die Last ist die in Stein symbolisierte *Last der Inkarnation*. Diese Last nimmt uns niemand ab, auch nicht die Last, aus den Gegebenheiten der Verkörperung das zu machen, was dem Menschen möglich ist.

Auch das, was an Abirrungsmöglichkeiten von der Grundbestimmung der Inkarnation möglich ist, wird uns durch den Mythos deutlich gemacht.

Da stehen wir nun vor den Bildern; und es ist ein typisches Bild, denn es ist nicht eindeutig, sondern vieldeutig. Zweierlei bleibt uns zu tun: unsere seitherige Lebensart zu kontrollieren und uns zu dem zu entscheiden, was wir als richtig erkannt haben.

So kann aus der Begegnung mit dem Bild eine Lebenswende kommen – oder aber auch dieses, daß der Mensch vor der Begegnung mit dem Mythos flieht, weil er nicht sehen will.

Der Brunnen

Wer über das Thema dieser Betrachtung schon einmal nachgedacht hat, wird vielleicht auch jene seltsame Entdeckung gemacht haben, daß dieses wunderbare Wort »Brunnen« eine Art von Vergangenheit charakterisiert, daß es keine solche Gegenwart mehr besitzt wie einst und daß wir an dieser Stelle beinahe etwas von der Entstehung mythologischer Begriffe erfahren können. Es wird wohl nicht mehr lange dauern, bis dieses Wort tatsächlich nur noch einen Mythos darstellt und keine Wirklichkeit mehr – keine Wirklichkeit für das Bewußtsein des lebenden Menschen, wohl eine Wirklichkeit in einem weiteren und verborgeneren Sinne. Denn die Brunnen bleiben ja, aber sie ziehen sich zurück vom Menschen. Die Brunnen sind auf dem Wege, Esoterik zu werden und damit Mysterium. An ihre Stelle tritt seit langem und immer mehr die Wasserleitung und in einem enger gefaßten Sinne der Wasserhahn.

Damit sind wir schon mitten im Mythos; und wenn man dem weiter nachgeht, kann das Gefühl entstehen, als ob alles wirbelte.

Der Gedanke der Wasserleitung führt zurück zur römischen Kultur. Wir haben heute noch die großen Wasserleitungs-Brücken in der Gegend von Avignon und die Wasserleitungen bei Rom, die jeden, der zum ersten Mal mit der Bahn nach Rom hineinfährt, so ungeheuer beeindrucken. Mit der Vorstellung von römischer imperatorischer Kulturmacht verbindet sich auch die Vorstellung der Wasserleitung.

Vermutlich haben die Römer ihr Wasser vermittels der Wasserleitung daher geholt, woher sie zuerst auch die Frauen geraubt hatten. Das ungeheuerlich wölfische Geschlecht der Römer – der mythologischen Römer – wurde vom Weiblichen geflohen. Beides mußten sie stehlen, das Weibliche und das Wasser.

Damit beginnt etwas in der Geschichte der Menschheit, was einen unerhört schmerzhaften Einbruch bedeutet. Wir müssen uns stimmungsmäßig und gedanklich da hineinversetzen und die Geschichte bis dorthin durchwandern, wo sich das alles vollzieht, und den Hochmut unseres Gegenwartsbewußtseins für einen Augenblick beiseite legen.

Die Vorstellung, daß Menschen einmal irgendwo siedeln könnten, wo es kein Wasser gibt, war für die alte Zeit etwas vollkommen Undenkbares. Daß Menschen eine Stadt bauen – Rom – und dann darauf angewiesen sind, das Wasser zu stehlen – heute sagt man zu leiten, aber das heißt eben zu stehlen –, daß es also ein Menschengeschlecht gibt, das derartig pervertieren kann, daß es von Anbeginn bis in die späteren Geschlechter von gestohlenem Wasser leben will, das wäre der alten Zeit als ein so verruchtes Verbrechen erschienen, daß wohl die Menschen gedacht hätten, der Himmel würde sich öffnen und das Feuer solche Verbrecher verschlingen.

Wie eine Hintergrundszenerie das Bild, das sich auf der Bühne abspielt, noch eindringlicher unterstreicht, so tritt die Sage von dem Frauenraub dazu.

Die Geschichte geht einige Jahrhunderte weiter, und dann kommt *Petrus* nach Rom, der die Verleugnung als Charakeristikum seines Wesens um sich trägt. Er wird der Begründer der zweiten, weit wichtigeren und länger dauernden römischen Periode, der Periode des Katholizismus. Und wie es das Groteske der Sprache will, ist es der *Hahn*, der ihn in das Bewußtsein zurückrief.

Heute ist in unseren Häusern in möglichst vielen Räumen der Wasserhahn der Wasserleitung. Man ist neuerdings bemüht, das Bild etwas zu kaschieren. Die moderne Technik, die gewisse Schönheitsprinzipien einzuführen versucht, verändert auch dieses Instrument und drängt darum den Hahn in die Esoterik. Der alte Wasserhahn war unmittelbar ein sprechendes Bild für die Figur eines Hahnes, in technisches Material übertragen, in Messing – dieses Metall, das Gold vorspiegelt und doch nur gleißend ist. Nun wird der Hahn also verdrängt. Man will nicht mehr aufgeweckt sein und man will auch nicht hören, daß man Petrus ist und verleugnet. Das alles will man nicht mehr wissen, und darum muß es in das Verborgene hinein weggewischt werden, und es bleibt nur noch die technische Errungenschaft der Wasserleitung.

Meine Jugendzeit ist ausgefüllt mit dem Drama der Wasserleitung. Vor meinem elterlichen Hause stand der große Dorfbrunnen auf einem kleinen Hügel. Die allerersten Jahre meines Lebens sind erfüllt von dem Eindruck der in der Stille der Dämmerung zu dem Brunnen kommenden Frauen, die Wasser schöpfen. In der Frühe versammelten sich dann die Gänse um den Brunnen; und es war ein munteres Schauspiel, abends die schwarzen Frauen um den Brunnen zu sehen und morgens die weißen Gänse.

Dann kam die Wasserleitung. Jahre hindurch war nicht nur mir, sondern vielen Menschen diese Wasserleitung ganz fremd, und man sehnte sich zurück nach dem unpraktischen Brunnen. Und alle die Seligpreisungen der modernen Technik fruchteten nichts.

Nicht weit von meiner Heimat – einen kleinen Spaziergang weit – beginnt das große Donaumoos, ein riesiger Moorbezirk, wunderbar geheimnisvoll, von eigenartigem Leben der Nebel und der Geistergeschichten. Als der württembergische Wasserkopf, Stuttgart genannt, immer üppiger wucherte, da ging den Stuttgartern in ihrem Nesenbach das Wasser aus. Und eines Tages kamen viele Ingenieure und machten eine Begehung des Mooses. Das ist eine sehr geheimnisvolle Stelle, dieser Übergang von zwei Landschaften, die durch ein großes wäßriges Gebiet getrennt und verknüpft werden. Die merkwürdige liebliche Gedrücktheit und Gedrängtheit der Schwäbischen Alb wird plötzlich abgelöst durch die aristokratische Weite der Donaulandschaft.

Und dann las man in den Zeitungen, welche gewaltigen gelobten Paradiese sich nun der Bevölkerung meiner Heimat erschließen würden, wenn die Stadt Stuttgart große Wasserleitungswerke baut und das Moos dort entwässert und die Bauern plötzlich einen riesigen Wiesenzuwachs bekommen. Sehr bald standen die Gebäude für die Überland-Wasserleitung nach Stuttgart – die inzwischen längst nicht mehr ausreicht, jetzt kommt der Bodensee daran –, und einige Jahre war alles sehr zufrieden. Seit sieben Jahren nun sterben in einem weiten Umkreis alle Wiesen ab, die Wälder sterben ab, und die Landschaft geht einer trostlosen Verwüstung entgegen, weil natürlich das Wasser aus dem Moos – unsere Ingenieure sind ja so ungeheuer intelligent! – abgesogen und in Stuttgart getrunken worden ist, aber von den Höhen das Wasser nach der Tiefe zieht und damit den Höhenlandschaften entzogen wird. – Inzwischen war Krieg und war die sogenannte Währungsreform und vorher die Währungsentwertung; und jetzt sind die Bauern wieder arm und haben nicht nur keine neuen Wiesen, sondern auch ihre anderen Besitztümer sind zerstört.

Das ist die Wasserleitung! In Stuttgart haben sie ihren Nesenbach inzwischen zugedeckt, er läuft verborgen unter der Stadt weg. Da Stuttgart Cannstatt aufgefressen hat, hat man nun auch noch einen Fluß. Früher lag Cannstatt am Neckar, jetzt liegt Stuttgart-Cannstatt am Neckar. Der Neckar ist inzwischen auch trocken geworden und hat nur hier und da noch wirkliches Wasser. Im Verlauf des Jahres wird ihm das abgenommen und in die Kanäle der Fabrikanlagen geleitet.

Schon als Knabe war mir deutlich, daß da etwas gestohlen wurde, und als ich in Stuttgart zur Schule ging, war es ein eigenartiges Gefühl, immer, wenn man an den Wasserhahn ging, zu denken, daß das heimatliches Wasser war und daß dieses Wasser gestohlen war. Man wußte damals noch nicht, welches Unheil daraus entstehen würde. Heute weiß man es. Dem Unheil ist ja nicht Einhalt zu gebieten, denn irgendwie geht es immer weiter, in immer größere Tiefen und in immer größere Austrocknung.

Das sind so einige bunte Steine aus dem Mythos, und alles steht irgendwie unter dem Zeichen Roms. Gestohlenes Wasser mangels eigener Brunnen! Ein seltsames Merkmal und eine seltsame Leitlinie in der Geschichte des Abendlandes, und zwar in der Geistes- wie in der Kulturgeschichte.

Das alles ist gar nicht wichtig und wäre auch nicht weiter interessant, wenn wir nicht in der Begegnung mit diesen Bildern plötzlich erkennen könnten, wo wir selber stehen in diesen Zusammenhängen. Denn es geht ja jetzt weiter. Früher hatte jedes Gehöft seinen Brunnen, und auf den Brunnen war man stolz. Wenn dann ein Gehöft in der Nähe war, das keinen Brunnen hatte und darauf angewiesen war, bei einem anderen zu schöpfen, so diente das dem, der den Brunnen besaß, zu einer um so größeren Ehre, zu einem um so größeren Ansehen, und er empfand das Gewicht der Würde seines Besitzes.

Was empfinden wir denn bei unseren Wasserleitungen? Heute schon gar nichts mehr, nachdem aus ihnen dieser bösartige Chlorgeruch kommt. Aber wir haben auch keine Ursache, mit dieser Wasserleitung mehr zu verbinden als irgendwelche praktischen und hygienischen Gesichtspunkte.

Ist es verwunderlich, daß wir auch kaum mehr eine Brücke schlagen können zu dem mythologischen Gefühl, das man mit dem Brunnen in Zusammenhang bringen kann? Zwischen dem Brunnen und uns steht die geschichtliche Wirklichkeit der römischen Wasserleitung. Ich muß dazusetzen, daß die Römer nicht die einzigen waren. Aber es ist wichtig und bezeichnend, daß man bis vor kurzem diese römischen Wasserleitungen für die ersten gehalten hat und so zum mindesten das Bewußtsein von der römischen Wasserleitung ganz selbstverständlich in das abendländische Bewußtsein eingedrungen ist.

Wenn wir nun nach einem mythologischen Zusammenhang mit dem Brunnen suchen, so besinnen wir uns vielleicht auf den *Brunnen von Samaria*,*) von dem im Johannes-Evangelium die Rede ist. Damit würden wir unseren Brunnen gewissermaßen seiner augenblicklichen Ortsbestimmung entrücken. Er wäre dann kein Brunnen, der nur hier an dieser Stelle stünde, sondern er wäre der Brunnen überhaupt, der Repräsentant aller Brunnen der Welt. Von diesem einen Brunnen her würden wir alle anderen Brunnen sehen, und

*) Joh. 4, V. 5 ff

wir würden an all diesen Brunnen *Jesus von Nazareth* sitzen sehen, wären jeweils die Stellvertreter der Frau von Samaria.

Wenn wir das richtig vollziehen würden, als eine richtige Stellvertretung, so wären wir das Weib von Samaria überhaupt. Wie in einer Ordensgemeinschaft jeder für den anderen einzutreten vermag und unter dem verhüllenden Ornat niemals der einzelne in Erscheinung tritt, sondern das gemeinsame Prinzip, so trüge jeder, der in diesen Gedanken lebte, die Gewänder des Weibes von Samaria und ihren Krug.

In diesem Falle entsteht das mythologische Gefühl und Bewußtsein, die mythologische Zustimmung dadurch, daß wir gerne diese Szene wiederholen möchten. Wir möchten gerne die Worte wieder hören, die zu der Frau von Samaria gesprochen wurden, und wir möchten ihre Fragen stellen können, damit die Antworten kämen, von denen wir ja wissen. Und da wir an unserem Brunnen weder sichtbar den Meister antreffen, noch selbst im Gewand des Weibes von Samaria auftreten, so spielt alles in einer anderen Sphäre als in der irdisch-sinnlich-sichtbaren, in der Sphäre der Er-Innerung. Das ist aber ein innerer Ort, ein innerer Raum. Und in diesem Raum wird das alles durch die Erinnerung Wirklichkeit.

In diesem inneren Raum ist der Brunnen, den wir mit unseren irdischen Augen sehen, verwandelt in den Brunnen von Samaria. In der Erinnerung sitzt an diesem Brunnen Jesus von Nazareth, und immer ist es sommerlicher Mittag, immer an dieser Stelle der Erinnerung. Und wir sind in der Lage, aus der Erinnerung heraus das zu sprechen, was das Weib von Samaria spricht, und das zu hören, was Jesus von Nazareth spricht. Nicht verstehen, nicht theologisieren, nicht rationalisieren – alles das nicht –, sondern ganz einfach dabeisein und hören.

Wir entdeckten dann, daß wir viel differenzierter und anspruchsvoller wären als das Weib von Samaria damals. In diesem Raume der Erinnerung, in dem das alles spielt, wäre unsere Bitte um das Wasser, das er geben könnte, eine viel anspruchsvollere. Wir würden darunter so vielerlei verstehen.

Plötzlich wird uns bewußt, daß wir – neben dieser mythologischen Figur – auch noch der irdisch-konkrete Abendländer dieses zwanzigsten Jahrhunderts sind, und es wird uns etwas deutlich von dem Diebstahl, von dem Wasserdiebstahl der Wasserleitung. Aber dieser Wasserdiebstahl der Wasserleitung verwandelt sich nun. Wir erkennen, daß es vielleicht doch gar nicht so sehr darauf ankommt, ob man nun eine Wasserleitung zu den Quellen und Brunnen legt oder nicht. Sondern auch da, wo man unmittelbar aus dem Brunnen schöpft, aus der Quelle, auch da findet schon ein Diebstahl statt. Die notvolle Abhängigkeit des Menschen von den Quellen der Gründe wird einem dann deutlich, und man versteht die Frau von Samaria, die das Verlangen hat, von Jesus von Nazareth das zu empfangen, was er ihr so hoheitsvoll anbietet: »Wenn du wüßtest, wer mit dir redet, du würdest mich bitten, und ich würde dir Wasser geben, das zum Brunnen wird, der in das ewige Leben springt.«

Aber es war nicht nur das Wasser *dieses* Brunnens. Das Wasser *jedes* Brunnens ist das Wasser schlechthin, denn das Wasser ist eine biologische Gemeinschaft durch die ganze Erde hindurch und über die Erde bis in die Himmel hinauf – eine seltsam fremdartige Lebensgemeinschaft, die mit allen anderen Lebewesen beinahe nichts zu tun hat, von allen anderen Lebewesen vollkommen unabhängig lebt und mit einer großartigen, herrlichen Gebefreudigkeit die Existenz aller Erdenwesen garantiert, ohne selbst von diesen Erdenwesen abhängig zu sein.

Wir dagegen sind von dem Wasser unerhört abhängig, für den etwas eingebildeten und stark selbstbewußten Menschen unserer Zeit schmerzhaft abhängig. Doch da ist einer, der erklärt mit aller Souveränität, daß er unabhängig von diesem Wasser, von dem Kosmos des Wassers sei – unabhängig! – und daß er nur wie beiläufig an diesem Brunnen sitze, daß er seinen Durst aus ganz anderen Quellen stillen könne. Welch eine Freiheit! Wie beneidenswert! Welch eine Überlegenheit! Jetzt in der Erinnerung, da wir das Weib von Samaria sind, müssen wir das erleben und ihn sprechen hören, und es muß uns unsere notvolle Abhängigkeit von diesem Wasser-

Kosmos zum Bewußtsein kommen.

Wir leiden darunter, von den Brunnenquellen abzuhängen, doch nur darum, weil die ganz tiefe Glocke unseres Gewissens uns ständig mahnt, daß wir berufen wären, Quellen zu sein: »...aus dessen Schoße werden Ströme lebendigen Wassers fließen.« Ein solches Wort aus dem Johannes-Evangelium steht weit, weit weg von unserer Zeit und Welt, unbegreiflich. Nur aufgrund der Stimme unseres Gewissens können wir überhaupt denken, daß es eine Wirklichkeit sein könnte – eine für uns unerreichbare Wirklichkeit. Noch ist das ganze notvolle Leiden in uns, daß wir vom Brunnen abhängen und nicht Brunnen sind.

Das Bild des Brunnens ist uns Mahnung, trifft uns als Vorwurf, deckt eine Urbestimmung und Urfähigkeit, Urmöglichkeit unseres menschlichen Wesens auf, wischt unsere augenblickliche Stellungnahme auf diesem Gebiet weg als eine temporäre, die gar nichts zu besagen hat. Dabei haben wir doch diese Stellungnahme so unerhört dicht und breit über das Eigentliche gelegt, über unser Brunnen-Bewußtsein. Daß wir eine Wasserleitung brauchen – wir müssen ja baden und solche Dinge – und daß es ein großartiger technischer Fortschritt ist, wenn man für Stuttgart jetzt den Bodensee auspumpen kann, und anderes mehr, das haben wir alles ganz dicht über die Wahrheit unserer Gewissensstimme gebreitet, die uns sagt: »Du solltest Brunnen sein – ein Brunnen, der Wasser gibt, das wie ein Strahl aufspringt in das ewige Leben!« Wir wären schon dankbar, wären wir nur ein Brunnen, der das vergängliche Leben geben könnte, so wie die anderen Brunnen der Welt. Nun sollen wir gar noch das ewige Leben geben können mit unserer Brunnenhaftigkeit. Wie viel fehlt uns doch dazu!

Fortwährend schöpfen wir aus fremden Brunnen. *Schöpfen* – ein Wort, das so viel enthüllt und so viel verschweigt, verhüllt. Wer schöpft, ist nicht schöpferisch. Er nimmt nur das Wort für sich in Anspruch. Schöpferisch sein bedeutet, selbst Brunnen sein, aus dem man schöpft mit dem Becher des Abgrundes und unter die Menschen tritt. Aber dann darf kein Wasser darin sein, sondern das

Wasser muß in Wein verwandelt sein, in den goldenen Lebenswein. Sonst ist es nicht das richtige Quellwasser. Wer aus sich zu schöpfen vermag, muß auch das Wunder von Kana vollziehen können. Daran gemahnt uns die Stimme aus dem eigenen Innern ganz deutlich.

Dann wird uns der Betrug des Wortes »schöpfen« wie ein brennendes Feuer, und wir können das nicht mehr als Schöpfen betrachten, was die Menschen so bezeichnen, wenn sie mit einem Eimer in die Tiefe gehen und Wasser aus diesem Brunnen holen. Das ist kein Schöpfen. Das ist nur ein Zeichen für das, was wir im Innern tun sollen.

Der Brunnen von Samaria ist der Brunnen, den Jakob seinem Sohne Joseph schenkte. Wie war das mit *Joseph*? Joseph kannte den Brunnen des lebendigen Wassers. Aus ihm schöpfte er seine Träume, die Träume, die ihm die Wahrheit des Daseins verkündigten. Davon lebte er. Und es war verständlich, daß sie ihn dann in diesen Brunnen warfen, die Petrusse, seine Brüder, und ihn nach Ägypten verkauften.

Ägypten war für die alte Zeit das Land, in dem man – wie Joseph – den Umgang mit den Träumen pflegte. Aber Ägypten ist auch das Land des Brunnens, des großen Brunnens Nil, von dem das Leben dieses Landes abhängt. Im Grunde genommen ist der Ägypter gezwungen, elf Monate lang am Brunnen zu sitzen und auf das Wasser zu warten, das er dann nicht im eigentlichen Sinne schöpft, sondern das sein Land überflutet mit Fruchtbarkeit. Darum gehörte Joseph vielleicht ganz folgerichtig nach Ägypten; dort konnte man ihn verstehen. Und so war es vielleicht auch richtig, daß man ihn dorthin verkaufte. Vielleicht war es auch richtig, daß die Brüder ihn in seinen Brunnen versenkten. Und vielleicht empfanden sie zutiefst, daß ein unglaublicher Anspruch da war: Er schöpfte aus dem Brunnen des Lebendigen, und sie waren von dem Gewässer abhängig.

Und dem anderen, dem Späteren, der an diesem Brunnen saß, geschah dasselbe. Sie warfen ihn zwar nicht in den Brunnen, aber sie hängten ihn an das Kreuz, und das war etwas Ähnliches. Denn wer im Schöpferischen steht, wer das Geheimnis des Brunnens, des Lebendigen kennt, wer selbst Brunnen ist, der verfällt immer der Verfolgung durch das Drachenungeheuer des Neides.

Das alles wird in uns wachgerufen durch den Brunnen. Das sind Dinge, die objektiv aus dem Brunnen an den Menschen herankommen, wenn er sich öffnet. Es ist eine Wahrheit, vom Brunnen her, die zum Menschen spricht. Und darum ist das Gesetz der Mythologie erfüllt. Hier ist Menschheitliches verkörpert, hier begegnet dem Einzelmenschen das Menschheitliche als Aufgabe.

Eigentlich war in der alten Zeit nur die Frau am Brunnen zugelassen. Am Abend und am Morgen schöpfte das Weib das Wasser aus dem Brunnen.

Es entsteht das wunderbare Bild vor uns, wie Elieser, der Knecht Abrahams, nach langer, ermüdender Reise gegen Abend mit seinen Kamelen an den Brunnen der Stadt kommt und dort nur scheu und zaghaft heranzutreten wagt und noch wartet, weil die wunderbaren weiblichen Gestalten der Stadt am Brunnen weilen.

Der heutige Mensch würde nur irgendwelche Mädchen am Brunnen sehen, mit denen man vielleicht flirten kann. Der Blick damals war ein anderer. Man sah am Brunnen keine Mädchen. Sondern das weibliche Wesen, das in der Abenddämmerung und in der Morgendämmerung an einen Brunnen trat – an einen Brunnen *tritt* –, ist nicht in erster Linie ein menschlich-weibliches Wesen, sondern ist eine Nymphe, eine Nixe oder eine Najade, ein Wassergeist. Wer einen solchen Wassergeist als irdische, menschliche Persönlichkeit anspricht, der kann seine blauen Wunder erleben. Die blauen Wunder sind die Wunder des Wassers. Er wird verhext und verzaubert.

Elieser hatte viel gesehen in seinem langen Leben. Seine Augen waren müde geworden. Er hatte gelernt, das Wesentliche vom Unwesentlichen zu unterscheiden. Er sah in jedem Augenblick das Wesentliche, und so sah er die Nymphen, die Nixen, die Najaden. Er beobachtete das Schauspiel mit Staunen. Und als dann eine der Gestalten sich aus dem Reigen, der um den Brunnen spielte, löste und zu ihm trat und ihm zu trinken gab und auch seinen Kamelen und er daran erkannte, daß die Liebe in ihr war, da wußte er, daß es die Gesuchte war, *Rebekka*.*)

Dieser wunderbare Mann *Isaak*, die vielleicht erschütterndste Seelengestalt des Alten Testaments, ist ganz an die Brunnen gebunden, er ist ein Brunnen-Mensch. Er lebt bei den sieben Brunnen in Berseba und lebt bei den Brunnen des Schauens. Und später wird er blind.

Wenn wir nun vom Mythos des Alten Testaments in eine ganz andere Landschaft überwechseln, in die Landschaft der nordischen Götter, so ist es dort der Oberste der Götter, *Wotan*, der an den Brunnen steigt und mit dem einen Auge blind werden muß, damit er die Weisheit des Brunnens erhält, der verwaltet wird von der Edda – von der Erde. Was aus dieser Beziehung des Gottes mit dem Erdenbrunnen entsteht, ist Brünhilde, und das heißt, das Feuer des hellen Mutes. Dort gewinnt man erst die unbedingte enthusiastische Sicherheit dem gegenüber, was sich an Widerständen entgegenstellt.

Isaak wird blind bei den vielen Brunnen, und Wotan wird sehend bei Mimirs Brunnen.

Wenn man sehend wird, dann erlebt man plötzlich, wie die *goldene Kugel*, mit der man gespielt hat, in den Brunnen gefallen ist.**) Die goldene Kugel ist das Spielzeug der Prinzessin. Die ganze Erde verwandelt sich ihr in Gold. Wir sind heute immer noch dabei, die ganze Erde in die goldene Kugel zu verwandeln; im Augenblick ist es noch ein Wunschtraum. Wir haben das schwarze Gold, wir haben das weiße Gold, und wir haben anderes Gold, wodurch immer deutlicher wird, daß der Mensch aus der Erde eine goldene Kugel macht, mit der er spielen kann. Es ist ein Prinzeßlein, das mit dieser goldenen Kugel spielt, diese merkwürdige, spielerische, frivole Geistigkeit des heutigen technischen Menschen.

Wenn man in den tiefen Wald und darin zur Besinnung kommt, dann rutscht einem diese Kugel aus, sie fällt in den Brunnen. »Nur keine Probleme! Nur keine ernste Musik!« Und was dergleichen

*) s. 1. Mose 25; vgl. auch Goethe, Hermann u. Dorothea, 7. Gesang
**) Froschkönig

Schlagworte mehr sind. Das sind die Warnrufe, die ertönen, wenn der Mensch in Gefahr ist, in den tiefen Wald zu kommen und an den Brunnen. Problematisch zu sein, ist heute Zeichen einer geistigen Krankheit oder einer Verrücktheit – natürlich weil man am Brunnen die goldene Kugel verlieren kann. Denn sobald man in die Tiefe blickt, wird alles Oberflächliche fragwürdig. Wenn man an den Brunnen kommt, blickt man in die Tiefe. Diese Tiefe ist unheimlich und ist vollständige Nacht; nur ganz am Grunde schimmert etwas, glitzert leicht, und man weiß von einem geheimnisvollen Leben der Tiefe. Aber bevor man dahin kommt, ist es tiefe Nacht, und man muß hinunterstürzen, muß den Untergang vollziehen. Man kann nicht mehr an der Oberfläche bleiben.

Aber die Bewegung ist eine zwiefache. Wir können am Brunnen nicht vorübergehen, ohne uns zu erinnern, daß wir aus ihm gekommen sind. Der Storch hat uns ja aus dem Brunnen geholt, und der Brunnen ist der Leib unserer Mutter. Daher sind wir gekommen, aus diesen dunklen Gewässern. Und indem wir wissen, woher wir gekommen sind – vom Brunnen wissen, aus dem wir gekommen sind –, wissen wir auch vom Brunnen, zu dem wir gehen. »Von Erde bist du genommen, und zu Erde sollst du werden.« Wir wissen ganz genau, daß wir dahin zurückkehren, denn der Brunnen ist auch das Grab.

Es gibt Menschen, die werden begraben, und es gibt Menschen, die kommen in den Brunnen. Wer begraben wird, ist gestorben; wer in den Brunnen kommt, wird getauft – das ist ein Vorgang der Tiefe. Er bedeutet, daß man sterben muß, bevor man stirbt, und das kann man nur, wenn man an den Brunnenrand kommt, zu den Müttern. Da muß man das Auge opfern, das eine Auge. Durch die zwei Augen sind wir zwie-trächtig. Wenn wir das eine Auge opfern, werden wir ein-fältig. Das ist notwendig, wenn man zu den Müttern kommt. Die Einfalt ist die Voraussetzung für die Weisheit, und darum wird im Märchen immer nur der Dumme Weisheit finden, nie der Kluge.

Wenn du hinuntergehst in die Tiefe, dann mußt du das Licht deines Herzens als Lampe mitbringen, als Ampel; ἄμπελος heißt der

111

Weinstock. »Ich bin der Weinstock, ihr seid die Reben. Ich bin die Ampel, ihr seid die Strahlen.« Das muß man mitnehmen, wenn man in die Tiefe geht, damit der Brunnen erleuchtet wird. Und dann entdeckt man – was man auch bei dem gewöhnlichen Brunnen erlebt –, daß seine Wände smaragden leuchten. Der törichte Verstand sagt uns, daß Algen und Moose an den Brunnenrändern und an den Brunnenwänden wachsen und daß sie darum grün sind. Das ist Unsinn. Es stimmt naturwissenschaftlich, aber nicht mythologisch. Mythologisch ist es smaragdenes Leuchten. »Grün ist des Lebens goldener Baum.«

Man kommt in die Tiefe hinunter und wird getötet. Man gibt seinen Geist auf und bekommt den Geist der Urgewässer, der Mütter. Der Geist der Mütter ist das Nichtwissen, denn immer dann, wenn sie wissen, sind sie in der Verzweiflung. Es ist der Geist der Gewißheit und der Ahnung, der Geist des Friedens und der Sanftmut, der Stetigkeit, der Treue und einer unaufhörlichen Liebe. Maria kann mit dem, was die Menschen sagen, nichts anfangen, sie versteht es nicht; aber sie bewahrt es in ihrem Herzen, im Brunnen.

Wir wissen aus dem Märchen*, was dann kommt im Brunnen. Da kommt der Backofen und dann der Apfelbaum; im Ofen das Brot, das herausgenommen werden will, und beim Apfelbaum die Früchte, die geerntet werden wollen. Dies ist nicht der Baum der Erkenntnis, sondern der Baum des Lebens. Dort keltern wir die Früchte und gewinnen aus dem Wasser des Brunnens, in den wir stürzen, den Wein von Kana zusammen mit dem Brot. Und dann wird alles Dasein überdeckt mit den leuchtenden Kristallen der Schneesterne. Alles wird weiß. Nur wer zur Hölle gefahren ist – zur Frau Holle –, findet das Mysterium des Lebens.

Einmal fällt die Kugel hinein, im anderen Falle die Spindel; beides ist dasselbe. Der Mensch oberhalb spinnt immer, oder er spielt mit dem Traum von der goldenen Kugel. Und plötzlich taucht ein schreckhaftes Gebilde auf, die Kröte aus der Tiefe. Sie findet die Kugel, denn sie weiß alles. Da haben wir den Gegensatz: Oben ist die Prinzessin, schön, daß die Sonne beinahe eifersüchtig wird, elegant

*) Frau Holle

und wunderbar angezogen, ein bestechendes Bild; und unten sitzt die alte Kröte. Der brillante Verstand unserer Zeit ist die Prinzessin, und die alte Kröte ist der ganze Volksaberglaube und was sonst aus dem Dunkel der Tiefe kommt. Aber der aufgeklärten Prinzessin unseres Verstandes ist es unheimlich, abhängig zu sein von den Kräften der Tiefe, von den Kräften des Brunnens.

Das Wunderbare ist, daß die Prinzessin alles tun kann. Sie ist der Petrus und stiehlt das Wasser und betrügt die Kröte, obwohl der König, der große Könner, ihr aus der alten Weisheit der Menschen heraus rät, was sie tun soll. Sie tut es, aber sie tut es widerwillig; und die nackte Brutalität des Intellekts offenbart sie damit, daß sie den Frosch an die Wand wirft. Dann kommt die Erlösung zustande: Aus dem Frosch wird der Königssohn. Es ist ein ganz großes Rätsel, daß diese unbeherrschte, unglaublich brutale Gebärde, die mörderische Absicht dieses wunderbare Gegenbild erzeugt.

Das ist die Wahrheit. Immer und immer wird dem Menschen auf seine verbrecherische Gesinnung aus der Urwelt mit der Gnade geantwortet. Und das alles kommt aus dem Brunnen.

Schicksalswege

Mutterschicksal

Der Umgang mit dem Mythos bedeutet die Umstellung unseres heutigen Bewußtseins auf eine vollkommen andere Bewußtseinsebene. Wir können den hier gemeinten Vorgang nur begreifen von dem aus, was man das Entwicklungsschicksal der Menschheit nennen könnte. Ich mache nicht sehr gerne diese Türe auf, denn das bindet uns an die Zeit, und das Licht der Zeit, das auf die Dinge fällt, verfälscht sie. Vom Licht der Ewigkeit aus bedeutet die zeitliche Beleuchtung eine Verfälschung, auch wenn wir etwa die Schicksalsentwicklung ins Auge fassen.

Jede zeitliche Bindung verführt den Menschen, ein Gestern, ein Heute und ein Morgen in Betracht zu ziehen. Das Morgen kann ich für den Augenblick ausfallen lassen, denn es ist das Gefäß der Hoffnungen und Wünsche der Menschen, und das sind zunächst Illusionen. Aber das Heute und das Gestern treten in den realen Bereich der menschlichen Vergleichsmöglichkeit und damit der Möglichkeit, Wertungen auszusprechen und Urteile.

Das Verführerische daran ist, daß das Heute einfach durch seine Gegenwart dem entschwundenen Gestern überlegen, weil mir näher ist. Letztlich glauben wir, daß die Zeit, in der wir leben, im umfassenden Sinn irgendwie recht hat, auch wenn wir an einzelnen Stellen kritisieren.

Der Irrtum besteht darin, daß das mir Nähere, die Gegenwart, das Wichtigste für mich ist und die Vergangenheit daher das weniger Wichtige und das weniger Wertvolle. Aber ich darf nicht vergessen, daß das Vergangene zu seiner Zeit ebenso gewichtig, weil seinerseits Gegenwart war.

Wenn wir also jetzt, da wir etwas in das Zeitliche eintreten, dieses Moment der Verfälschung einkalkulieren, dann werden wir vielleicht den damit verbundenen unvermeidlichen Betrug in uns selbst ausgleichen können, wenn auch nicht durch konkrete Vorstellungen, so doch mit einem gewissen Vorbehalt des Gefühls und der Empfindung.

Wir erleben heute allgemein ein Zurückfluten des menschlichen Verlangens zum Mythos. Alle psychoanalytischen Bestrebungen sind erfüllt davon. Daß man die Menschenseele, das Unterbewußte mit dem Mythos in Zusammenhang bringt, ist schon eine salonfähige Anschauung. Damit wird zugestanden, daß man seither ein wesentliches Moment des menschlichen Seelenbestandes übersehen oder vergessen hat, das zu entdecken man jetzt stolz ist.

Es war natürlich immer da. Warum haben wir es übersehen, vergessen? Das ist die Frage. Wie kommt es, daß der Mensch einen Bestand seines inneren Wesens übersehen und vergessen kann? Seien wir doch nicht allzu leichtfertig. Wir meinen, die Frage des Erinnerns oder des Gedächtnisses, die Frage des Haltens und Behaltens sei eine physiologische Angelegenheit des menschlichen Gehirns. Wollen wir uns so leicht entschuldigen? Übersehen und vergessen wir nicht darum, weil wir froh sind, etwas vergessen zu können? Nun handelt es sich nicht um etwas sehr Persönliches, sondern um etwas allgemein Menschliches. Der Mythos ist also offensichtlich vergessen worden, weil wir ihn *gern* vergessen haben. Wir *wollten* ihn nicht mehr.

Jetzt entdeckt man den Mythos der menschlichen Seele in der Gegenwart. In einiger Zeit wird man den Mythos der Welt des Kosmos entdecken und dann den der Erde und wird genauso erfreut und überrascht sein wie vor rund fünfzig Jahren bei der Entdeckung des Zusammenhangs zwischen menschlicher Seele und Mythos. Wir haben das alles vergessen und finden jetzt wieder dazu.

Warum haben wir es vergessen?

Weil wir so in unserem Leben viel unbehelligter wohnen. Man lebt viel unbehelligter, wenn es keinen Mythos gibt, wenn es keine Götter gibt und keine Dämonen und ähnliches. Das Leben ist geschonter, wenn es nur mich gibt.

Darin kommt uns die Religion des Abendlandes sehr entgegen, denn man kann mit ihr die Gottheit aus dieser sündigen Welt hinauskomplimentieren. Damit die Gottheit nicht allzu deutlich merkt, daß sie hinauskomplimentiert worden ist, hat die raffinierte Menschheit beschlossen, sich vor dieser Gottheit etwas sündig zu erklären, und geglaubt, sie damit betören zu können. Aber »sündig« war nur eine Maske, eine Frivolität. In Wirklichkeit ist der Mensch gottfroh, daß er Gott los ist in dieser Welt und daß diese Gottheit, die dogmatisierte Gottheit des Abendlandes, irgendwo in einem Himmel sitzt. In manchen Augenblicken wäre man froh, sie hierzuhaben, aber dann kommt der rasch arbeitende Verstand und sagt, daß sie doch besser irgendwo im Jenseits aufgehoben ist. Ein Gefühl des Unbehagens wird man zwar nicht los, weil man denkt, es gäbe wohl noch andere Möglichkeiten; und manches Mal spürt man es auch. Aber im großen und ganzen ist doch dieses Dasein »unter uns« durchaus gegen allzu drastische Übergriffe einer etwaigen göttlichen Nachbarschaft gesichert.

Das Abendland ist von einer so beispiellosen Areligiosität, daß man einfach davon sprechen muß. Von Völkern, die in einer uralten religiösen Tradition stehen, ist sehr deutlich zu hören, in welch schauerlicher Weise sie das Abendland vollkommen areligiös erleben. Das Christentum ist nur eine Aufklebemarke; und wenn ich das sage, handelt es sich um eine Klage, nicht um eine Kritik.

Wenn der Abendländer heute in den Wald spazierengeht, dann ist er, sofern er nicht gerade wildert, vollkommen unbehelligt und, im Rahmen seiner privaten Möglichkeiten, ein Souverän. Er kann die Tannen betrachten, die Eichen betrachten, die Buchen betrachten, das Wild betrachten, und immer ist die ihn umgebende Natur ihm mehr oder weniger ergeben, stellt keine Ansprüche an ihn, fordert nichts von ihm, nicht einmal Rücksicht. Der Mensch kann sich ganz so rüpelhaft benehmen, wie er in dieser Situation sich zu benehmen gewohnt ist. Nichts geschieht.

Treten wir in den Bereich des Mythos ein und schulen wir uns im Geiste des Mythos, wird alles ganz anders. Dann ist irgendein Baum nicht irgendein Baum, sondern die *Verkörperung eines Geistes*. Die Alten hatten für all diese Geister Namen. Später in der romantischen Zeit hatte man ganz bestimmte Bildvorstellungen. Wir wollen nicht in das Materialistische abgleiten: Es waren einfach Geister da. Man braucht sich kein Bild von ihnen zu machen.

In dem Augenblick, da ich mich mit dem Gedanken befreunde, daß in einem Baum ein lebendiger Geist wohnt, kann ich nicht mehr rücksichtslos dem Baum gegenübertreten. Das ist unmöglich. Was ich denke, was ich empfinde, ist sekundär. Das Primäre ist, daß ich einer Erscheinung gegenüberstehe, die einen Anspruch an mich stellt. Denn mich erinnernd, daß in dem Baum ein geistiges Wesen lebt, wird mir bewußt, daß ich selbst ein geistiges Wesen bin.

So findet eine Begegnung im Geiste statt. Das Material ist nur der Bildvordergrund, der Baum ist nur das irdische Malzeichen, durch das ich erinnert werde daran, daß an dieser Stelle ein geistiges Wesen steht.

Ich beuge mich hinunter und sehe die Anemone im Moos; und wie ich meine Hand darauflege, ist es plötzlich kein Moos mehr, sondern ich zucke zurück, denn es ist mir, als ob ich meine Hand auf irgendein Haar gelegt hätte. Die Anemone blickt mich an wie ein großes Auge, und ich entdecke, daß jede Blüte ein Auge ist. Ich werde rot vor Scham, weil ich seither gemeint habe, daß die Blüte nur darum da sei, daß ich sie ansehe, an ihr rieche. Jetzt entdecke ich, daß ich angeblickt *werde*. Man stelle sich einer Anemone gegenüber mit dem Bewußtsein, daß man angeblickt wird. Oh, da reißt man sehr schnell aus, wenn man irgendwo ein Gefühl für Wahrhaftigkeit besitzt. Man besteht nicht ohne weiteres vor dem Angesicht der Anemone.

Oder man trete vor ein Heckenröschen, diese wunderbare rosa Erscheinung mit dem goldenen Staubbündel in der Mitte, und lasse sich davon anblicken, und man wird auf einer ganz anderen Ebene seines Wesens »ins Auge gefaßt« und gerichtet.

Plötzlich zerfällt das eigene geschlossene Wesen, der Komplex, wie man sagt, und teilt sich auf in Verschiedenes. Indem nun das einzelne zutage tritt, erkennen wir, wie wenig im Grunde genommen wir zu der Gesamterscheinung, die wir bislang immer vorgetäuscht haben, stehen können. Es handelt sich nicht darum, daß man nun in großen Selbstvorwürfen, Selbstbeschuldigungen versinkt, das ist nicht notwendig. Es ist einfach, wie wenn man in einen Spiegel blickt und plötzlich entdeckt, daß man an der Stirn rußig ist oder daß man sonst irgendwo einen Schmutz trägt. Das ist unangenehm und peinlich, und man beginnt sich zu reinigen.

Vor der Anemone oder dem Heckenröschen kann man sich nicht auf eine solche Weise reinigen. Es gibt das Wort »sich läutern«. Das ist das, was man zu tun hat. Man muß sich läutern, und zwar in den Bereichen, die davon angesprochen werden. Man muß sich läutern in dem Raum seiner Gedanken, in dem Raum der Empfindungen und vielleicht in noch tieferen Schichten der Seele.

Jetzt tue ich den nächsten Schritt im Wald und stoße vielleicht an die Wurzel eines Baumes. Ich erinnere mich, daß ich früher »Hoppla!« rief und anfing zu schimpfen. Jetzt kann ich das nicht mehr. Ich sehe die Wurzel an, und plötzlich ist mir, als ob sie eine Ader auf meinem Handrücken wäre. Ich denke an das Wesen des Baumes, das vielleicht auch seine Adern besitzt, durch die sein Lebensblut fließt. Jetzt kann ich nicht mehr durch den Wald spazieren rennen. Ich muß still werden, und mein bisheriges Spazierengehen wird ein feierliches und ernstes Schreiten, ein Wandeln.

Es kommen mir Erinnerungen an meinen Naturkunde-Unterricht, und ich krame sie heraus und weiß alles mögliche von Pflanzenbestimmung und ähnlichem und versuche, mich mit dem neu gewonnenen Gegenstand auseinanderzusetzen. Da spüre ich, wie die Heiligkeit abfällt, die gerade da war, und ein nüchternes Gefühl nach mir greift. Manche Menschen schätzen solche Ernüchterungen. Sie meinen, damit besser auf dem Boden der Wirklichkeit zu stehen.

Mag sein, aber sie nehmen sich die Feier, das Fest, das Heilige. Ist das besser? Ich weiß es nicht. Auf dem nüchternen Boden der Wirklichkeit bin ich plötzlich wieder Herr und der Natur vollkommen überlegen. Auf dem Boden des Heiligen bin ich unterlegen und in die Rolle, wenn nicht gerade der Anbetung, so doch zumindest der Andacht gezwungen. Bin ich einigermaßen klug, so weiß ich, daß ich da auf dem Boden der nüchternen Wirklichkeit nicht richtig stehe, denn man steht nie da richtig, wo man sich in die Brust werfen kann. Man steht nur da richtig, wo man das Haupt senkt, an seine Brust schlägt und die einfachen Worte spricht: »Gott sei mir Sünder gnädig!« Das braucht weder pappig noch schmalzig zu klingen, nur wahrhaftig muß es sein.

Ich kann in diesem Augenblick nicht daran vorübergehen, daß ich vielleicht Jahrzehnte meines Lebens lang den Wald, in dem ich so oft war, mißbraucht habe. Ich lebe ja in Deutschland mit seiner wunderbaren geistigen Tradition, und am Beginn des deutschen Geisteslebens steht der große Parzival-Mythos von Wolfram von Eschenbach, der uns lehrt, was dem Menschen geschieht, wenn er nur in das Heilige hinein- und durch es hinstolpert. Man kann schon hineinkommen in das Heilige. Man kann sogar alle Geheimnisse wahrnehmen und sehen und trotzdem gar nichts davon verstehen, weil man letztlich nichts anderes ist als ein eitler Kraftmeier. Dann schlagen die Pforten wieder zu, und es kommt ein langer Leidensweg, bis man die große Demut gelernt hat. Erst dann öffnet sich die Pforte des Tempels wieder aufs neue.

So muß man sich jetzt sagen, daß man vielleicht jahrelang an schönen Sonntagen in und durch den Wald gestolpert ist wie Parzival, und verspürt dann eine bittere Reue im Herzen. Aber es ist nicht zu spät. Wenn ich nur erkenne, dann ist es möglich, daß die Pforten sich öffnen.

Dadurch gewinnt man einen Weg auf das mythologische Bewußtsein zu. Man gewinnt noch lange kein mythologisches Bewußtsein, es ist nur der Anfang eines Weges.

Auf diesem Weg wird man sehr viel sehen, und das ist nicht so schwierig, wie die Menschen meinen. Man muß nur schauen können. Das griechische Wort für Schauen heißt θεάομαι und hat den gleichen Stamm wie das Wort θεός, das die Gottheit, das Göttliche bezeichnet. Ich könnte also sagen, man muß göttlich werden, wenn »Göttlich-Sein« »Schauend-Sein« heißt.

Um schauend zu werden, gibt es ein wunderbares Exerzitium. Man trete nur einmal vor einen Baum, eine alte Linde etwa, um zu erleben, was das *Schauen* bedeutet, und man wird merken, wie viele Augen einem aus einem solchen Baum entgegenblicken. Man kann diese Augen ganz genau schildern, denn sie leuchten, und sie blicken uns sicher sehr, sehr ernst und sehr wach und fragend an. Natürlich ist es ärgerlich, wenn man nicht versteht, was sie fragen. Menschen verstehen ja nicht einmal, was Sterbende fragen, wie sollten sie augenblicklich verstehen, was ein Baum frägt. Aber wenn ich schon nicht verstehe, was der Baum frägt, dann kann ich wenigstens ganz still sein und verharren und schauen. Wohl bin ich dann dem Baum etwas schuldig geblieben, aber ich habe sicher viel empfangen – einen Blick aus der Tiefe der Natur. Genügt es nicht für den Anfang?! *)

Ein andermal nimmt man einen Tautropfen und beginnt ihn zu betrachten, und wiederum merkt man etwas von Augenähnlichem. Und je länger man versinkt in diesen Tautropfen, ihn wirklich anschaut in dem Bewußtsein und Erlebnis, daß *er* uns anschaut, wird man etwas von der Magie, das heißt von der geheimen Kraft dieser Erscheinung erleben. Ich bin aufgestanden und habe einen trüben Morgen gehabt. Der Tag vorher hatte mir Kummer und Sorgen gebracht und manche Betrübnis in mein Herz gesenkt. Jetzt verweile ich für einen Augenblick vor diesem Tautropfen. Und plötzlich ist mir lichter und klarer zumute. Es ist, wie wenn ich meinen trüben Geist gebadet und an einer Quelle erquickt hätte.

Dann ist es nicht schwer, den nächsten Schritt zu tun und das abendländische Vorurteil abzuwerfen, daß ein Tautropfen nur ein Tautropfen sei. Dann weiß man, daß der Tautropfen so wenig nur ein

Tautropfen ist, wie ich als Mensch nur ein Haufen Materie bin; denn in diesem Haufen Materie lebt eine erleidende, empfindende Seele und ein gestaltender Geist. So darf ich in diesem Augenblick annehmen, daß in dem Tautropfen eine Seele und ein Geist lebt – welch ein wunderbarer, welch ein herrlicher Geist, welch eine herrliche Seele! Wie sehr wollte ich, ich gliche diesem Tautropfen, alles an mir und in mir wäre für mich und die anderen so durchsichtig wie dieses kleine Geschöpf meiner Welt! Mir ist Macht gegeben, es zu zertrümmern, es zu töten, und doch bin ich in einem solchen Augenblick ganz in seiner Macht.

Wie schwer fällt es mir, bei meinen Menschenbrüdern zu dem Erlebnis zu kommen: »Hier ist Ewigkeit, hier ist Gott«, und wie leicht ist es, bei einem Tautropfen oder angesichts eines Baumes einen solchen Gedanken in sich lebendig zu haben. Aber obwohl ich mir von einem Freund oder einem oder einer Geliebten in der Entfernung ein Bild ihres Wesens, eine Vorstellung von ihrer Seele, von ihrem Geist mache, habe ich mir noch nie Gedanken darüber gemacht: Was für eine Seele hat nun eigentlich dieser Tautropfen, was für ein Bild würde ich mir davon machen? Was für einen Geist hat dieser Tautropfen, was für ein Wesen? Obwohl mich dieses Wesen so stark ansprach, so stark beeinflußte, daß ich ganz in seinem Banne war, von ihm geläutert wurde. Jetzt frage ich mich das erste Mal; und dann bin ich ganz nahe am Mythos.

Wir sind heute ganz gewiß an der Stelle der menschlichen Entwicklung, wo es dem einzelnen nicht erspart wird, sich seine eigenen Mythen dichten zu müssen, oder wir haben eben keine. Aber man wird nicht mehr lange mit diesem Mangel leben können. Solange es noch nicht soweit ist und unser ganzes Sprechen und Denken und Zusammenleben sich noch nicht vollkommen verändert hat, müssen wir uns damit begnügen, Anleihen bei der Vergangenheit zu machen und auf die Bilder der alten Mythen zurückzugreifen.

Man beginnt zu verstehen, daß die Griechen, wenn sie lange an einer Quelle saßen, ein ganz bestimmtes Geist-Seelen-Bild von dieser Quelle hatten. Und so, wie man zu den Geschöpfen, die wie wir sind, »Menschen« sagt, so sagten die Griechen zu diesen Geschöpfen, die sie an den Quellen wahrnahmen, »Nymphen«. Jede Quelle hat ihre eigene Nymphe, so wie jeder Mensch sein eigenes Gesicht hat. Aber sie alle bilden eine Gattung. Der ganze Bereich der Natur war durchsetzt von solchen Gebilden.

Wir müssen dazu kommen, daran zu denken, daß aus den tausend Augen der Blüten, die wir im Laufe des Jahres sehen, uns Geister anblicken. Man kann dann nicht irgendeine Blume auf seinem Tisch haben oder an seinem Fenster und einfach nur ein ästhetisches Vergnügen daran finden, an der Farbe, an dem Duft, an der Form, sondern man weiß, man hat einen Gast bei sich, und man muß diesen Gast berücksichtigen. Unser Verhältnis wird ein anderes sein. Nicht mehr eine Blüte ist da, ein ästhetisch zusammengefügter Haufen Materie, sondern eine Seele, ein Geist. Die Seele können wir mit dem Duft einatmen, und den Geist wahrzunehmen ist so leicht an einer Blüte, wenn wir uns nur von ihr anschauen lassen. So gelangt man zu der Schau und befindet sich dann in einer geistigen Gesellschaft.

Man sage nicht, daß sie besser sei als die menschliche, das wäre ganz falsch, denn die Menschen sind ja auch nichts anderes. Wehe, wenn wir nur den Haufen Materie sehen und nicht die leidend-erleidende Seele und den in jedem Menschen zutagetretenden Geist, der uns prüfend betrachtet!

Man fällt dabei verständlicherweise immer wieder auf sich selbst zurück. Die gewisse Vertrautheit, Heimlichkeit, ja Vertrauensseligkeit mit sich selbst hört auf. Man wird sich etwas unheimlicher. Auch das ist gut. Man kann nicht ringsum in das Mythologische hineingeraten, ohne nicht bei sich selbst auch in das Mythologische hineinzugeraten.

Es kommt der Augenblick, in dem man nicht mehr die Bäume und die Blüten ins Auge faßt, sondern in dem man immer umfassender zu erblicken versucht; in dem man auf einmal frägt, woher man selbst

125

kommt, und vielleicht eines Tages plötzlich – ganz eingenommen von solchen Gedankenübungen – beim Waschen der Hände ein fremdes Gefühl bekommt und den Eindruck hat, daß man etwas Fremdes berührt.

Wenn man sich sehr darin geübt hat, diese merkwürdige abendländische Verblendung durch den »Haufen Materie« zu überwinden, dann ist plötzlich in der Hand, die man berührt – die beiden Hände berühren sich ja gegenseitig beim Waschen –, etwas ganz anderes. Es wird mir beim Berühren der Materie an meinem Leib plötzlich bewußt, daß ein wunderbarer Zusammenhang mit dem Erdenstoff besteht, auf den mich diese Leiblichkeit, die ich an mir trage, immer wieder durch die Regungen von Hunger und Durst und auf vielerlei andere Art hinweist.

Meine Leiblichkeit verlangt von mir, daß ich mir die Kommunionsmöglichkeiten mit dem Irdischen verschaffe, einmal stärker, einmal weniger stark, je nachdem ich mich in meiner Rücksichtnahme von diesem Grundstoff meines Daseins entfernt habe. Und je mehr ich mich hineindenke, um so deutlicher wird mir, daß es ganz lächerlich ist, wenn ich mich als Mensch in erster Linie als Menschensohn betrachte. Das bin ich natürlich auch, aber weit mehr bin ich doch mit allen Menschen zusammen ein Erdenkind. Das ist das viel Größere. Ich stehe in diesem ungeheuren Zusammenhang des irdischen Daseins.

Wie lebendig Materie ist, wissen wir aus der eigenen Leiblichkeit. Wie lebendig ist wohl die ganz große Materie, die Erdenmutter! Ich muß erst lernen, daran zu denken, Andacht zu üben, es immer wieder in das Bewußtsein zu holen, es nicht vergessen zu wollen. Es ist angenehmer, über die Erde dahinzustolpern unter dem Motto: »Wer mein Brot isset, tritt mich mit Füßen«, als bei jedem Schritt zu denken, daß da unten der lebendige Leib meiner Erdenmutter quillt, pulst, lebt.

Das ist für mich um so verwunderlicher, als ich nicht ohne weiteres mit meiner Leiblichkeit identisch bin. Sie ist wie eine Art von Gehäuse oder etwas, das mich trägt, meine Seele und meinen

Geist; meinen Geist vielleicht gerne trägt, mit Lust, aber meine unruhige, schwankende, den Stimmungen unterworfene, düstere oder helle, ungewisse Seele weit mehr *er*-trägt, duldend-erduldend. Das weiß man in der Tiefe des Inneren, wenn man es sich auch nicht gern zugesteht. Aber man sollte es sich zumuten, das heißt, den Mut haben, es gelegentlich ins Auge zu fassen, wie man erduldet, wie man ertragen wird.

Trotzdem ist da noch etwas anderes: *Ich fühle mich geliebt.* Das ist das Seltsame. Ich kann rasch sagen, ich fühle meinen Leib geliebt von der Erde. Aber das ist es nicht, sondern die Liebe meint *mich*. Ich stehe in einer besonderen geliebten Beziehung zu diesem urmütterlichen Weltwesen. Es ist erschütternd, daß wir in unserer abendländischen Kultur diese Verbindungen vollkommen verloren haben, die die Alten hatten. Und wenn man daran denkt, ist ein tiefes Bedürfnis da, diese Verbindungen zu bekommen.

Es ist leicht, zu einer Blume, zu einem Baum, zu einer Wiese, zu einem Wald, zu einer Quelle oder irgendeinem anderen Detail dieser Welt eine Beziehung zu bekommen in der angedeuteten Art. Es ist sehr schwer, zu der ganzen Erde eine solche Beziehung zu bekommen, denn da geraten wir sofort in das Ungeheuerliche, und das bedeutet für unser ängstliches Gemüt zugleich: zu den Ungeheuern, und uns wird angst und bang dabei. Aber man muß sich damit auseinandersetzen. Jetzt geht es nicht mehr anders, als daß wir uns wirklich eine Vorstellung bilden von diesem ungeheuren Wesen, dessen Kinder die Menschen sind.

Die Alten hatten wohl eine tausendbrüstige *Demeter*, sie konnten damit etwas verknüpfen. Wir müssen uns das erst wieder erringen. Aber es ist ja ein Gegenstand der Anknüpfung gegeben. Vergessen wir nicht, daß uns diese Mutter fortwährend nährt. Die Quelle der Nahrung bei unseren menschlichen Müttern versiegt nach kurzer Zeit, aber diese Mutter nährt uns das ganze Leben. Nicht nur das, sie gewährt uns alles, absolut alles.

Oft habe ich, menschlicher Mütter Schicksal beobachtend, daran denken müssen, wie eng die Gesinnung der Menschenmütter bei aller Weite doch ist, wie rasch das Ende des Verstehens, des Duldens erreicht ist bei aller Bereitschaft, bei aller Liebe zum Kind, und damit verglichen das schweigende Wesen der Demeter, der Erdenmutter, die alles mit sich machen läßt, alles gewährt, alles duldet und still und ergeben verharrt, daß die Kinder lang sich der Meinung hingeben können, sie lebe nicht mehr, obwohl sie täglich von ihrem Leben leben.

Nicht weil die Sprachen der Welt es uns sagen, sondern weil wir es in unserem Inneren ganz genau wissen, können wir es ohne weiteres behaupten, daß es eine Mutter ist. Könnte es nicht auch ein Vater sein? Es ist kein Vater, es ist eine Mutter. Plötzlich ist uns dieses Wesen ganz nahe, denn wir haben es immer gewußt, daß da eine Mutter ist. Immer dann, wenn wir im Frühjahr oder im Herbst die aufgebrochenen Furchen der Äcker sahen, diesen wunderbaren bläulichen Dampf daraus aufsteigen, und unsere Hand in eine lockere Scholle vergruben, dann wußten wir in den Tiefen unseres Wesens etwas davon, daß wir unsere Hand in eine der vielen Falten des Antlitzes unserer Mutter legen.

Sie hat eine Tochter, diese Mutter: *Persephone*, das heißt ein Wesen, das in der Lage ist, durch sich selbst und aus sich selbst heraus zu tönen, laut zu werden. Sie liebt diese Tochter ungeheuer. Sie ist ihr das liebste ihrer Kinder. Aber sie fühlt die Bedrohung.

Demeter fühlt die Gefahr für dieses geliebte Kind – Ahnung eines kommenden Schicksals oder notwendige Magie, um das Schicksal herbeizuzwingen? Wer weiß es? Jedenfalls wird das Kind geraubt, dieses Kind, das wir alle kennen. Wir selbst sind die Geraubten, vielleicht für Zeiten unseres eigenen Lebens, vielleicht für immer, vielleicht als Menschheit für Zeiten, vielleicht als Menschheit für immer – wer weiß es? Wir sind die Geraubten, die wir aus uns selbst und durch uns selbst zu tönen vermögen. Ein ungeheurer Jammer überkommt die Mutter da. Endlos tönt ihre Klage durch das Weltall. Sie ist der Übermacht der Schicksalslenker, zu denen sie selbst gehört, aber die sie in diesem Fall ausgeschlossen haben, zum Opfer gefallen. Ihre eigenen Brüder sind die Vollstrecker des ungeheuren Schicksals.

Die Tochter, die in einer bestimmten Art die Verkörperung der Schönheit war, ist dem Todesgott, dem Gott der Unterwelt, verfallen. Raub und Neigung – es liegt so nahe beieinander. Persephone, unsere eigene Seele, schielt immer wieder nach den Untergründen des Daseins, nach den Tiefenmächten des Materiellen, wird fasziniert von den verborgenen Schätzen, Kohle, Eisen, Gold und Silber, Erdöl. Die Faszination ist so stark, daß der ganze Akzent der abendländischen Kultur auf dem Tanz um dies goldene Kalb liegt. Alles andere ist vollkommen belanglos, nebensächlich, gerade gut genug, um bei »*panem et circenses*« mitzutun, bei dem launischen Spiel des Zeitvertreibes.

Unendlich ist die Klage der Mutter, die das Kind, das sie so bänglich hütete, verloren hat. Und dann geschieht ihr, was Mütterschicksal ist: Sie wird erfüllt von einer Sehnsucht nach einem anderen Kind. Beinahe ist es ein mythologischer Neid. An der Stelle, an der sie verharrend in Trauer sitzt, wird sie entdeckt von dem Königskind Keleos, das an ihr nichts anderes sieht als eine alte trauernde Frau. Es nimmt sie mit zu den Eltern. Ein neugeborenes Söhnchen ist da, und sie bietet sich an, das Kind zu pflegen. Auf einmal ist sie in den irdischen Verhältnissen und versucht nun, alles das, was sie ihrer Tochter nicht mehr geben kann, diesem Menschenkind zu geben, vor allen Dingen die Unsterblichkeit, das Signum der Götter. Dazu muß sie das Kind jede Nacht in das Feuer halten und zubereiten, wie man ein Brandscheit zubereitet, denn alles, was unsterblich werden will, muß »mit Feuer gesalzen werden«, wie es im Neuen Testament heißt.

Nun kommt ein anderes Mutterschicksal. Die richtige Mutter entdeckt eines Nachts das Tun der Demeter, und wie immer in menschlichen Verhältnissen, wenn die Mütter erkennen, daß die Kinder vom Geiste berührt sind, schreien sie auf in Angst und Entsetzen und greifen nach ihnen und verjagen die Götter. In heiligem Zorn legt Demeter das Kind auf die Erde und entweicht, da ihr heiliges Tun durch das Klagegeschrei der Mutter geschändet ist.

Seltsame Überkreuzung: Ist nicht das, was ihrer eigenen Tochter geschah, gerade darum geschehen, weil sie unsterblich war? Da sie das Kind unsterblich machen wollte, hatte die wahre Mutter nicht zu Recht die lärmende Angst in sich um das, was geschehen würde? Die Bilder überschneiden sich, und das Rätsel der Schicksale wird nur noch dichter.

Dann endlich, endlich, durch tausend Wege, die sie geht, und aufgrund der Macht, die sie ausübt und die Schöpfung einfach gefährdet, weil sie in Zorn gegen die Götter lebt, wird ihr die Tochter wieder gegeben. Aber sie hat von der Lust der Tiefe genossen und bleibt ihr verhaftet. Menschliche Seele, zu zwei Dritteln – wie es heißt – den Göttern zugewandt und zu einem Drittel der tiefen Unterwelt.

Mag es tröstlich klingen, daß zwei Drittel der Zeit bei den Göttern verbracht werden, dieses eine Drittel hat Gewicht. Immer ist der Mensch darauf ausgerichtet, und um dieses einen Drittels willen wird die Göttin nie mehr froh – Erdentrauer, Erdenmelancholie.

Die Erde meint nicht den materiellen Menschen. Der materielle Mensch ist sofort das Kind des Hades, der Unterwelt. Sie meint den Menschen, der mit seinem Wesen – Persephone –, mit diesem ewigen durch sich selbst Tönenden dem göttlichen Lichtreich zugewandt ist und dadurch unaufhebbare Spannung entstehen läßt, die Spannung, die wir erleben.

Wir sind mit einem Teil unserer Seele den irdischen Machtansprüchen verfallen, und diese Verfallenheit, von der wir nicht loskommen, weil wir gegessen haben von den Tiefen dieser Verfallenheit, macht, daß das mütterliche Wesen, durch das wir den Anschluß an die Götter haben, immer trauert. Mütter sind Kinder der Demeter. Es gibt nicht eine Mutterfreude ohne Trauer und ohne Leid. Hier stehen wir im Mythos in der unabänderlichen Wahrheit.

Wir wissen wohl, es gibt einen anderen Mythos, welcher die Lösung bringt, und er entstammt der nachchristlichen Zeit. Das ist der Mythos vom *Schneewittchen*. Er entstammt dem nordischen Bereich. Dort gibt es jene Gestalt, die bewirkt, daß die menschliche Seele das Gift der Tiefe ausspeit, und dann bekommt sie den Raum des ewigen Lebens wieder.

Zwischen Demeter und Schneewittchen steht die Umwandlung des menschlichen Denkens durch das Christentum. Dies gilt es zu bedenken.

Sind wir in der Lage, das Leid der Demeter endgültig aufzuheben, ihr ihre ursprüngliche Freude wiederzugeben? Steht doch im Paulus-Brief das Wort: »Tod, wo ist dein Stachel, Hölle, wo ist dein Sieg?«

Empörerschicksal

Es ist mir ein Bedürfnis, daß wir – bevor wir jeweils die Räume der eigentlichen Mythologien betreten – uns immer wieder bereiten auf das, was uns dort begegnet und was verlangt, daß wir eine Bewußtseinsänderung vollziehen, sei es auch nur für den Augenblick dieser Begegnung.

Das Ausmaß der Andersartigkeit des mythologischen Denkens im Vergleich zu unserem heutigen Denken läßt sich von uns nur schwer erfassen, schon darum, weil wir in unserem Denken so unerhört selbstsicher sind und der Meinung huldigen, daß die Methode unseres Denkens schlechthin *die* gültige Methode wäre.

Warum sollen wir – so kann man fragen – nicht unsere Methode des Denkens für die richtige halten? Sicher! Nur kann man mit ihr nicht die Früchte eines Denkens begreifen, das aufgrund ganz anderer Methoden arbeitet.

Der abendländische Mensch ist daraufhin erzogen und trägt wohl auch den Impuls in sich, die verschiedenartigsten Kräfte seines Wesens unter einen Befehl zu stellen.

Es gibt ein Bild, das das abendländische Geistesleben vom Religiös-Kirchlichen her sehr geprägt hat: das Bild des *Hirten* – lateinisch *Pastor* –, die Vorstellung also, daß an der Spitze einer Herde eine führende und bestimmende Macht geht und entsprechend die Herde als ein Vielfaches diesem einen nachfolgt. Wir übersehen leicht, daß solche Bilder eine unerhörte Wirkung auf das Unterbewußte des Menschen haben und von dort aus kulturbildend wirken.

Der Mensch vorchristlicher Zeit hätte wenig Zugang zu diesem Bild gehabt. Der vorchristliche oder antike Mensch setzte an die Stelle des Pastors – des Hirten und der Herde – den *Wagenlenker*.

Der Unterschied zwischen dem Wagenlenker und dem Pastor mit der Herde ist ungeheuer. Der Einbruch, der dazwischen liegt, ist von uns wohl noch lange nicht genug ausgelotet. Denn dieser Einbruch stellt sich uns in der historischen Sicht als ein beinahe nicht zu klärendes Chaos dar: Zusammenbrüche der vorderasiatischen Weltreiche, merkwürdiger Zusammenbruch des ägyptischen Reiches, vorher des persischen Reiches, des Reiches Alexander des Großen, Zusammenbruch der griechischen Welt, der eherne Schritt der römischen Legionen, eine gewaltige Kraftleistung des römischen Imperiums, und dazwischen also dieser gigantische Umbruch auf religiösem Gebiet von der heidnischen in die christliche Zeit.

Alles mischt sich. Die Lichter leuchten nicht klar. Paulus ist Jude, Abendländer und Grieche zugleich. Es entstehen die Gnosis, die Manichäer und die römische Kirche. Der krampfhafte Versuch der römischen Kirche, alles zu vereinigen, mißlingt. Es kommt zu Auseinandersetzungen. Und plötzlich ist die andere Zeit da.

Was wir im Abendland immer übersehen und in einer Art von sklavischer Gesinnung überhaupt nicht zu würdigen vermögen, das ist jene barbarische Entstellung des Geistes durch den Begriff und das Wesen des sogenannten *Dogmas*. Man kann heute noch über das Dogma kaum sprechen, ohne nicht in die Nähe des Scheiterhaufens zu kommen. Aber wir werden das Abendland nie verstehen, wenn wir nicht an diese Saite von ihm rühren.

Es ist verständlich, daß aus dem geistigen Zusammenbruch der antiken Welt sich die großen Geister – es sind große Geister gewesen –, die Väter der frühchristlichen Zeit auf etwas einigten, was ihnen damals einzig und allein als Rettung erschien, das Dogma. Aber die Erfindung des Dogmas ist ein Verzweiflungsakt und keine schöpferische Leistung. Sie ist einer Notbrücke zu vergleichen, die dann plötzlich für unantastbar erklärt und zu einer dauernden Brücke gemacht wird. Ich nehme dieses Beispiel, weil wir es nach dem Krieg so oft erlebt haben.

Die Idee des Dogmas beherrscht das ganze Abendland, nicht nur auf religiös-christlichem Gebiet; sondern da sich das ganze wissenschaftliche Denken in den Klöstern entwickelte, so ist die Wissenschaft an diese Grundlagen gebunden. Und heute hat sich das Dogma auch der Kunst bemächtigt. So ist der letzte Raum eines freien Geisteslebens usurpiert von dieser Leitidee des Abendlandes – Leit-Idee und Leid-Idee, beides zugleich.

Würde heute einer dieser jungen Griechen, die in Olympia gekämpft haben, plötzlich in das Abendland versetzt werden, er stünde fassungslos dieser sklavischen Art des Denkens gegenüber, von der wir uns selbst keine Vorstellung machen können, da wir in ihr befangen und aufgegangen sind.

Das Bild des Pastors mit der Herde besagt zunächst gar nichts anderes, als daß einer unbestimmten Anzahl von Individualitäten das Selbstbestimmungsrecht genommen wird, oder daß Individualitäten auf diese Selbstbestimmung verzichten und sich einer darübergestellten Autorität unterwerfen. Die Gründe für diese Unterwerfung mögen verschiedenartige sein, darauf kommt es nicht an. Es kommt darauf an, daß überhaupt im Abendland eine solche Gestaltung des Geisteslebens möglich ist.

Das Bild überträgt sich in den Denk-, Gestaltungs- und Lebens-Bereich des einzelnen Individuums. Auch der einzelne Mensch in seinem Inneren setzt sich ein Ziel, eine Leitidee, eine Devise, und unterstellt seine verschiedenartigen Kräfte diesem einen Gesichtspunkt, diesem einen Ziel. Je mehr es einem Menschen gelingt, die verschiedenartigen Kräfte seines Wesens diesem neuen Ziel unterzuordnen, desto mehr erfüllt er die Vorstellung der Charakterbildung, die im Abendland als eine vorbildliche gefordert wird, und es entsteht die entschiedene feste Persönlichkeit.

Der griechische Mensch kennt etwas ganz anderes. Er nimmt die verschiedenartigen Kräfte, tritt hinter sie, bindet sie an sich und läßt sie dann einfach lostürmen, gewiß, daß er die Kraft besitzt, sie zu steuern. Es entsteht etwas Wunderbares. Und je mehr ein Mensch in der Gewißheit seiner Steuerungskraft mutvoll den Kräften den Lauf läßt und aus der absoluten Sicherheit und Gewißheit seines Inneren sie steuert, um so rascher durcheilt er die Bahn seines Kosmos und kommt an das Ziel, wird *Sieger*.

Im Abendland werden die Kräfte unterdrückt zugunsten einer Kraft. In der klassischen Zeit werden sie gebändigt, aber im Rahmen ihrer Bändigung zu der höchsten Leistung angespornt. Dazwischen liegt eine Welt des Chaos, die beherrscht wird von Entsetzen, von Furcht, von Zweifel und Verzweiflung. Der große und gewaltige Zusammenbruch der Hierarchien geistiger und weltlicher Art, der festgefügten Reiche, die Anfälligkeit heldischer Gestalten, die Anfälligkeit von Königen, Heerführern, Fürsten, Herzögen, alles das bewirkt im Menschen eine derartige Ungewißheit, daß er bezüglich des Menschen in eine absolute Fragwürdigkeit gerät. An die Stelle eines wunderbaren überzeugten Vertrauens und Glaubens tritt nun der Zweifel und die Verzweiflung und vor allem an die Stelle des Vertrauens das unselige Mißtrauen.

Die extreme Ausbildung dieser Linie besteht heute darin, daß die Menschen, die an die Spitze des öffentlichen Lebens treten, von irgendwelchen Parteien oder Behörden getestet oder, wie das schöne Wort heißt, durchleuchtet werden. Man glaubt, daß man heute Methoden hat, mit Hilfe derer man den Menschen so zu durchschauen vermag, daß nichts Undurchschautes mehr in ihm ist. Man will absolut sicher gehen. Und gerade den Verwaltern dieser Methode passiert es, daß sie immer wieder auf das grausamste blamiert werden.

Der Sinn dieser Dinge ist der, daß man über die Leistung des Vertrauens erhaben sein möchte durch den schlüssigen Beweis. Es soll bewiesen sein, daß der und der Mensch an dieser und dieser Stelle absolut vertrauenswürdig ist. Jetzt wird eine ganze Schar anderer Menschen einer derart durchleuchteten Persönlichkeit unterstellt – vielleicht werden auch diese noch durchleuchtet –, und man hat das Gefühl, daß diese Kraft, von der man alles genau weiß und die genau berechenbar ist, dafür sorgt, daß die anderen Kräfte in der Ordnung bleiben und entsprechend gebändigt sind.

Demgegenüber steht die religiöse und positive Weltanschauung des klassischen Altertums. Dort ist der Mensch hineingestellt in den wirkenden Bereich einer göttlichen Welt wunderbar heiterer Gesinnung, in der der Mensch weiß, wie gering seine Möglichkeiten einer Schicksalsbereitung sind, wie alles in der Hand höherer Mächte steht und letztlich der Mensch nur einen kleinen Raum besitzt, in dem er sich bewegen darf und kann. Alles andere ist die Ordnung der Götter. Das ist das eine. Auf der anderen Seite leuchtet das Wunder der menschlichen Existenz derart ein, daß man ihr einfach Vertrauen schenken kann, absolutes Vertrauen. Und wie man heute noch junge Pferde auf die Weide laufen und dort herumtoben läßt, so ließ die klassische Zeit dem Menschen freien Auslauf und hatte das Bewußtsein, daß schon etwas Richtiges und Gutes dabei entstünde.

Es kommt zur Ausbildung eines *ganzheitlichen Wesens*. Alle Kräfte des Menschen werden gleichmäßig eingesetzt und darum gleichmäßig entwickelt. Für alle Kräfte wird eine Art von Freiheit gewährt durch das Vertrauen, das hinter dem Menschen steht, durch den Glauben an seine göttliche Gestelltheit. Man bewundert heute den klassischen Menschen darum, weil er keine Einseitigkeit entwickelt hat, sondern eine harmonische Ganzheit darstellt. Welch ein tragischer Einbruch ist seither geschehen!

Kehrt man in den Mythos zurück, in die Welt des Mythos, dann muß man die Bereitschaft entwickeln für ein absolutes Vertrauen. Im Mythos gibt es kein Gut und Böse, keine moralische Bewertung und Beurteilung. Das ist eine Angelegenheit der Pastoren. Im Mythos gibt es nur Kräfte, Wesenheiten, die alle in irgendeiner Beziehung direkter Art zu dem Zentralwesen der Welt stehen und ihren ganz bestimmten Auftrag besitzen.

Daß die Darlebung der einen Kraft einer anderen entgegentreten kann ist selbstverständlich, weil das einfach in den Weltenplan gehört. Vom Gesichtspunkt der einen Kraft aus wird die andere, die als gegnerisch auftritt, irgendwie mit Zorn bedacht, denn Gegnerschaft bedingt einen notwendigen Kampf auf allen Ebenen.

Man bemüht sich nicht, dem Menschen ein Weltbild einzubläuen, das einem glücklichen Jerusalem oder einem Paradies entspricht.

Auf eine solche Idee wäre der klassische Mensch nicht gekommen. Sondern die Welt als solche und jeder Zustand in ihr ist ein vollkommenes Werk der Gottheit. Daran darf nicht kritisiert werden. Diese Welt ist die beste, die es gibt.

Der Mensch in dieser Welt ist nun jeweils eine Mischung aus den Weltkräften, und da gibt es die verschiedensten Typen.

Wir haben heute das sogenannte 08/15-System auf allen Gebieten unseres kulturellen Lebens, so auch auf dem Gebiet der menschlichen Erziehung oder Bildung. Man hat eine bestimmte Vorstellung, wie der Bürger dieser Zeit sein soll, und man macht es mit dem Menschen so, wie man es früher mit den Bäumen gemacht hat. Man wollte keine Eichen oder Buchen mehr, sondern man wollte Pyramiden und stutzte sie zurecht. Es waren aber in Wirklichkeit Bäume, und man hat sie verstümmelt. So geht es heute dem Menschen. Man macht aus ihm etwas, was dem Erziehungsbild des Abendlandes entspricht.

Nun ist es nicht möglich beim Menschen, nur irgendwelche Zweigchen abzuschneiden. Man schneidet im Geistigen und Seelischen Kräfte ab. Sie verwelken nicht so rasch; sie verkümmern wohl, aber sie bleiben lebendig und scharen sich um den verstümmelten Menschen. Sie sind um ihn als nicht mehr wirkliche Geistwesen, als unheimliche Geister und Gespenster. Da sie nicht berechtigt sind in dem eigentlichen Raum des Menschen, der nach 08/15 zurechtgestutzt ist, so müssen sie irgendwo eine Stelle suchen, wo sie einbrechen können, um sich etwas zu nähern an dem menschlichen Wesen, für das sie eigentlich bestimmt sind. Damit stören sie die ganze Pyramide; und plötzlich steht die Umwelt erschrocken da und sagt: Was ist denn das? Und der Patient wird in die Zwangsjacke gesteckt.*)

Wir sind durch diese Vorstellung ungeheuer bestimmt, und sie sind so unmythologisch, als man nur denken kann. Für den Mythos ist einfach alles, alles, was die Götter in den Menschen hineingeben, richtig, ich will gar nicht sagen gut, das interessiert den Mythos nicht. Dieser Mensch ist so, und so ist er richtig, weil die Götter ihn so gewollt haben.

137

Wenn Sie heute irgendein Shakespeare-Drama betrachten, so haben Sie noch etwas von diesem klassischen Mythos darin. Diese Narren und Besoffenen und anderen ulkigen Erscheinungen, die da auftreten, sind so in das Drama verflochten, daß man deutlich sieht, wie die Lebensgeschichte der Menschen gar nicht zustande kommen könnte ohne die ulkigen Gestalten, über die wir lachen oder über die wir entsetzt sind, aber die unabänderlich zu der Geschichte gehören.

Wenn nun die öffentliche Meinung – Kultusministerium und Journalismus – leidenschaftlich dahinter her ist, aus dem Zeitgenossen unseres Jahrhunderts eine 08/15-Figur zu machen, so muß man verstehen, wie erschreckt all diese Gruppen sind, wenn das nicht gelingt, wenn dann irgend etwas anderes zustande kommt.

Der einzelne Mensch, der durch all diese Erziehungsmühlen hindurchgeht, ist selbst bestrebt, eine solche 08/15-Figur zu sein, und nimmt es sich übel, wenn er es nicht ist, beichtet, fühlt sich sündig und ist reuig und merkt gar nicht, daß er jedesmal mitwirkt an der Entropie des Daseins, an dem Lebensschwund des Daseins. Der einzelne Mensch von heute hat ja gar nicht den Mut, der Wirklichkeit seines Wesens ins Auge zu blicken. Er blickt seine Wirklichkeit nur an durch die 08/15-Brille, die ihm von der frühesten Jugend an bis zur Vollendung seiner Erziehung verabreicht wird. Alles, was da nicht hineinpaßt, ist für ihn, genau wie für seine Umwelt, das Böse und das Schlechte.

Blickt man in den Mythos hinein, so sieht man lustig die Kräfte wirken, die nach dieser 08/15-Brille böse, schlechte und verbotene Kräfte sind. Und es kommt der Augenblick, da der Mensch die Großartigkeit des Mythos versteht und ihm plötzlich unbehaglich wird und er denkt: Ja wären nicht am Ende diese von mir stets in die Ecke geschobenen, verdrängten Kräfte auch etwas sehr Gutes, was mitwirken könnte an der Gestaltung meines Bildes, daß es nicht ein entropisches Bild eines Menschen werde, sondern ein aufblühendes? Man schaut sich auf der Straße um und sieht lauter müde, abgehetzte, meist widerwärtige und vergrämte oder leidvolle Menschen. Das ist doch das Produkt unseres Jahrhunderts. Ist denn dazu der Mensch bestimmt, daß am Abend zwischen fünf und sieben Uhr nur verhärmte und gehetzte und ausgelaugte und geschwächte Gestalten durch dieses Dasein schwanken? Wie wunderbar wäre es, wenn dafür lauter prachtvolle, starke und kräftige, ich möchte gerne sagen: entfesselte Gestalten durch die Straßen gingen und man angesichts dieser Gestalten entsetzt wäre vor der Kraft, die in ihnen lebt, aber zugleich erleben könnte, daß der Mensch wirklich etwas Kraftvolles ist!

Natürlich kann das nicht geschehen in einem Zeitalter des Mißtrauens und der Angst, der Armseligkeit. Wenn man nicht davon durchdrungen ist, daß der Mensch von Gott geschaffen ist und daß der Lebenslauf und das Zusammenspiel von ihm geleitet wird, dann muß man sofort schreien, wenn ein Mensch sich entfesselt. Würde man aber den Dingen ihren Lauf lassen, die Kräfte gleichmäßig fassen und sie an dem Wagen unseres Lebens in Aktion treten lassen, dann begönne ein neues mythologisches Zeitalter.

Verzeihen Sie diese etwas lange Einleitung, aber sie war wichtig. Es kommt mir nicht darauf an, Ihnen eine Geschichte aus dem Mythos zu erzählen, sondern in Ihnen etwas aufzubrechen.

Wenn wir nun die erhabene Gestalt des *Prometheus* ins Auge fassen, so brauchen wir eben die aufgebrochene Weite eines Begreifen- und Verstehen-Wollens und das Bewußtsein, daß wir uns dieser Gestalt nur mit Ehrfurcht nahen dürfen. Wenn auch ihre einzelnen Aktionen und Taten uns, nach der Spanne unseres Verständnisses gemessen, unbegreiflich erscheinen, so ist die Gesamterscheinung dieser Gestalt doch so ungeheuer, daß vor ihr letztlich jeder Widerspruch verstummen muß.

Bei jeder mythologischen Gestalt handelt es sich um die Darstellung eines Wesensteiles, der in jedem Menschen vorhanden ist. Ein solcher Wesensteil wird wie isoliert von den anderen Teilen des menschlichen Wesens dargestellt, damit der Mensch diese Seite seines Wesens erkenne.

Prometheus ist ein Abkomme der *Titanen*. Die Titanen sind ein gewaltiges Geschlecht. Ich sage es einmal ganz bürgerlich: Sie tun meist Dinge, die heute alle verboten sind. Darum fällt es uns etwas schwer, sie zu begreifen. Der griechische Mythos sagt, daß sie Kinder sind der beiden großen Gottheiten Himmel – Uranos – und Gaia – Erde. Erde ist für den Griechen noch etwas anderes, Himmel ist für den Griechen noch etwas anderes, aber wir können es für den Augenblick so belassen. Die großen Grundmächte unseres Daseins sind Himmel und Erde. Trotz aller Aufklärung der Wissenschaft sind wir noch nicht weiter gekommen. Man kann diese Mächte aufspalten in Einzelheiten, zuletzt bleibt als Zusammenfassung und Überhöhung doch die Vorstellung: Himmel und Erde.

Ein Nachkomme dieser Titanen ist Prometheus, und Epimetheus ist der Bruder. Prometheus ist der immer Vorausschauende, Denkend-Planende. Epimetheus ist der Nach-Denkende. Epimetheus gründet auf der Schicksalserfahrung, er macht logische Schlüsse: Weil das so war, muß das so sein, und weil das dann so ist, ist dann dieses auch so ... Das ist Epimetheus. Prometheus ist der Intuitive; er eilt jeweils dem gegebenen Zustand voraus und reißt damit die Zukunft an sich.

Es kommt zu einer gewaltigen Auseinandersetzung zwischen den Titanen und ihren eigenen Kindern, den späteren griechischen Göttern Zeus und seiner Gefolgschaft. Es ist also ein Familienkrieg, wenn man so sagen will.

Prometheus, der selbst zu den Titanen gehört, steht in diesem Kampf nicht auf der Seite der Titanen, sondern auf der Seite der sogenannten Lichtgötter. Man sollte jetzt nicht das einschieben, was meist automatisch eingeschoben wird, nämlich die Sympathie für das Licht; die ist zu der damaligen Zeit nicht ohne weiteres gegeben. Der damalige Mensch weiß die Finsternis mindestens so zu schätzen wie das Licht, und er bringt dem Licht nicht mehr Sympathie entgegen als der Finsternis. Nur im Mythos selbst wird den Lichtgöttern darum ein gewisser Vorzug eingeräumt, weil sie ja die anderen, die Titanen, die vorangehenden Götterhierarchien, besiegen.

Prometheus, der die Zukunft an sich reißt und voraussahnt, steht auf seiten des Zukünftigen. Man muß deutlich sehen, daß schon hier die Tragik beginnt. Prometheus löst sich aus den Banden seiner Gegebenheit. Es ist ja ein absoluter Verrat, den er begeht, Verrat an der titanischen Gesellschaft, an der Sippe. Hier steht ein Wesen in der wesentlichen Entscheidung. Er gehört seiner Bestimmung nach zu dem, was bekämpft wird; er gehört seiner Intuition nach zu den Gegnern. Wie viele solche Schicksale haben Menschen in den letzten zwanzig Jahren erlebt!

Prometheus löst sich mit einer unwahrscheinlichen Leichtigkeit von den alten und damals heiligen Bindungen und tritt auf die Seite der Gegner, der lichten Götter, wird also Vaterlandsverräter, Familienverräter. Alles das nimmt er auf sich.

Er gibt in diesem Kampf dem Zeus, dem Anführer der anderen, der gegnerischen Hierarchie, den entscheidenden Rat, mit Hilfe dessen die Unterwerfung der Titanen gelingt, der eigenen Brüder, Väter, Mütter und Geschwister. Dieser Rat kommt von Prometheus, dieser Rat, der für die andere Seite zum Ver-Rat wird.

In dem Augenblick, da die neue Götterhierarchie eingesetzt ist, ihren Sieg vollständig gemacht hat, in dem Augenblick löst sich Prometheus. Es entsteht also das Bild einer Art von Gesinnungslosigkeit. Der Held dieses Mythos trägt alle die Makel an sich, die ihm die heutige menschliche Gesellschaft zum Vorwurf machen würde. Er wäre von der heutigen Zeit aus ungefähr das Verwerflichste, was man sich denken kann, und ist im Mythos der gewaltige Heros.

Was macht Prometheus? In dem Augenblick, da er sieht, wie Zeus seine Macht anwendet, um den Menschen gefährlich zu werden, stellt er sich auf die Seite der Menschen gegen Zeus.

Jetzt muß ich für einen Augenblick unterbrechen, damit uns der Mythos nicht zu rasch davonläuft und wir uns nicht in den Bildern verlieren, ohne die Deutungen gleich mitnehmen zu können. Wir müssen uns klarmachen, daß es sich bei allen Mythen um den Menschen handelt.

Es ist ganz deutlich, daß in den Titanen nicht das Uranische, sondern das Gaiahafte lebt, vorwaltet. Der titanischen Mythologie geht die Urweib-Mythologie voran; das matriarchalische Zeitalter steht im Hintergrund des Mythos. Das menschliche Wesen wird bestimmt durch das Erdhafte, durch die Gaia, die Materie. Die Titanen werden wohl gezeugt von Uranos, aber tragen das Gepräge der Gaia, der Mutter, und mit den Müttern arbeiten diese Geschlechter fortwährend zusammen gegen die Väter. Das ist das Merkmal dafür, daß sie in ihrer Erbmasse vorzüglich das Weiblich-Mütterliche tragen und nicht das Väterliche.

Sie gehören also zu dem irdischen Kraftbereich. Nun, dieser irdische Kraftbereich ist ungeheuer gestaltungswillig. Man denke an einen Wasserfall, an die Schichtungen des Gebirges und ähnliches. Aus diesem Bereich des Irdischen bezieht das menschliche Wesen den Kraft-Gestaltungs-Willen, heute abgeblaßt zu dem bißchen Willen, das der Mensch noch besitzt, das weder Kraft noch Gestaltungsmöglichkeiten hat, sondern nur noch ein kleines Schättchen der Begabung darstellt. Das ist die Gabe der Zeit an den Menschen. Die Titanen leben ganz in diesem ungeheuren Gestaltungswillen. Prometheus erbt ihn. Aber genauso, wie wir heute in den Erbgesetzmäßigkeiten verfolgen können, wie unterdrückte Eigenschaften eines Partners in einer späteren Generation zutagetreten, so beginnt in Prometheus das unterdrückte Element des Uranischen zutagezutreten, die Kraft des Himmlischen. Und darum fühlt er sich in seinem Wesen den Himmelsgöttern verwandter als seinen direkten Familienangehörigen, den Titanen.

Das denkerische Geisteselement tritt nun in Erscheinung. Prometheus unterliegt nicht mehr dem langsamen Entwicklungsgang des Naturgesetzes, sondern er besitzt die Möglichkeit der intuitiven Erkenntnis und darum die Möglichkeit, den Entwicklungsgang zu beschleunigen. Damit verliert er auf der anderen Seite etwas vom titanischen Willenselement. Es wirkt in ihm schon schwächer und schwächt sich vielleicht in der gleichen Weise ab wie bei den neuen Göttern, bei Zeus und seiner Gefolgschaft.

Nun gehen wir weiter. Prometheus nimmt sich des Menschen an gegen die Götter. Denn Zeus, die lichte Gottheit, bedeutet eine Bedrohung für den Menschen, der ja seiner leiblichen Gestalt nach durchaus dem titanischen Bereich angehört. Der neue Idealismus der Lichthaftigkeit, der der Fluch des Abendlandes ist, bedroht die natürliche Existenz des Menschen, seine wirkliche Existenz. Niemand weiß das besser als wir in unserer Zeit, denen fortwährend die irdische Existenz verdächtig gemacht wird: »das sündige Fleisch«. Niemals kann das Fleisch sündig sein, wie auch die Seele, die dem Fleisch entstammt, niemals sündig sein kann. Das ist es, was Prometheus sieht.

Ein einziger unter den Göttern erkennt es, das ist Poseidon, der Gott des Meeres. Er sieht die Bedrohung deutlich, weil er mit seinem Element des Wässerigen dem Titanischen, dem Irdischen viel näher ist als die anderen Götter, denen ganz andere Erscheinungen zugeordnet werden müssen.

Der reine Geist, der in den Göttern zutage tritt, gefährdet die menschliche Existenz, die eine Mischung aus Himmel und Erde, aus Licht und Finsternis ist. Macht man aus dem Menschen einen Engel, so profitiert wohl die Engelhierarchie, aber die Hierarchie des Menschen ist zerstört.

Das sieht Prometheus, und er tritt auf die Seite der Menschen. Nun geht es ihm, wie es heute den Israeliten in Palästina geht: Sie müssen wahnsinnig aufrüsten, um sich zu behaupten. Prometheus sieht, daß den Menschen nur zu helfen ist, wenn sie irgendwie aufgerüstet stehen können gegen Zeus.

Wie sieht die Aufrüstung aus? Er lehrt die Menschen die Kunst der Zahl, die Kunst der Schrift. Das heißt, er führt den Intellektualismus ein. Das intuitive Vermögen darf nicht frei geistern über den Menschen, sondern muß an das Gehirn gebunden werden. Nur indem das titanische Erbe, das im Gehirn als Materie vorhanden ist, imprägniert wird mit Geist und damit schon dem Geist zugehört, kann dieses irdische Element gerettet werden, denn die Götter können den Geist in dem Augenblick, da diese Imprägnierung erfolgt, von der Materie nicht trennen. So muß der Mensch von den Göttern anerkannt werden. Sie resignieren.

Auch in anderer Hinsicht wird Prometheus im Abendland gesellschaftsmäßig vollkommen unmöglich: Er betrügt die Götter. Es findet irgendein Opferfest statt, und das Opfertier soll geteilt werden zwischen Mensch und Gott. Prometheus nimmt den Magen des Opfertieres und füllt ihn voll mit den besten Stücken des Fleisches und den Eingeweiden, näht ihn wieder zu und legt ihn auf die eine Seite. Dann nimmt er die Knochen des Tieres, umschmiert sie mit Fett und legt sie auf die andere Seite. Und nun schmausen sie miteinander: »Bitte, nimm du zuerst!« – »Nein, bitte nimm du zuerst!« Wie man das heute auch macht. Prometheus hofft, daß Zeus die Knochen nimmt, und jener nimmt auch die Knochen, die in glänzendes Fett eingehüllt sind. Prometheus freut sich, daß er den besseren Teil für die Menschen gerettet hat.

Aber Zeus hatte es durchschaut und wußte den Betrug. Das paßt uns nun wieder nicht. Das ist Mythos. Mythos ist unerbittlich wahrhaftig. Er ist keine Konstruktion und keine dramatische Dichtung des Abendlandes, sondern wahrhaftige Aussage. Die ganze Tragik steht da.

Heute stehen am Ausgang der Kirchen die Opferbüchsen. Da werfen die Menschen fünf und zehn Pfennige hinein und geben nachmittags fünf Mark für das Kino aus und acht Mark für das Café. Das ist Prometheus, das ist die Wirklichkeit: der Betrug am Geist. Es gelingt dem Menschen fortwährend zu betrügen, aber der Geist durchschaut es, der Geist, der duldend-geduldig, weil überlegen ist.

Prometheus gewinnt im Sinnlich-Sichtbaren – die Götter nehmen das, was er ihnen zugedacht –, und er verliert im Metaphysischen. Der schlau gewordene Mensch gewinnt durch seine Technik die Erde. Er bagatellisiert die Götter mit einem Sonntagsgottesdienstchen. Aber er weiß genau, daß im Metaphysischen die Dinge umgekehrt sind.

Hat Prometheus es gewußt, daß die Götter es wußten? Natürlich hat er es gewußt, wenn er Prometheus ist. Aber er kennt aus der Intuition die nächsten Schritte der menschlichen Entwicklung.

Er gibt dem Menschen die Kunst der Zahl und der Schrift. Das geistige Vermögen, das bis dahin nur den Sehern und Seherinnen zugänglich war, den Pythien, verschmilzt er mit dem materiellen Gehirn des Menschen und schafft den *Intellekt*, und er weiß, welch ein tragisches Gebilde dadurch entsteht.

Aber damit ist nicht alles getan: Er raubt auch das Feuer. Dieser Raub des Feuers ist ein Vorgang im sakralen Bereich der Kultur. Aus vielen Dokumenten der legendären Tradition wissen wir es, daß das Feuer in den damaligen Geschichtsepochen von weiblichen Wesen gehütet wurde, bis herauf zu den Römern. Auch sie respektierten es, und die Vestalinnen, die Priesterinnen, hüteten das Feuer. Ebenso war es bei den Germanen. Da war es die Frau des Hauses, die das Feuer hütete. Der Herd war der Altar des Hauses und nicht eine Kochgelegenheit. Feuer war etwas, was nur im Zusammenspiel mit dem Opfer gebraucht werden durfte. Zu irgendeinem profanen Zweck durfte es nicht verwendet werden.

Was tut Prometheus? Er ist der David des griechischen Mythos. Wie David in dem Augenblick, da seine Mannen hungern, die Schaubrote holt und verzehrt, so holt Prometheus still und heimlich bei Nacht das Feuer aus dem Tempel und zeigt seinen Freunden und Schicksalsgenossen, was man damit machen kann. Er gebraucht es in erster Linie dazu, um Metall zu schmelzen. Er führt das metallische Zeitalter herauf.

Jetzt handelt es sich für uns nicht um das äußere Feuer. Seine Biographie ist schon so alt, daß wir an den Ursprung kaum noch herankommen mit dem Denken; es handelt sich um ein anderes Feuer. Wir wissen, daß die Glut unserer Leidenschaft auf den Altar gehört, und wir wissen zugleich, wofür sie heute verwandt wird, für welche Zwecke des menschlichen Daseins. Die Glut, das Feuer und die Funken, die entzündeten Funken im Bereich der Idee, alle angewandt im Dienste von Eisen, Stahl, Kohle, Öl, Atom, alles selbstverständlich in der Auflehnung gegen die Gottheit, alles um den Menschen zu armieren gegen die Götter! Wir brauchen nur daran zu denken, wie ganz selbstverständlich die Geister und die göttliche Welt in den Hintergrund getreten sind und nur so behandelt werden, wie die Römer die Vestalinnen behandelt haben. Das ist das Prometheische bis heute, denn Prometheus sieht die Entwicklung voraus.

Selbstverständlich wird durch diese Handlungsweise die Beziehung zu den Göttern getönt oder geformt. Zeus gerät in Zorn. Was er nun plant, plant er auf derselben Ebene, die ihm der Partner, Prometheus, und die Menschen angeboten haben. Von Hephaistos, dem Kesselschmied der Olympier, läßt er eine weibliche Gestalt machen. Alle Götter werden verpflichtet, etwas beizusteuern. Das schönste weibliche Wesen wird in der Werkstätte des Hephaistos fabriziert, und sie heißt Pandora. Der Götterbote Hermes bringt sie hinunter, und zwar nicht zu Prometheus, sondern zu Epimetheus. Epimetheus muß erst einmal im Lexikon nachschlagen, erst eine Bestandsaufnahme machen, einen Buchprüfer kommen lassen, um zu wissen, wo er steht. Da haben es die beflügelten Geister leicht, denn bis er darauf kommt, mit wem er es zu tun hat, ist er längst hereingefallen. Und das, obwohl ihm Prometheus noch anfangs sagt: Nimm von den Göttern keine Gabe!

Warnung vor Göttergeschenken! Wir wollen für einen Augenblick entsetzt und erschreckt verweilen. Kein Göttergeschenk? In dem kräftemäßig vollkommen degenerierten und zermürbten Abendländer kann man die Gewalt dieses Zuges im Mythos gar nicht mehr begreifen. Man muß erst langsam zu Atem kommen, um überhaupt zu merken, was hier vor sich geht.

Welch ein wunderbarer Stolz ist noch in diesem Menschen, der keine Göttergeschenke will! Welch ein wunderbarer Hochmut, welch ein herrliches Selbstbewußtsein! Das ist Prometheus! Was der germanische Mythos offen lassen muß – daß der eigentliche Wunsch der Götter erfüllt wird –, das geschieht im griechischen Mythos. *Prometheus sagt sich von den Göttern los.*

Und so geschieht es ja. Wo sind denn unsere Götter? Wir haben vielleicht irgendeinen Gott, unter dem wir uns nichts vorstellen können, mit dem wir nichts anfangen können. Wo sind sie denn, die Götter? Allein steht der Mensch. Es geht gar nicht anders. Die Ambivalenz des menschlichen Schicksals will es so. Gesetzt ist dem Menschen kraft seiner Bestimmung, alles selbst zu leisten. Damit wird er zugleich zu dem, der die Gabe der Götter zurückweist. Verletzung der Götter, um das zu erfüllen, was die Götter wollen: die Gabe der Götter als die Versuchung, der Wunsch der Götter, daß der Mensch widerstehe.

Was geschieht? Epimetheus, der immer Nachhinkende, nimmt törichterweise – natürlich erfüllt von der Sinnlichkeit – das wunderbare Weib an. Sie hat ein Kästchen. In der Neugierde, die zu der Sinnlichkeit dazugehört, öffnet er das Kästchen, und siehe da: Es entfliegen, Gespenstern gleich, ungezählte Plagen für den Menschen. Sie schlägt im letzten Augenblick das Kästchen zu, und darin bleibt die Hoffnung.

Die Hoffnung bleibt im Inneren des Menschen. Aus ihm heraus kommt nur das, was die Degeneration des Menschen offenbart, die Plage, die Krankheit, von der Pest angefangen bis zu allem anderen. Der Mensch wird ein Gezeichneter, weil er der Versuchung erlegen ist. Die Götter verachten Epimetheus.

In diesem Augenblick ist die Entscheidung gefallen. Prometheus muß erkennen, daß ein weiteres Wirken sinnlos ist. In dem Augenblick, da nichts mehr zu tun ist, ist ja auch die Haltung sinnlos. Er wird von Zeus überwältigt, weil er sich überwältigen läßt. Er wird am Felsen des Kaukasus festgeschmiedet, in der Einsamkeit der Bergwüste.

Die Menschen haben nun einen Zugang zum Geiste durch die Stufe des Intellekts. Das ist erreicht.

Prometheus läßt sich an den Felsen schmieden, läßt sich an das Willenshafte des Leibes schmieden. Er kehrt zu der titanischen Heimat zurück. Welch eine wunderbare Buße! Jene, die er erst unterstützt und dann bekämpft hat, läßt er über sich mächtig werden, und sie bringen ihn zurück dahin, woher er gekommen ist. Und er kehrt zurück als ein geduldig Einsamer.

Der Vogel des Zeus kommt täglich und frißt seine nachwachsende Leber auf. Alles, was dem Menschen in dieser Situation seines Lebens geschieht, wird vom Geiste aufgefressen. Denn was bleibt dem Menschen in dieser Lage anderes, als sich ganz und gar dem Nachdenken zu opfern?

Wunderbar wölbt sich über dem Felsen des Kaukasus das gigantische Firmament der Gedanken und Erkenntnisse, in denen Prometheus lebt, eigentlich aufs neue sich verzehrend in der Buße der Erkenntnis, sich haltend am Felsen des Daseins. Wie lange? Bis ein Gott sich opfert und für ihn stirbt. Solange, bis der kommt, von dem es heißt: καὶ ὁ λόγος σὰρξ ἐγένετο – »das Wort ward Fleisch«. Solange, bis Geist und Materie in Gleichwertigkeit identisch werden und Materie sich als Geist manifestiert und Geist im Materiellen offenbar wird.

Wann geschieht das? Dann, wenn die Götter dem Prometheus sein Geheimnis entreißen. Prometheus weiß nicht nur das Schicksal der Menschen, er weiß auch das Schicksal der Götter voraus. Zeus wird entthront werden von einem Sterblichen, wenn er nicht zuvor dessen Mutter heiratet. Wenn die Gottheit des Lichtes und des Geistes sich nicht vermählt mit der Materie, dann wird der Menschensohn den Göttern gefährlich werden und sie stürzen. Nur dann, wenn Himmel und Erde sich vermählen, Licht und Finsternis gleichwertig werden in der Ehe, dann entsteht aus ihnen der Logos, der Sohn, der Menschensohn und Gottessohn zugleich. Und dann wird Prometheus befreit, denn dieser Logos ist zugleich der, der für ihn stirbt.

Er gibt das Geheimnis nicht preis. Die Götter wissen nicht um das Schicksal, Prometheus behält es für sich. Der Mensch, der, ganz dem Geiste zugetan, in der Erde wurzelt, also Fleisch geworden ist, kennt auch die Geheimnisse der Götter. Sie ihnen zu eröffnen, ist sinnlos, da ihnen die verstehende Grundlage fehlt, die Beziehung zur Materie. Erst in dem Augenblick, da die Vermählung von Geist und

Materie vollzogen ist, von Licht und Finsternis, kann das Geheimnis preisgegeben werden, und dann wird Prometheus erlöst.

Längst sind die Menschen alle Teilhaber dieses Schicksals. Es steht wie eine riesige Signatur in dem Geisthimmel unseres Bewußtseins. Werden wir in der Lage sein, die gewaltige Botschaft so zu verstehen, daß wir unseren Sinn nach ihr umbilden?

Hier gibt es keine Befreiung, keine Erlösung, hier gibt es keine Glückseligkeit idealistischer Art, hier gibt es nur die Unerbittlichkeit des tragischen Schicksals, zu dem das Wesen berufen ist, das am Geiste teilhat und doch der Materie entstammt. Es ist das tragische Schicksal des Menschen, der ein Weltwissender und zugleich ein Weltduldender ist.

Der Leidweg göttlicher Berufung – Herakles

I

Göttliche Berufung. Daß wir einem solchen Thema überhaupt die Möglichkeit einräumen können, es gäbe eine andere Berufung als die göttliche, zeigt die seltsam ungeklärte Problematik, in der wir in der heutigen abendländischen Geistigkeit stehen – obwohl wir in diesem christlichen Abendland seit Jahrtausenden die Aussagen des Jesus von Nazareth zu dem Thema des Parakleten kennen, was »der Herbeigerufene« heißt. Ich meine jetzt gar nicht, daß die Frage des παράκλητος in den Abschiedsreden des Johannes-Evangeliums sich so leicht und eindeutig aufhellen würde, sondern nur, daß eine richtige Schülerschaft im Sinne des Jesus von Nazareth sich darüber im klaren sein sollte, daß Berufung dem Göttlichen vorbehalten ist.

Das würde also im Extremen bedeuten, daß keine Behörde, auch kein Ministerium, irgendeinen Gelehrten irgendwohin berufen kann, sondern daß man dieses Wort in den sakralen Raum des Sprachgebrauches aufnimmt, in dem alle Worte wie in einem Tabernakel aufbewahrt werden, die der Gottheit zustehen.

Es hat sich nun seit der mythologischen Zeit bis heute ein enormer Umschwung vollzogen in der Haltung des Menschen zu der Frage der Berufung. Das geht Hand in Hand mit dem Auswechseln eines heroischen Menschheitsbewußtseins gegen ein sklavisches Menschheitsbewußtsein. Diese seltsame Lust des Abendländers daran, daß – nach ihrem zweideutigen oder vieldeutigen Paulus – die Gottheit Knechtsgestalt angenommen hat, beruht doch wohl auf einem Mißverständnis, denn der Akzent liegt nicht darauf, daß die Gottheit Knecht geworden ist, sondern daß die Gottheit bis in die von der abendländischen Menschheit auserwählten Räume des Knechttums, der Knechtsgesinnung vorgeprescht ist, um dort die Erinnerung an die *Gottheit* des Menschen aufzurichten. Jetzt verlustiert man sich in Sentimentalität an der vollkommen pervertierten Meinung, als ob die Gottheit das *Knechtstum* des Menschen sanktioniert hätte. Diese Auffassung entspricht durchaus unserem Zeitalter, das die mythologische Zeit des Kaliyuga nennt, das finstere Zeitalter. Ich darf dazu bemerken, daß nicht nur in der indischen Mythologie, sondern ebenso in den Mythologien anderer Völker der Begriff des finsteren Zeitalters bekannt ist. Wir haben das seltsame Glück, an seinem Ende zu leben oder wenigstens in seinem Nachschatten zu stehen. Man darf sich also nicht wundern, daß es zu solchen Verkehrungen gekommen ist, zu solchen Verkennungen der richtigen Erkenntnisse.

Das heißt in unserem Falle, daß selbstverständlich das heroische oder das lichte Zeitalter ein ganz anderes Verhältnis zu dem Berufungs-Schicksal hat, als die Geistigkeit unserer Zeit es aufzubringen vermag. Wenn in der mythologischen Zeit der Heros seinen wunderbaren, allen sichtbaren Lebenswandel wie ein großes, zelebriertes Mysterium dargelebt hat, so wirkte es auf alle, die diese Bilder zu erschauen vermochten – Mitlebende und Nachgeborene – so anspornend, daß jeder in der Tiefe seines Herzens den heißen Wunsch hegte, es dem Heros gleichzutun, und letztlich sein Leben beklagte, wenn dieses nicht ein Abbild des heroischen wurde oder zum mindesten da und dort einen Ähnlichkeitszug aufweisen konnte. Während die heutige Mentalität mit einer gewissen Schlauheit und Listigkeit den Heros ganz ruhig dahinwandern läßt, im übrigen aber froh ist, wenn hinten weit in der Türkei die Helden aufeinanderschlagen – wenn ich das berühmte Zitat etwas verändern darf –, nur nicht im eigenen Lebens-, Seelen- und Geistesraum. Hier liegen die großen Gefahren, nicht nur der Mißverständnisse – das wäre das Allergeringste –, sondern der Selbstverstümmelung und Selbstverkümmerung, mit denen wir uns bei einer solchen Gelegenheit auseinandersetzen müssen.

Zunächst also müssen wir an dieser Stelle zum mythologischen Bewußtsein zurückfinden, das heißt, daß wir ganz ruhig und sachlich, aber sehr streng mit uns ins Gericht gehen und die Stelle aufsuchen, an der wir die Barriere aufgebaut haben, mit Hilfe derer wir die mythologischen Bilder daran hindern können, uns zu nahe zu kommen. Sie kommen uns nur nahe, wenn wir ganz bereit sind, sie in uns einbrechen zu lassen, genauso wie wir entschlossen sein müssen, uns in sie zu verwandeln. Das ist ein gegenseitiger Prozeß, ein doppelter Prozeß, der im Ergebnis auf dasselbe herauskommt; nur ist es sehr wichtig, ihn in seiner Doppeltheit ins Auge zu fassen. Das eine ist größtenteils die Leistung der Bilder, wenn sie in uns eingehen, das andere ist die von uns zu vollziehende Leistung, wenn wir uns in sie verwandeln. Am Ende wird man nicht sagen können, daß die Bilder oder ich gesiegt hätten, sondern es wird aus diesem Ringen sich das ergeben, was aus der Begegnung an Befruchtung für mich und mein Schicksal erwachsen muß.

Die große Schwierigkeit, die der heutige Mensch für ein Verständnis des Mythologisch-Heroischen in sich vorfindet, besteht darin, daß wir aufgrund der besonderen geistigen Entwicklungsumstände des Abendlandes ein geradliniges Weltbild haben, das vor der Wirklichkeit des Mythos vollkommen zerbricht. Das mißverstandene Christentum hat den Menschen auf eine Bahn verlockt oder verführt, auf der es angeblich möglich sein soll, so zu leben, daß man nur am Guten, am Schönen, am Lichten, am Reinen, am Wahren partizipiert und die andere Hälfte des Daseins, die nächtige Hälfte des Bösen, vollkommen vermeidet.

Dem stehen die Wirklichkeit und die Wahrheit gegenüber. Die Wirklichkeit und die Wahrheit sagen uns, daß jeder, *jeder,* an die dunklen Mächte opfern muß. Und bei einer etwas gründlicheren und tieferen Einsicht wissen wir auch, daß nur dem Sturz in die Tiefe und in die Nacht der wirkliche Aufschwung zur Höhe und das Wissen um das Licht abgerungen werden kann und daß niemals aus der blassen, asthenischen Region des Mittelmäßigen das wirklich Leuchtende, Zündende, Genialische erwächst, sondern immer nur aus dem Einsatz in der äußersten Gefahr.

Wer es nicht glaubt, lese die Apokalypse des Johannes und versuche sich vorzustellen, es wäre nicht nur eine mehr oder weniger erschreckend-amüsant-sensationelle Lektüre, sondern die dort geschilderten Dinge würden Wirklichkeit werden; und er prüfe sich darauf, wo er sich jeweils bei den dort geschilderten einzelnen Szenen befände. Er würde sehr rasch erkennen, daß im letzten Buch der Bibel der ganze Zauber der abendländischen Verführungskunst eines tugendhaften Weges mit einem Handstreich weggewischt wird. Schon der Eingang der Apokalypse würde dazu durchaus genügen, aber die späteren Kapitel ergänzen das auf eine gründliche und nicht eben sachte Weise.

Letztlich geht es einfach um den Mut zur Aufrichtigkeit zu sich selbst und die Wahrhaftigkeit zu sich selbst – ein Mut, der sehr rasch erweist, wie sehr das eigene Wesen an den dunklen Seiten des Daseins partizipiert. Gerade diese Annahme macht es einem dann möglich, ohne Eitelkeit auch das andere wahrzunehmen: daß dieser Partizipierung am Dunklen eine ebensolche am Hellen entspricht.

Eine wunderbare Erregung, ein Zorn, eine Empörung können über einen kommen, wenn man mit diesen Eierschalen abendländischen Halbbewußtseins sich dem Mythos stellt und eine Luft atmet, in der so selbstverständlich und ruhig die Ganzheit des gefährlich-gefährdenden Daseins des Menschen angenommen und anerkannt wird.

Göttliche Berufung!

Wir wissen es ganz genau aus den Bereichen, die uns zugänglich sind – also etwa aus den biblischen Bereichen –, daß alle die Menschen, die in diesem Stil der abendländischen Auffassung eine göttliche Berufung tragen, an Ereignissen und Kräften des Lebens teilnehmen müssen, an denen wir alle – die durchschnittlichen Bürger des Daseins – nie teilhaben möchten. Es ist uns ganz recht, daß diese großen Berufenen das auf sich nehmen, aber wir sind doch froh, daß es uns erspart bleibt. Wir möchten im Ernst in gar keiner

Weise an den Schicksalen der göttlichen Berufung teilhaben, sondern uns ist wohl in dieser – wie wir ja glauben – Nicht-Berufenheit. Wir richten unser Leben so ein, daß möglichst nichts von dem sich ereignet, was unmittelbar zu den Signaturen dieser Leben gehört.

Hier muß man sehr ernst sein mit sich und darf sich gar keine Unaufrichtigkeit gestatten. Das Licht, in das man da gerückt wird, ist bei aller Bemühung um die christliche Tugend mehr oder weniger ein recht trübseliges Nachtlicht, aber es ist in gar keiner Weise etwas, was leuchtet oder gar erleuchtend wirkt. Dieses Nachtlicht speist sich aus den ganz raffinierten Selbsterhaltungstrieben des Menschen, aus seiner listigen Feigheit und Drückebergerei.

Vergessen wir doch nie, in welcher Weise der Zentralheros des Abendlandes, *Jesus von Nazareth*, an der Dunkelheit des Daseins teilnehmen mußte! Man darf solche Dinge nicht übersehen wie diese, daß er sich in seinen Kreis den Judas und den Petrus ruft.

Selbstverständlich hat das theologische Denken uns so verbildet, daß wir diesen Jesus von Nazareth als *»deus ex machina«* über allen Dingen schwebend sehen, wie er aus seiner großen geistigen Erkenntnis heraus die Dinge ordnet. Vergessen wir nie, daß das Johannes-Evangelium in seinem Anfang den Satz enthält: καὶ ὁ λόγος σὰρξ ἐγένετο – »Und der Logos ist Fleisch geworden«. Die Christenheit hat ja ihren Meister mit dem Logos identifiziert. Und wenn man das tut, dann muß man doch eine solche Aussage ernst nehmen, die bedeutet, daß dieser Logos nicht etwa nur in seinem geistigen Himmel schwebte und von da aus die Schicksale seines vor den Menschen dargelebten Lebens dirigierte, sondern daß er in einer Vollgültigkeit sich diesem Leben unterzog – wie wir alle – und daß neben dieser Geistigkeit eine durchaus voll entwickelte Seelenhaftigkeit da war und eine ebenso voll entwickelte Körperlichkeit. Mag die Geistigkeit noch so entwickelt gewesen sein, so göttlich, wie man sich nur immer denken mag nach der abendländischen Theologie, im Seelenraum des Menschen war die Zuneigung zu Judas, die Zuneigung zu Petrus, die Zuneigung zu Thomas da. Ohne das geht es nicht.

Keine echte Schulung verlangt von einem Menschen die Überwindung von Sympathie und Antipathie im Sinne einer Ablegung, sondern nur im Sinne einer Kenntnisnahme der Wirkensmöglichkeit dieser beiden Kräfte und ihrer weithin möglichen Direktion. Solange Menschen leben in der menschlichen Konfiguration, wird es ihnen nie gelingen, sich von den Kräften der Sympathie und Antipathie zu befreien, denn sie gehören zu dem Wunderbarsten, was das tragische Bild des Menschen erfüllt und erleuchtet.

So waltet selbstverständlich in Jesus von Nazareth die Sympathie zu den Menschen, die er sich als Schüler erwählt hat. Nicht eine Sympathie, von der er abhängig ist – das muß er ja gar nicht sein –, aber diese wunderbare Sympathie, die entsteht, wenn die Wesen ahnen, was an gemeinsamem Schicksal ihnen auferlegt ist – πρὸ καταβολῆς κόσμου – »bevor noch die Welt grundgelegt war«, wie es im Hohepriesterlichen Gebet heißt. Das schwingt dann mit und schafft diese unausweichliche Anziehung, die man von der erhabenen Höhe eines freien Geistes aus ganz kühl erleben kann, wenn man töricht ist, der man sich aber voll und ganz mit allen Wirkungen und Gefahren ergibt, wenn man ein *Held* sein will, also gewissermaßen ein Wesen, das hell ist. Man muß also wissen, welche tiefe Sympathie Jesus von Nazareth mit der dunklen Seite des Daseins verband. Von der lichten brauche ich nicht zu reden, von der wird auf den Kanzeln seit zwei Jahrtausenden vergeblich gesprochen.

Wenn wir an den Beginn des Lebens Jesu denken und wenn wir für einen Augenblick den im Neuen Testament immer wieder auftretenden Hinweis auf Prophezeiungen, auf Voraussagen ernst nehmen, etwa die Formulierung: »wie geschrieben steht...«, dann wird doch darin zum Ausdruck gebracht, daß die Geschehnisse von morgen schon ihre Bestimmung im Heute haben und daß die Geschichte nach einem groß angelegten Plan verläuft, in dem die einzelnen Züge auf eine wunderbare Weise geordnet sind, manchmal auf eine erschreckende Weise. Wenn wir das also ernst nehmen, dann ist doch gerade das geschichtliche, geographische und zeitliche Milieu, in dem eine solche Gestalt wie Jesus von Nazareth geboren wird, genau das, was sein muß. Oder umgekehrt: Dieses Milieu muß sein, damit dieser Mensch geboren werden kann.

Wie sieht dieses Milieu aus? Es hat wenig zu tun mit der so gemütlich-gemütvollen, meist etwas ins Sentimentale verlagerten Weihnachtsstimmung, die ja mehr aus den Bedürfnissen des heutigen Menschen erwächst als aus einer objektiven Erkenntnis des Jesuslebens. Die Eltern in einer bürgerlichen absolut fragwürdigen Situation, irgendeine voreheliche Geschichte, ein nicht ganz geklärtes Verhältnis von Mann und Frau – über was regt sich die bürgerliche Moral mehr auf als über solche Dinge! Dann eine Familie, die diesen bestimmten Geruch um sich hat: ehemals regierende Familie, jetzt verarmt, mehr oder weniger in der Emigration lebend, etwas leicht Heruntergekommenes daran. Dann die Heimatlosigkeit in diesem Augenblick, die gekennzeichnet ist dadurch, daß niemand etwas mit den beiden zu tun haben will. Eine absolut unwürdige Situation in einem Stall oder in einer Höhle, als Wiege eine Krippe. Es folgt das Erschrecken und Aufscheuchen der Hirten auf dem Felde und die Auslösung der Bosheit des Herodes. Jesus von Nazareth ist schuld daran, daß unzählige Kinder bei dem Kindermord von Bethlehem sterben müssen, denn der Plan des Herodes kommt ja aufgrund seiner Erscheinung zustande, ohne seine Geburt wäre nichts geschehen. Dann die Flucht nach Ägypten, Emigrantenschicksal und so weiter... Da ist auch gar nichts, was uns darüber im Zweifel ließe, was zur göttlichen Berufung dazugehört!

Wie es zu der Zeit in den Seelen von Maria und Joseph ausgesehen hat, können wir uns denken. Das mindeste, was man sagen kann, ist: sehr gespalten. Natürlich war auf der einen Seite das Himmelhoch-Jauchzen eine Möglichkeit, aber auf der anderen Seite Angst, Entsetzen, Grauen und Zweifel. Das ist eben menschlich, und das heißt: gespannt in die entgegengesetzten Pole und dazwischen hin- und herschwankend das menschliche Gebilde. Das ist der Mensch. In dieser Umgebung spielt sich das sogenannte Weihnachtswunder ab. Das ist Mythos.

Der Stern der göttlichen Berufung ist ein Stern der Umwälzungen, der Gewitter, der Erdbeben, der Erschütterungen. Das ist eine Signatur, die wir nicht übersehen dürfen. Das wunderbare, zarte Bild der jungfräulichen Mutter mag für eine tiefere Schicht Gültigkeit haben und uns da ergötzen, aber hüten wir uns ja, uns ängstlich in dieses Bild zu flüchten, damit wir die anderen vordergründigen, wirklichen, fleischlichen Bilder nicht sehen müssen! *Die* stehen da. Die wunderbare Jungfräulichkeit der Mutter geht eigentlich nur diese Mutter an und das Kind, aber nicht uns.

Das ist eine der Signaturen. Wir finden sie auch bei der Gestalt, die uns weiter beschäftigen soll und die dem griechischen Mythos angehört.

Ein menschliches Ehepaar, *Amphitryon* und *Alkmene*, lebt in einer wunderbaren Einigkeit miteinander, und ein herrlicher Glanz griechischer Heiterkeit liegt über ihrem Dasein. Aber es ist nur ein schöner Morgen. Und wie mancher Morgen die Gewitter des Tages schon ankündigt, so auch hier.

Beide gehören sie der Familie des Perseus an, eines alten Heros, der uns ja, an unseren Sternenhimmel versetzt, noch geblieben ist. Schon Perseus hat es mit den Abgrundmächten zu tun, die die menschliche Existenz bedrohen – ganz gewiß nie, weil sie diese menschliche Existenz vernichten könnten, keine dieser Abgrundgestalten hat dazu die Macht. Nur der Mensch fürchtet sie, weil er nicht glaubt. Aber der Kampf mit diesen Abgrundmächten erweist den Rang, die Qualität, und vermittelt den Standort des jeweiligen Menschen. Es sind die Mächte, die mit dem Dreschflegel das Korn dreschen und herausfinden, was Spreu und was Weizen ist. Mit diesen Mächten hat es Perseus, der Ahn von Amphitryon und Alkmene, zu tun gehabt. Das steht irgendwo ganz weit im Hintergrund.

Dann geschieht das, was immer geschieht: die Vertreibung aus der Heimat. Sie gehört zu der grundlegenden Signaturenreihe jeder großen Berufung, von Adam angefangen bis zu diesem Griechenpaar und dann weiterführend bis zu Joseph und Maria. Immer muß man weg von dem Ort, an dem man aufgrund des Erbes und der Tradition verwurzelt ist. Das ist eine Voraussetzung für die göttliche Berufung und ihre Verwirklichung.

Man kommt dann an einen anderen Ort, der fremd oder vertraut sein kann, an den Ort der eigenen Wahl oder der Bestimmung und damit vielleicht der Qual. Sobald ja der Mensch aus dem natürlichen Zusammenhang der Heimat, aus dem festen Boden der Sitte und Sittlichkeit herausgerissen ist, ist er ein Elender – wie das deutsche Wort im Mittelalter hieß –, ein Fremdling; das war damals dasselbe. Er ist ein Freiwild, preisgegeben, ausgesetzt.

Für den heutigen Menschen ist Ausgesetztheit, Preisgegebenheit, Freiwild-Sein etwas Furchtbares, weil unser Geschlecht nichts Heldisches an sich hat, sondern kleinlich, bürgerlich und ängstlich ist. Für das heroische Zeitalter waren diese Dinge die Anzeichen der großen Berufung.

Der kommende Heros stürzt sich nackt in die Wildnis, fordert die Mächte des Daseins heraus. Er muß gar nicht erst preisgegeben werden, er setzt sich selbst aus. Denn er besitzt die Tugend, die der Menschheit von heute verlorengegangen ist, den *Mut*, der unweigerlich mit dem Herzen verknüpft ist und den wir heute ersetzt haben durch die kluge Intelligenz unseres Gehirns, von der wir glauben, daß sie uns des Mutes entheben könnte. Und wie bitter werden wir enttäuscht und im Leben dafür bestraft!

In dem Augenblick, da man die Sicherungen der Geschichte verläßt, der Vergangenheit, des Gewordenen, in diesem Augenblick, da man sich aussetzt oder ausgesetzt wird, da man sich preisgibt oder vom Schicksal preisgegeben wird, in dem Augenblick ist der Zugang frei für das, was die Menschen das Fürchterliche nennen, das Furchtbare: Entweder man verfällt der *Furcht* oder wird aus der Begegnung zur *Frucht* und bestimmt damit über den Rang und die Qualität und den Ort, den man einzunehmen hat.

Wenn man also die sicheren Mauern des Traditionellen, Konventionellen und damit Berechenbaren verlassen hat, dann beginnt das Unberechenbare, und das ist immer das Geistige. Die Gottheit

*) s. das Versicherungs- u. Sicherheitsbedürfnis!

kommt unmittelbar. Man kann sich nicht bewahren, und man kann sich nicht hüten, denn die Gottheit weiß immer genau den Augenblick, wann der Einbruch erfolgen kann, denn sie kennt ja das Schicksal. Sie weiß, wann Amphitryon nicht auf der Hut ist und über Alkmene wacht, sondern sich wegbegibt, um zum Friseur zu gehen oder etwas zu kaufen oder – sprechen wir im Stil des Mythos – eine große Tat zu vollbringen. Es ist ganz gleichgültig, ob wir in Schlachten ziehen oder eine Seife kaufen. Es ist der Augenblick, auf den es ankommt, da wir das, von dem wir glauben, wir könnten es hüten, nur für einen Augenblick der Zeit aussetzen und damit dem καιρός – schon ist der Gott da und verführt Alkmene. Denn wer sich einmal gelöst hat von dem Gewordenen, auf dem er gründet, der ist offen und bereit für den Gründer, für den Schöpfer, für die Götter, für Gott.

Hätte Alkmene zögern sollen, sich der Gottheit hinzugeben, da es doch das Höchste ist? Ur-Schicksal der Eva! »Ich habe einen Sohn gewonnen von dem Herrn«, spricht Eva, als sie ihren Kain geboren hatte. Adam spielt in ihrem Bewußtsein keine Rolle. Dieser Abklatsch der Gottheit, Adam, ist für sie ganz gleichgültig, sie sah in der Umarmung nur die Gottheit selbst. So ist es für Alkmene.

Nichts ist größer für die menschliche Seele, als in die unmittelbare Berührung mit der Gottheit zu kommen. Aber es ist ein ungeheures Schicksal, das sich vollzieht. Denn selbstverständlich entsteht in der Berührung mit dem Göttlichen der lockere Rausch, die Begeisterung, der Enthusiasmus, wie der Grieche sagt, der Tanz, das Fest, die wunderbare Verzauberung, die Unwirklichkeit des Wirklichen, die Verklärung, der Glanz. Verklärung ist immer Täuschung – auch auf dem Tabor –, aber es ist eben die Herrlichkeit der göttlichen Welt, die sich manifestiert in dem Gefängnis der irdischen Sklaverei.

Was ist die Wirklichkeit? Der Freudentaumel mit den Göttern in unserem Inneren oder der nüchterne Alltag unseres Schweißes, der Dornen und Disteln? War nicht gerade nach dem Sündenfall das Auge der Menschen gehalten, und erkannten sie das Wirkliche nicht mehr? Hatten sie die Wirklichkeit verloren, und sahen sie von da ab die falsche Zielsetzung? Mußte das Weib Kinder gebären mit Schmerzen, wenn es die Möglichkeit besaß, in der inneren, von einem heiteren Lächeln umstrahlten Versenkung den Gott in ihrer Seele, ihrem Herzen sprechen zu fühlen? Mußte der Mann den Acker bebauen, daß er ihm Dornen und Disteln trug, wenn er gewiß war, daß der Schöpfer gezwungen war, sein Geschöpf zu ernähren?

Und wir heute, wissen wir nicht aus dem Gebet des Herrn, das wir bezeugen und beglaubigen, daß wir das alltägliche Brot nicht durch eigene Macht und Anstrengung erringen, sondern in jedem Augenblick durch die uns zugesetzte Gnade der Gottheit empfangen? Und wie leben wir trotzdem!

Aber – und damit beginnt die Tragik der Berufung – immer dann, wenn wir uns dem einen voll hingeben, tritt das andere in der Form der Rachegottheit auf. Der Weltschöpfer ist gebunden an den Grund, auf dem er seine Schöpfung baut, besser gesagt, in den er seine Schöpfung verwurzelt. Er ist unbedingt daran gebunden, und die Schöpfung oder das Geschöpf, das sich ihm ganz in heißer Liebe zur Verfügung stellt, ist wohl ihm ganz zugetan, aber vergißt sein, des Gottes Werk, das doch Ent-äußerung bedeutet. Lebe ich nur in der Er-innerung, dann versäume ich die Ent-äußerung, und der Geist der entäußerten Welt wird zur Rachegottheit. Die Gemahlin des Zeus, Hera, verzeiht nicht, daß Alkmene im Rausch sich der Gottheit hingegeben hat. Sie, die das Gegründete verwaltet und erhält, verlangt den Tribut. Der eigentliche Tribut ist nicht mehr entrichtbar, das ist unmöglich, und darum bleibt die Rache, der Haß als das Feld, auf dem die Ausgleichsleistung für den Augenblick der göttlichen Entzückung vollzogen werden muß.

Seltsam, daß die Frucht dieser Stunde, in der Alkmene mit dem Gotte vereint war, nicht dem Gott geweiht erscheint, sondern der Rache- und der Haßgöttin. Er trägt den Namen *Herakles*, also der von Hera oder zu Hera Berufene, und die von Rache und Haß erfüllte Hera, die Gattin des Zeus, bestimmt nun das Schicksal der Frucht jener Stunde.

Das Merk-Würdige, an das wir uns erst in unserem Denken gewöhnen müssen, ist, daß nicht die Liebe des Zeus die Gnadengabe der Götter an Herakles war. Nein, die Rache und der Haß der Hera sind das Gute in dem Leben des Herakles. Nicht der liebende Vater fördert das Kind, sondern die hassende Urahne des Irdischen ist in Wirklichkeit die, die die Förderung leitet. An der Stellung zu dieser Gestalt, zu diesem Gesetz wird sich entscheiden, ob der junge Mensch zu dem wird, zu was er berufen ist, ob er sich nämlich am Ende seines Lebens in einen Gott verwandelt hat, oder ob er nur ein Mensch ist. Hätte er die Rache und den Haß der Hera fliehen können oder wollen, so wäre er in der Bedeutungslosigkeit und Unberühmtheit untergegangen. Aber diese Rache und dieser Haß sind ständig bei ihm, sie sind seine Begleiter. Und dadurch wird er am Ende seines Lebens eine Gottheit.

Das sind die Widersprüche des Daseins, dieses wunderbaren Lebens, die mit dem Verstand nie zu begreifen sind. Aber wenn wir unser *Herz* fragen, das ja selbst in unserer Sprache der *Hera* gewidmet ist, dann wissen wir es ganz genau, daß es so ist:

Das Gute in unserem Leben ist nie das Gute, nur das Böse ist das Gute unseres Daseins!

II

Es gibt im Neuen Testament jenes erregende Wort, dessen unerbittlich scharfe Wirklichkeit der abendländische Mensch seit zwei Jahrtausenden mit allem möglichen zu entwichtigen versucht: »Viele sind berufen, aber wenige sind auserwählt.« In anfälligen Stunden unseres Daseins – und solche anfälligen Stunden hat auch eine Kultur bzw. die Menschheit in den jeweiligen Epochen ihrer kulturellen Entwicklung – kann man die präzise Klarheit und Eindeutigkeit dieses Wortes in bestimmten Einwänden verhüllen.

Es kommt immer darauf an, wie und wo wir im Augenblick stehen und ob es für uns eine Möglichkeit gibt, uns dem grellen Licht der Wahrheit zu stellen, oder ob wir das verbergende Gebüsch benötigen, das uns vor dem Anruf der Gottheit schützt. Es ist immer alles recht, was wir tun, denn unser Tun entspricht der Reifestufe unseres Lebens und ist Manifestierung der Gesetze dieser Reifestufe. Die Tat macht die jeweilige Bildung unseres Wesens offenbar, bringt sie in das Bild. Nicht wird der Mensch durch die Tat gebildet – es sei denn, daß ihm aus ihr die Lust des rauschhaften Übermutes oder die bittere Pein unsagbarer Reue zuwächst –, sondern die Tat ist die an den Tag gebrachte Wirklichkeit, die wir in der Vergangenheit in uns geschaffen haben.

Sind wir also schwach, so werden wir uns in die Nebel hüllen oder im Gebüsch verstecken und erleben, was es bedeutet, in dieser Weise auf den Anruf der Gottheit zu antworten. Haben wir nicht aus der Tiefe unseres Wesens heraus ein seltsames Verständnis für Adam und Eva bei ihrem Tun? Ein Verständnis, bei dem wir uns mit einem listigen Augenaufschlag einverstanden erklären damit, obwohl wir das Abscheuliche, das Entwürdigende, das Herabsetzende des Verhaltens erkennen und eine gewaltige Lust in uns fühlen, das Gebüsch zu zerreißen und die Menschenbilder an den Tag zu zerren und in ihrer bloßgestellten Nacktheit vor die Gottheit zu werfen! Aus den Untergründen eines Mitschuldigen kommt halb ein Vorwurf, halb ein Mitleid, aber nirgends eine ganze Haltung, eine ganze Tat, eine ganze Wirklichkeit, nur das dumpfe Klagen der Mitgangster.

Das mag gelten für die Zeiten, in denen wir keine andere Offenbarung zustande bringen als die eines schwermütigen, entnervten Menschen, ohne die Aufrichtekraft der Wahrheit. Dann aber fallen unsere Augen auf uns selbst und sehen uns in der Erniedrigung, im Staub, ohne Würde und ohne Glanz, ohne den Schimmer göttlicher Berufung. »Tut nichts, es muß Gewürm geben, es muß Maden geben!« Aber der Mensch besitzt die Freiheit, seine Lebensordnung zu bestimmen.

Wenn dann die hellen Stunden über uns leuchten, hat das Wort »Viele sind berufen, aber wenige sind auserwählt« einen anderen Klang und einen anderen Glanz. Wohl erschauern wir genau wie vorher vor der Unerbittlichkeit, vor der scharfen Härte dieses Wortes, wohl nahen wir uns ihm vielleicht zitternd und bebend, aber wir versuchen die Begegnung mit ihm. Was kümmert uns die Tatsache, daß unendlich viele nichts anderes sein werden als Spreu, daß sie vermodern und verwesen werden in einer Nichtigkeit ohnegleichen, im Unwesentlichen? Was tarnen wir unsere Angst mit solchem sozialen Mitleid? Fassen wir es doch von der anderen Seite: Mit diesem Wort ist jeder Mensch auf das Eindringlichste gewarnt und hingewiesen darauf, daß er seine möglichen Kräfte aufzurufen hat in dem Wissen, daß er in jedem Augenblick an der Stelle steht, wo er wählt zwischen Berufung und Auserwähltheit.

Niemand kann sich dem entziehen, daß er die Berufung besitzt. Der Schritt von der Möglichkeit, der Potenz der Berufung bis zur Verwirklichung ihres Gemeinten ist der Schritt vom Berufensein zum Auserwähltsein. Und dieses Auserwähltsein wird nicht vollzogen durch eine Macht von der Höhe, sondern wird von uns selbst in dem Maß vollzogen, als wir die Berufung vernehmen, annehmen, aufnehmen und sie realisieren mit der gewaltigen Lust unseres Daseins zum Allerhöchsten.

Das wohltemperierte Klima bürgerlicher Existenz im Abendland ist der Feind möglicher Größe, ist der Tod der Erwählten. Das müssen wir mit aller Deutlichkeit sehen. Von niemandem wird verlangt, daß er sich irgendeiner asketischen Mühsal aussetze, aber in dem Augenblick müssen wir wissen, ob wir bestehen können vor der Unerbittlichkeit der Welteinsamkeit, vor der sengenden Glut der Lichtesmächte, vor dem Kältefrost letzter Nüchternheit, ob wir bestehen können vor den tausend Gefahren des Wilden, Ungezähmten, vor den Feuern der Tiefe, den Fluten des Meeres; ob wir die Kraft haben, zu verzichten auf alles das, was die menschliche Klugheit sich erdachte und erbaute. Das ist die Frage, die jeder Mensch, der auf seine Auserwähltheit bedacht ist, sich jeden Tag stellen muß. Und er schaue in den Spiegel und erblicke, was er sich erwählt hat.

Es geht nicht darum, daß wir einer möglichen Macht verantwortlich sind. Was kümmert in dieser Fragestellung die mögliche Macht? Gültig ist allein das Bild, das wir aus uns selbst herausbilden im Gange unserer Lebenskräfte. Allein wir selbst sind uns vor uns selbst verantwortlich. Und wenn die Schergen und Knechte dem Jesus von Nazareth in jener unerbittlichen Stunde in das Gesicht spieen, was tat es ihm? – da er sich dessen bewußt war, daß er, wenn er in den Spiegel sah, das Antlitz erblickte, das die Züge der ewigen Ausgerichtetheit trug. Für ihn leuchtete es in dem Strahlenglanz der bestimmten Erfüllung, mochten die anderen damit tun, was sie wollten.

So muß man stehen können vor sich und seinem Schicksal, ganz gewiß in der Kraft, den letzten Glanz aus sich herausgeholt zu haben – nicht um der Götter willen und nicht um der Menschen willen, sondern um des Wertes des eigenen Lebens willen. Hier erstickt sich die Frage von selbst, ob Egoismus oder nicht Egoismus, denn hier überrundet sich die Egoität des Menschen und mündet ein in das allerhöchste Wesen, das in ihn gelegt ist, oder es geht zugrunde.

Glauben wir doch ja nicht, daß wir – da wir heute mit Hilfe der Druckerschwärze und des Papiers die Mythen der alten Zeit schwarz auf weiß besitzen – ungestraft die Wege dieser alten Mythen gehen können, wenn wir ihnen nur mit List ihr Geheimnis entringen wollen. Jeder muß bezahlen. Der eine bezahlt mit der Langeweile, mit Torheit und Zynismus, nämlich dann, wenn er nicht versteht, weil er nicht zugelassen wird. Der andere bezahlt mit seiner Bereitschaft, mit seiner Offenheit für alles, und er wird belohnt. Man kann sich den Zugang zu der höheren Welt und der tieferen Welt erlisten wie die Pechmarie und wird, trotzdem man den gleichen Weg geht wie die Goldmarie, nie das Gold erleben, sondern nur das Pech. *Ein* Weg und doch ganz entgegengesetzte Schicksale!

Ob wir nun die Bilder des Mythos verstehen oder nicht verstehen, das ist von vornherein eine Frage, die uns gar nicht beschäftigen darf. Das einzige, was wir erkennen und wissen müssen, ist, daß der Mythos die Wahrheit besitzt. Nur meine Eitelkeit kann mich veranlassen, mich dagegen zu verschließen, so daß ich eben die Wahrheit nicht begreifen kann. Sei es drum. Das ist eine Demütigung, aber nicht mehr. Doch gefährlich wäre es, mit dem Hochmut des Toren gegenüber der Wahrheit zu glauben, daß am Ende die Bilder des Mythos zweifelhaft wären. Rascher als er denkt, würde er dahin geführt werden, wo er erkennen müßte, daß sein eigenes Schicksal sich mit den Bildern des Mythos deckt und daß der ganze Mythos Wahrheit ist.

Herakles – der von der Göttermutter und zu der Göttermutter Berufene, der nicht etwa unter ihrem Segen, sondern unter ihrem Fluch steht, der deshalb unter ihrem Fluch steht, damit er das wird, was er als Mensch nie werden könnte, aber unter diesem Fluch zu werden vermag, wenn er den Fluch besteht.

Das Kind in der Wiege wird von der Göttermutter mit Schlangen beschickt. Die unverständigen Menschen um das Kind herum fürchten für sein Leben. Das Kind selbst fürchtet nichts. Schon in diesem Augenblick der Kindheit ist deutlich: Entweder die Kraft zu überwinden ist da, oder es ist besser, zugrunde zu gehen. Das Kind ist in der Lage, die beiden Schlangen zu erwürgen, zum großen Erstaunen der Umwelt, denn es ist ein Wunder geschehen. Ist es ein Wunder? Ein Wunder nur für den, der dem Mythos nicht glaubt und sich klüger dünkt als dieser; etwas Selbstverständliches für den, der ihn für wahr hält und an ihn und an sein eigenes Leben glaubt.

Herakles in der Wiege und die Schlangen – wo und wann war das? Es ist *immer* und *überall*. Unser aller Leben beginnt in der Kindheit mit der Schlangenerwürgung, denn das Kind lebt ohne Falsch. Weder das Gespenst der Verfestigung noch das Gespenst der Verflüchtigung hat Macht über das Kind. Sein helles, klares Auge, noch Gott geweiht, erkennt die Wahrheit, und das Böse und Listige, was an es heranschleicht, wird von ihm erwürgt, denn in der Gegenwart des reinen Kindes hat das Böse keine Macht.

Wunderbare Prophetien liegen über dem Lebensweg des jungen Kindes, Prophetien von kommender Bedeutung, Größe und Berühmtheit. Der Vater in einer ernsten Besorgtheit, daß dies sich richtig erfülle, läßt ihm die beste Erziehung angedeihen. Es zeigt sich, daß das Kind dem ἀγών verschworen ist, dem Kampf, dem kämpferischen Tun. Der Bogen, der Pfeil und der Speer – dafür ist das Kind wie geboren, und wie selbstverständlich ruht beides in seiner Hand und in seiner Kraft.

Das agonale Element ist für die Umwelt eines Menschen immer erschreckend. Wir lieben nicht das Furchtbare, wir möchten immer gern das Friedliche, das Sanftmütige und was dergleichen mehr ist. Wessen Gefäß bis zum Rand erfüllt ist mit der Dynamik der Schöpfung, der wirkt furchtbar. Man kann nicht der Kraft zugeschworen sein, ohne daß man zugleich zerbricht. Denn die Kraft will, daß das morsch Gewordene zerbricht und aus ihm sich das Junge, Biegsame entwickelt. Das ist die Kraft, mit der die Götter das Dasein erschufen, denn der erste Ruf der Gottheit zerbricht die waltende Finsternis und schafft in dem Spalt die freie Bahn des Lichtes. Verständlich, daß die Alten, die Hüter des Gewordenen, erzittern vor dem Furchtbaren, der Kraftgewalt, daß sie versuchen, etwas dazuzufügen, was das Unheimliche, Furchtbare bändigt.

Dem Kind wird neben den Waffenlehrern ein Lehrer zugesellt, der es mit der Musik vertraut machen soll. Es lernt nach der damaligen Sitte die Leier zu schlagen – ein wunderbares Instrument. Man berührt die Saiten und schlägt sie leicht, und Akkorde kommen aus ihnen. Herakles kommt mit dieser seltsamen Macht der Musik in Berührung, die etwas Verlockend-Betäubend-Einlullendes, etwas Besänftigendes hat, etwas wie betrunken Machendes, aber betrunken in den Raum der Sanftmut hinein. Plötzlich erkennt er, welch verführerische Gewalt da regiert, er ergreift die Leier und erschlägt den Lehrer.

Wir kennen das Motiv, wenn auch in anderer Form und unter anderen Bildern. Hier ist Herakles der Bruder Moses, der den Ägypter erschlug. Das war genau dasselbe. Der Sohn der Wüste in der Auseinandersetzung mit dem starren, jede freie Bewegung einengenden Ritualmythos der Ägypter. Da erwacht in Mose der Entschluß zur Freiheit, und er erschlägt den Ägypter. Der Weg der beiden ist nun ein Stück weit gleich geformt. Wie Mose in die Wüste zu Jethro, dem Hirten, flieht, so wird Herakles zu den Hirten gesandt. Mose hütet die Schafe, Herakles hütet die Rinder. Seltsamer Zufall, daß der Ort in dem Gebirge ist, das Kithairon heißt – κιθάρα –,

Gitarre! Was er nicht annehmen konnte und wollte, das Musikalische, das tritt ihm nun in irgendeiner Weise verhüllt in der Landschaft entgegen.

Er lernt dort das Ritual der hütenden Demut und wächst zu einem Hirten von einer unfaßlichen, göttergleichen Schönheit heran. Für den, der die Kraft und die Gewalt besitzt, ist es keine Kunst, die Demut zu lernen. Nach dem Hochmut greifen immer nur die Schwachen und fürchten sich vor der Demut.

Es kommt der Augenblick, da er fertig ist. Er fühlt es, es ist reif. In der Abgeschlossenheit und Stille seines Lebens dort im Gebirge, in der meditativen Einsamkeit versucht er, in das Bild treten zu lassen, was in ihm inzwischen gereift ist. Das Eigene, Ursprüngliche war umstellt von den Mächten der Kultur, von der Musik und von dem rituellen Hirtentum. Jetzt fragt er sich, was dabei herausgekommen, was gereift ist.

Zwei Gestalten treten vor ihn.

Die eine Gestalt nähert sich ihm und bietet ihm das Leben an, das dem Menschen beschieden ist, der sich in die bequeme Bahn des Hergebrachten begibt: Sei brav, sei folgsam, füge dich in alles ein, was vorhanden ist, mache es dir bequem, verbrauche deine Zinsen, versuche möglichst vom Kapital anderer zu leben, dann wirst du ein wohlgelittenes Mitglied menschlicher Gesellschaft sein, und dein Leben wird in wunderbarer satter Bürgerlichkeit verlaufen, die dir diese höchst reizvolle Lust bietet! Das ist das eine.

Die andere Gestalt spricht ihm von dem hohen Werden des Menschlichen, das von jedem einzelnen mit dem ganzen Einsatz der Persönlichkeit errungen werden muß. Aber nicht so, daß nur die Bereitschaft zum Einsatz, die Bereitschaft zum Opfer da sein muß, sondern bei jedem neuen Akt des Lebenstages wird der Bereite auch geprüft und gewogen. Alle möglichen Schmerzen und Leiden, alle möglichen Widerstände und Kämpfe hat er zu durchstehen, immer wieder in neuen Formen. Denn die grundsätzliche Bereitschaft nützt nichts, nur die Bereitschaft, die sich in der jeweiligen Probe bewährt.

So wird sein Leben ein Schreiten von Kampf zu Kampf und von Leid zu Leid werden. Nichts wird ihm im Äußeren an Erfolg zuteil werden, einzig und allein das eigene Ja zu sich selbst. Gewiß, sein Nachruhm wird groß sein, aber sein Leben wird eine einzige Mühsal des Unverständnisses werden.

Wer fühlte nicht die beiden Möglichkeiten in sich? Aber unterwirft sich der Mensch des Abendlandes nicht grundsätzlich dem behaglichen Leben bürgerlicher Geordnetheit und Gesichertheit und erklärt – wie es das Laster immer tut – diesen Weg für die Tugend? Wo ist denn die Entschlossenheit zu einsamem Kampf ständiger Bewährung, zu der Bereitschaft ständiger Niederlage? Denn niemals ist der Sieg garantiert. Wir wissen alle, daß wir uns für den Weg des Lasters entschieden haben. Das ist die Entscheidung des Abendlandes, denn wir sind entmythologisiert, wir sind im Bereich der ernüchternden und nüchternen Ratio. Für Herakles ist es anders; er entschwebt uns. Wie erbärmlich stehen wir vor ihm da!

Dann verwandelt sich das Bild. Die Entscheidung im inneren Raum ist getroffen. Nun kommt es auf die Bewährung an.

Die Herden des Königs sind bedroht. Die Herde ist immer bedroht, denn sie ist eine Ansammlung von Schwachen, solange sie Herde ist, und damit Anziehungskraft für das Dämonische, für die Überkraft. Die Herde ist immer bedroht von den reinen Kräften des Natürlichen. Tausend Dinge sind es, mit denen ein Hirte rechnen muß: die unvorstellbarsten Krankheiten und Ereignisse innerhalb der Herde. Immer wird von der reinen, ungebändigten Natur versucht, den Durchbruch zu erzwingen.

Jetzt muß es sich zeigen, ob Herakles in der Lage ist zu stehen. Was macht er mit den Kräften der Natur, die die Herde bedrohen? Es sind die *reinen* Kräfte der Natur, das muß betont werden. Sie sind symbolisiert im *Löwen*. Er nimmt eine Keule und erschlägt den Löwen. Dann zieht er sein Fell ab und dekoriert sich mit ihm.

Was ist geschehen? Gewiß, Herakles war zum Kampfe aufgerufen, aber der Kampf wird eine Niederlage. Mit einer ordinären Keule den

Löwen erschlagen! Mit der Brutalität der modernen Technik die Kraft der Gefahr niederknüppeln! Flüsse regulieren, in den Himmel Flugzeuge schicken, die die Gewitter vertreiben und ähnliches! Das ist die Lösung des Herakles an dieser Stelle. Und dann der kindliche Stolz darauf, Ritterkreuz, Orden und Ehrenzeichen. Der goldene Löwe – wunderbares Verkleidungsspiel – närrisches Kind!

Aber ist es nicht ganz folgerichtig? Wissen wir es nicht aus unserem eigenen Leben, daß in dem Augenblick einer Kraftbewährung durch eine Entscheidung und Entschlossenheit der nächste Schritt ein Sturz sein wird? Der Beifall der Menge ist dem Menschen gewiß, sobald er sich selbst zum Narren macht. Schmücke deine Brust mit Orden und Ehrenzeichen und klimpere damit, und Völker laufen dir nach. So findet Herakles die Zustimmung der bürgerlichen Umwelt, der Hirten, aber...

Stolzgeschwellt versucht er, seine Eitelkeit in die Stadt zu tragen. Es ist so folgerichtig, daß er bald nach Hause will, um den Eltern zu zeigen, was aus ihm geworden ist. Strahlend steht er da. Da begegnen ihm die Boten des Königs. Die Heimatstadt ist in einem Kriege unterlegen, sie ist zu einem Tribut verurteilt worden, und die Boten des Königs kommen jetzt, um den Tribut abzuholen. Was liegt näher, als mit der gewonnenen Überzeugtheit, mit der erlebten Kraft hineinzufahren. Die Boten werden umgebracht oder verstümmelt und zurückgeschickt an den König, der Tribut wird aufgekündigt. Wunderbare Vaterlandsliebe, selbstlose Tat des Befreiers! Beifall der Fürsten, Beifall der Menge, glorioser Held des Tages! Wie weit der Sündenfall gediehen ist, ahnt noch keiner.

Als Folge dieses Sieges führt er eine Frau heim, Megara, die Tochter des Königs. Die Götter kommen schamhaft zur Hochzeit, schauen ernst und groß auf das Geschehen und bringen dem, von dem sie Großes hoffen, ihre Gaben: der Götterbote ein göttliches Schwert, Apollon Bogen und Pfeil, Hephaistos einen goldenen Panzer, Athene einen Waffenrock. Alle legen sie die schönen, edlen Gaben dem Seltsamen zu Füßen, schamhaft ihre Hände erhebend zu einem angstvollen Segen.

Nur die allwachende Mutter weiß um die Gefahr. Wie seltsam ist es doch immer, was die Mütter erleben müssen. Wenn die Kinder kommen in dem Rausch ihrer Errungenschaften, ihrer Sport- und anderen Siege, ihrer Siege über Frauen und ähnliches, dann werden die Angesichter der Mütter ernst und traurig und müssen warnen, und jene alte Formel ertönt wie eine uralte Glocke: »Kind! Kind!« Und die Jungen empören sich über das Unverständnis und ahnen nicht, wie tief sie verstanden werden, besser, als sie sich selbst verstehen.

Hera bringt kein goldenes Schwert, auch keinen Thron, was ihr vielleicht anstände. Hera bringt den Wahnsinn – jenen Wahnsinn, der sich nun in dem Hochmütigen, Übermütigen entwickelt, jenen Wahnsinn, der ihn vollkommen verblendet macht für die Wirklichkeit. Er verfällt dem Schicksal aller dermaßen Übersteigerten, dem Verfolgungswahn. Wer sich eine falsche Höhe angemaßt hat, muß damit rechnen, daß er stürzt, daß er gestürzt wird. Das ist die Urangst aller Tyrannen.

Drei Söhne werden ihm geboren. Er wirft sie ins Feuer, weil er von ihnen Gefahr wittert. Drei Söhne – wir kennen sie genau aus unserem eigenen Leben. Es sind die reinen Kräfte unserer Welt, die uns nun verdorben sind, die wir in das Feuer unserer eigenen Selbstrauschleidenschaft geworfen haben und die nun verbrennen in unserer Raserei, in unserem Wahnsinn.

Auf die Vernichtung folgt die Umkehr, die Ernüchterung – wie immer erst im nachhinein. Jetzt verwandelt sich die Raserei in Schwermut und bittere Reue, die Dekorationen fallen weg, und in grauenhafter, grenzenloser Einsamkeit erkennt sich der Mensch nicht mehr als Held, sondern als Wüstling.

Dies alles spielt sich um *Theben* herum ab. Theben ist ja im Mythos unter anderem auch die Stadt des Ödipus und ist eben darum Theben, weil es von dem ägyptischen Theben nach Griechenland herübergepflanzt ist und die Struktur der geistigen Gesetzmäßigkeit des ägyptischen Theben übernimmt. Der griechische Geist – und damit der europäische Geist – ist ja erst auf dem Wege zu seiner Werdung.

Bis jetzt geschieht noch alles im Schatten des Afrikanischen, des dunklen Ägypten, auch immer mit Beziehung zu Mose. Nun ist jene Lebensstufe erreicht, die erst ermöglicht, daß Herakles aus dem Banne Thebens weggeführt wird, und es kommt zu leidvoller Selbsterkenntnis und zur Schau der Verfehlungen übermütiger Vernichtungswut.

Herakles geht zum Orakel nach Delphi.

Vom Orakel wird er nach Nazareth geschickt, denn wie sich Bethlehem zu Nazareth verhält, so verhält sich Theben zu Tiryns. Jetzt wird Herakles in seine eigentliche Heimat geschickt, an den Ort, an dem der eine seiner Urelter, Perseus, die Stadt gegründet und seine Taten vollbracht hat. Eigentlich beginnt jetzt erst die Begegnung mit der eigenen Abstammung. Dort in jener Stadt herrscht ein weitläufig Verwandter, und das Orakel hat dem Hochmütigen, Übermütigen, Hybriden, Gestürzten aufgetragen, den Raum der eigentlichen Bewährung zu betreten, den Raum des fraglosen Dienstes.

Diesem Verwandten, dem König Eurystheus von Mykene, soll er dienen. Das ist etwas Merkwürdiges, denn der, dem er dort begegnet, ist alles andere als verehrungswürdig. Durch diese erschreckende Situation muß man hindurch: Wir werden nicht zum Dienst an denen gerufen, die wir verehren könnten, wir werden zum Dienst an denen gerufen, die wir verachten müssen, die wir nicht lieben können, die uns widerlich sind. Das ist das Schicksal auf dem Wege zur Erfüllung der göttlichen Berufung. Gerade da zeigt es sich, ob es ernst ist mit dem Dienst, oder ob es nur ein kokettes Spiel war. Bei Petrus, dem Verleugner, beginnt die Fußwaschung, nicht bei Johannes, den der Herr lieb hatte. Da bewährt sich die Bereitschaft zum Dienst. Denn Dienst gilt nicht irgendeinem Menschen, Dienst ist eine Haltung, aus der sich die im eigenen Wesen verborgenen Kräfte entwickeln, die wesentlich für die Befreiung des Inneren sind.

Wie tief ist die Demütigung, die nun erfahren wird! Unerbittlich verlangt das Orakel von ihm dieses Auf-sich-Nehmen. Kann uns der, der weit unter uns steht, den wir verachten, gültige Befehle erteilen? Das Schicksal will es. Immer zeigt sich, daß der Befehlende die Würde nicht besitzt und der erfüllten Tat nicht würdig ist. Aber darum geht es nicht, es geht um den unbedingten Gehorsam.

Eurystheus selbst ist in einer zwiespältigen Lage. Vielleicht hat er jahrelang zu den Göttern gebetet und ihnen geopfert, daß sie ihm den schicken, der diese und jene Taten vollbringt, damit ein größerer Glanz auf ihn selbst falle. Jetzt ist dieser Herakles da, der die alte Bitte erfüllt, und in dem Augenblick ist die Erfüllung erschreckend. Lieber wäre es dem Eurystheus, Herakles wäre nicht gekommen. Aber nun ist er da.

Sofort sinnt Eurystheus darauf, ihn möglichst schnell zu vernichten, und gerade dieser Gedanke ist im Sinne der hütenden Mutter, der Hera. Sie will ja, daß Herakles jeweils in das Äußerste geworfen wird. Nur an der äußersten Grenze der Gefahr ist der rechte Ort für den Helden, der Gottheit erlangen will.

Als erstes begegnet er noch einmal dem Löwen, der für ihn längst etwas anderes geworden ist – nicht mehr dieses Tier, das aus dem Dschungel kommend die Herde bedroht, o nein, jetzt kennt er durch Wahnsinn und Schwermut längst die Hintergründe. Er sieht, wie in dem Löwen die Kraft eines Urweltfeuers gewaltiger Art brennt und wie der peitschende Schweif des Löwen Bild seiner Schlangenhaftigkeit ist. Man sagt von diesem Löwen, daß er vom Mond, dem nächtlichen Gestirn, auf die Erde gefallen sei. Stürzt aus der Nacht das auf uns zu, dem wir am Tage mit den Kräften des erwachten Bewußtseins begegnen müssen?

Herakles besitzt ja die Waffen der Götter. Er nimmt den Bogen und die Pfeile Apolls. Aber er erinnert sich auch, daß er den ersten Löwen mit einer Keule erschlug, und hält jetzt wiederum nach einer Keule Ausschau. Er findet einen Ölbaum. Er ist ihm geeignet, als Keule zu dienen, nur – der Ölbaum ist das Zeichen des Friedens und nicht des Kampfes. Als das Untier aus seinen nächtigen Hintergründen angehuscht kommt, ist es verständlich, daß Herakles versucht, zunächst den Sitz aller tiefsten Dämonie, den Unterleib, mit einem Pfeil der Lichtsonnengottheit, des Apollon, zu zerstören. Aber man kann nicht mit spirituellen Gedanken die Wirklichkeit der Triebwelt überwinden. So einfach ist es nicht. Der Pfeil prallt ab, das Tier ist gereizt. Der zweite Pfeil trifft in die Brustregion. Soll also die Seele überwunden werden – auch wiederum mit dem lichten Pfeil göttlicher Gedankenintuition? O nein, der Pfeil prallt ab.

Es wäre so einfach, die Auseinandersetzung unmittelbar zu erledigen, aber die Urgewalt verlangt *Unmittelbarkeit*. Greifen wir doch nach der Keule, sie hat uns ja schon einmal geholfen, die brutale Gewalt des Menschen über alles Tierische! Aber wer durch die Raserei und durch den Wahnsinn und durch die Schwermut gegangen ist und die Hintergründe des Löwen kennt, weiß zu viel, er ist nicht mehr naiv genug. Der Löwe, zwischen die Augen getroffen, taumelt wohl, aber es ist eben eine friedfertige Keule und keine brutale Keule mehr, und darum taumelt der Löwe nur.

Jetzt zeigt sich erst, ob man verstanden hat. Herakles – über den Selbsterhaltungstrieb längst hinausgereift – stürzt sich auf den nemeischen Löwen. Er umgreift den Hals des Untiers und schlingt seine Arme um diesen Hals und drückt so lange, bis dem Tier der Atem ausgeht. Unmittelbar in der Umarmung der Kraft schwindet ihre Dämonie, und sie ergibt sich. Die Keule aus dem Ölbaum war nur ein Vorbote. Im Schlag der Keule erwachte das Wissen um die Wahrheit, daß die Dämonie sich nur überwinden läßt durch eine Liebe, die ihre Kraft annimmt.

Noch einmal ist es verlockend, das alte Spiel zu treiben. Ist nicht mit der Gewaltenüberwindung zugleich eine Selbstüberwindung geschehen? Ist nicht doch die Stunde einer bescheidenen Freude da? Man versucht noch einmal, dem Untier das Fell abzuziehen und – wie einst bei den Hirten in den kithaironischen Gebirgen – über sich zu ziehen als einen Schmuck. Aber es geht nicht mehr. Soweit ist die Erkenntnis gediehen. Man kann die Dinge nicht mehr zerlegen. Sie stehen als eine Ganzheit vor einem, auch wenn sie überwunden sind.

Überwindung ist nie Sieg, Überwindung ist Einverleibung des Überwundenen. Der Löwe muß auf die Schultern genommen werden, denn nur, wenn wir das Gewaltige, das uns gefährlich war, ertragen, haben wir die rechte Ordnung hergestellt.

Die anderen erschrecken. Eurystheus stürzt sich in eine Tonne, die in die Erde eingegraben ist, um sich zu verbergen vor dem Furchtbaren, der mit dem Löwen kommt. So ist es immer. Wenn die Wahrheit und die Wirklichkeit vor einen hintritt, verbirgt man sich in die Bereiche des Mütterlichen und möchte noch einmal zurück in den mütterlichen Schoß. Aber es nützt nichts. Die gewaltige Wirklichkeit des Daseins holt uns immer wieder ein.

III

Sich auf den Pfad eines Heroen zu wagen, bedeutet Verlockung und Gefahr zugleich. Indem wir in die geheimnisvollen Bereiche des Mythos eindringen, begeben wir uns in eine freiwillige Verantwortung. Der Geist unserer Zeit, der sich in allen Sparten unserer Kultur seinen Ausdruck verschafft, sagt uns deutlich, daß uns der Mythos nichts angeht und daß wir die Hände von ihm lassen sollen. Denn der Geist unserer Zeit entwichtigt den Mythos und betrachtet ihn als ein Gerümpel, das keinen Wert besitzt und mit dem man nichts anfangen kann – Kinderspielzeug notfalls, nichts mehr.

Der Mythos schlechthin – also die Summe aller Mythen und mehr noch, der Geist der Mythen – gehört zu jenen Dingen, vor denen Herzeloide sich für ihren Sohn Parzival fürchtet, die sie ihm aus dem Wege räumt, damit er ja nicht zu einer Begegnung damit komme. Eine solche Tathandlung ist doppelsinnig: Sie bedeutet eine Bewahrung und Behütung einerseits und eine Vorenthaltung und damit einen Entzug andererseits.

Die Begründung des sogenannten Gut-Meinens ist eine subjektive Rechtfertigung und wiegt im Raum der anzuerkennenden Gegebenheiten überhaupt nicht, wie das jeweilige Zurückziehen auf das »ich habe es gut gemeint« nichts bedeutet, gar nichts. Nichtverständnis oder Falschverständnis der Gegebenheiten ist immer Schuld und unentschuldbar. Darum nützt alles Gutgemeint-Haben nie etwas vor der objektiven Wucht der Weltgestaltung.

Herzeloide macht den fortgesetzten Versuch, die Wahrheiten und die Wirklichkeiten vorzuenthalten. Darum muß sie daran zerbrechen. Ja sie schafft sich selbst ihr schmerzhaft tragisches Ende des zerbrochenen Herzens, indem sie mit ihrer Gutmeinung, Behütungs- und Bewahrungsabsicht sich den Mörder heranzieht anstatt des Sohnes. So geht es jedem, der versucht, die Wahrheit über die Wirklichkeit vorzuenthalten, wo er eigentlich gezwungen wäre, sein Wissen preiszugeben.

Wir sind in der Lage Parzivals und in dieser Betrachtung der Mythen also dem Wesen Herzeloides gegenübergestellt, das hier identisch wäre mit dem Geist unserer Zeit. Herzeloide ist die Protektorin aller gängelnden Pädagogik, die meint, daß es Gefahren gibt, denen der Mensch nicht ausgesetzt werden dürfe und die er nicht bestehen könne, und die den Menschen davor bewahren möchte. Das Gesicht unserer Zeit ist geprägt von diesen gängelnden pädagogischen Absichten. So kommt es zur Vorenthaltung der Mythen und zu jenen Warnschildern, denen wir begegnen: Laßt die Hände davon, rührt diese Welt nicht an!

Wir sind da ganz unentschieden. Wäre nicht das Gleißnerische der Panzer gewesen auf den Brüsten der Ritter, die Parzival im Walde begegneten, und wäre er nicht durch das Gleißnerische vollkommen verblendet worden, so daß er das Bewußtsein darüber verlor, er wäre nie von der Seite seiner Mutter gewichen.

Die wenigsten Menschen haben eine solche Ritterschaftsbegegnung, darum bleiben sie im wohltemperierten, beschatteten Waldgebiet mütterlicher Protektion, darum pflanzen sie die Furcht vor der Wirklichkeit und der Wahrheit fort, wie sie die Menschheit fortpflanzen. Natürlich lockert sich das in unserer Zeit. Da und dort erfolgen die Ausbrüche aus der Behütung und die Einbrüche in die

Welt der Wirklichkeit. Von Jahr zu Jahr werden die Breschen, die geschlagen werden, breiter, und bald ist die alte Tradition nicht mehr zu halten.

Also, man wage sich in die Gefahr!

Aber aufgepaßt! – es ist eine Verlockung dabei. Der Mythos bedeutet nach dieser Seite hin eine wirkliche Gefahr.

Es ist verlockend, sich plötzlich nach Jahrzehnten anderer Lebenshaltung die herrlichen Gewänder des Mythos überzustülpen. Nur vergessen wir, daß für das Aschenputtel-Schicksal, das mitten aus dem Staub in die herrlichen Gewänder gerät, einiges zu leisten wäre. Da genügt nicht intellektuelle Neugier, seelischer Größenwahn der Lüsternheit nach den psychischen Untergründen. Das alles ist gar nichts anderes als Hypertrophie des Egoismus, der Selbstsüchtigkeit; während zu dem Aschenputtel-Schicksal in erster Linie die Selbstlosigkeit gehört, der unterwürfige, letzte Dienst der Bescheidenheit, das Aufsichnehmen der schmutzigen Hände, der Bestaubung, der Verachtung, der Qual der Einsamkeit, die Nähe aller nur denkbaren Erniedrigung. Hören wir das ganz genau an! Das ist das Vorleistungs-Programm, bevor man ein Anrecht hat auf die mythologischen Gewänder, die Sternen-, die Sonnen- und die Mondenkleider. Man kann danach greifen, wie es die beiden Schwestern versuchen, und hackt sich vielleicht ein wenig vom Fuß ab, entweder vorne oder hinten, betrügt sich und die anderen und tut so, als wäre man passend. Doch es ist nur verlogen und eitel. Die Drapierung mit dem Mythos ohne die Vorleistung, wie sie etwa in dem Weg des Aschenputtel gegeben ist, ist etwas ganz Entsetzliches.

Freilich, der Mensch hat aus Schwäche und Nichtstandhaftigkeit seinen Königssohn in sich verraten, hat ihn durch Jahrzehnte hindurch feilgeboten um den geilen Preis öffentlicher Anerkennung, des Verdienstes, des monatlichen Gehaltes, des wöchentlichen Lohnes und anderer billiger Waren, die er für dieses höchste Gut eingehandelt hat. Nun plötzlich nach zehn, zwanzig oder dreißig Jahren fühlt er sich lüstern danach, die Selbsterniedrigung – die nicht eine Erniedrigung im Dienst war, sondern aus Feigheit –

dadurch aufzuheben, daß er sich mythologisiert. Das ist billig, unwürdig und verbrecherisch!

Erst prüfe man, ob man das Format errungen hat für den Mythos, damit nicht aus der einen Fall-Sucht ein anderes Gefälle entstehe, ein neuer Sturz. Denn die erhabenen Geister des Mythos sind *vor* der Schwelle zum Tempel des Mythos schauerlich schreckende Erinnyen und verwandeln sich erst *jenseits* der Schwelle – nach Ableistung des Tributes – in die Eumeniden, die Wohlgesinnten. Die Pforte wird streng bewacht, und wer sich nicht die Würde erringt, wird unfehlbar zerfleischt!

Das ist das Unheimliche an diesen Themen, daß sie fortwährend in einer Art von Doppelzüngigkeit auf uns zukommen. Auf der einen Seite ist es notwendig, dem heutigen Menschen Mut zu machen zum Mythos, und auf der anderen Seite muß man ihn warnen davor. Beides gehört dazu. Das ist an und für sich ein Widerspruch, und doch wird er herausgefordert durch die Ambivalenz der menschlichen Seelenlage, wie sie heute nun einmal ist.

Noch immer sind wir durch die Jugenderziehung – durch diese schauerlichen Bewahranstalten – dem Mythos gegenüber in einer Beziehung, die ihn letztlich nicht ernst nimmt. Es bedarf bei der jedesmaligen Begegnung mit dem Mythos des Appells an den unbedingten und blutigen Ernst. Der Mythos ist nicht etwa nur ein poetischer Ausfluß der menschlichen Seele, sondern es sind *Wirklichkeiten unseres Innenlebens*. In jedem Bild sind wir selbst darin. Man versuche auch nicht, sich etwa dadurch um den Mythos zu drücken, daß man erwähnt, alle Mysterien und alle Mythen seien durch Jesus von Nazareth aufgehoben. Das stimmt nicht. Nur hat der Mensch eine andere Position zum Mythos bekommen. Die mythischen Bilder haben nach wie vor ihre Wirklichkeit, und es zeigt sich an der Art, wie der Mensch in ihnen auftritt, ob er vom Christus kommt oder nicht.

Wir treten heute mit Herakles an einen außerordentlich ernsten Ort, an den Eingang zur Unterwelt, zum Hades, der Totenwelt der

Griechen. Das Wort, das genommen wird, um diesen Ort zu bezeichnen, ist voll verborgenen Sinnes und bedeutet sowohl die Stätte der schamhaften Verschwiegenheit wie die Stätte der schamlosen Enthüllung. Es ist ja vielleicht auch beides dasselbe, nur jeweils das eine die Kehrseite des anderen.

Wer nur im Entferntesten sich wünscht, den Pfad der Heroen zu betreten, muß sich mit dem *Hades* auseinandersetzen. Herakles wird ihn aufsuchen müssen – und wir mit ihm, wenn auch der Weg im Augenblick nur in die Nähe zu führen scheint. Unterwelt, Todeswelt – wir meinen, sie seien irgendwo, aber in diesen Bereichen gibt es kein Irgendwo, sondern nur ein Überall. Und das Überall nimmt dich nicht aus, sondern schließt dich mit ein. Es gibt für uns keinen Standort außerhalb des Überall, wir sind darin. Darum ist der Hades in uns, die Unterwelt. Dort geistern die Toten. Dort ist die Vergangenheit bewahrt, unabänderlich, so wie sie war, das heißt: in ihrer ganzen Wahrheit. Dort sind die Väter, die Vorväter, die Mütter, die Vormütter, die Ahnen, alle. Dort geht alles um bis zu Adam und Eva, bis zu *dem* Ahnherrn schlechthin, bis zu Gott. Und der Schild der Gottheit ist die Vergangenheit – ein mächtiger Schild –, und wir müssen durch ihn hindurch.

Wie wunderbar ist es, an das Einst zu denken, das einmal war, dann an das Einst, das einmal sein wird. Aber wie drohend ist dieses Wort *einst*! Nur bei einer letzten Einswerdung – bei einer superlativischen Einswerdung – ist das Einst, die Einigung möglich. Die Sprache kennt eine Einswerdung im Sinne einer tangentialen *Berührung*, eine Einswerdung im Sinne der Lemniskate, die das Trostwunder der Kultgläubigen ist; eine Einswerdung im Sinne eines *Übereinandergreifens*, wobei die sich deckenden Partien wie bei der Figur der Fischblase eins geworden sind; und die Sprache kennt eine *Kongruenz*, und das ist das *Einst*, der Superlativ des Einswerdens. Aber ich kann mit meiner Zukunft nicht eins werden, nicht einig werden, wenn ich nicht das Einst nehme, wie es ist, und das verlangt von mir, daß ich das Einst allumfassend ebenso für die Vergangenheit gültig nehme.

Wenn wir wüßten, wie einig wir mit der Vergangenheit sind! Haben wir daran gedacht, daß das Blut aller Menschen, die je gelebt haben, in uns fließt? So drastisch und deutlich ist die Einswerdung. Darum wird durch eine Bluttransfusion kein Mensch verändert, und es kommt kein anderes Blut in ihn, es ist immer sein Eigenblut. Die Individualität wird allerdings bedroht, aber nicht das Wesen. Wir tragen das Blut Adams und Evas in uns von Anbeginn an.

Es kommt der Augenblick, da wir wie Adam und Eva vor dem Baum stehen, der uns von der letzten Einigkeit trennte, und wir müssen das, was wir dort erlistet haben, über Bord werfen und die Selbstbehauptung aufgeben und anerkennen, daß wir eins sind mit Gott, mit dem Schöpfer: »Vater unser, der Ich bin.«

Es ist ein weiter Weg und ein mühsamer Weg, aber der einzige Weg der Wahrheit und der Wirklichkeit. Nur dann, wenn wir in der Vergangenheit die Einswerdung vollziehen bis zu der Gottheit hin, werden wir die Einigkeit mit der Zukunft erlangen, den Frieden, die Harmonie, und ist der Kreis geschlossen. Denn nur die Dynamik des Menschen ist bestimmend, nicht die Einzelheiten der Ereignisse sind es. Ich trage den Schlüssel der Einigkeit in mir. Vergangenheit und Gegenwart und Zukunft sind in eines verschlungen in dem Ring der Ewigkeit.

Was bedeutet mir der Augenblick? Nichts, wenn nicht durch ihn hindurch der Strom sichtbar wird, der von der Vergangenheit in die Gegenwart fließt und in die Zukunft hinein und der als Vergangenheit schon die Zukunft und als Zukunft schon die Vergangenheit in sich trägt. Wissend, weisend, weise stehend an dieser Stelle wird alles Unruhvolle zur Ruhe gebracht, wird alle Bewegtheit Standhaftigkeit, wird alles Schwankende Sicherheit, wird alle Grundlosigkeit Grund. In die große Stille des letzten wunderbaren Ich-bin mündet alles ein, was war und was sein wird.

Gewiß, das Erbe, die ganze Last dessen, was wir Geschichte nennen... Was ist denn Geschichte? Sie ist ein Kaleidoskop: Tausend Bilder und in allen dieselben Steine und alle hervorgezaubert durch dasselbe Licht. Nur wer sich täuschen läßt durch die verführerische

Rede der Zeit, wird verwirrt angesichts der Vergangenheit. Was ist Geschichte? Immer nur die Erscheinung der vierundzwanzig Ältesten um den Thron des Lammes. Immerwährend wird aus diesen Grundgestalten in jeder Epoche ein neues Gemisch erzeugt, ein neues Bild, aber die dahinterstehenden Wirklichkeiten sind immer die alten Meister, die alten Geister, nichts anderes.

Lassen wir doch den Trug der Zeit, den die Geschichte treibt, wenn sie uns lehren möchte, daß es vor zwanzigtausend Jahren anders war als heute. Lernen wir das heute verstehen als Ewiges und nicht als Zeitlich-Geschichtliches. Lassen wir uns doch nicht länger täuschen, sondern sehen wir, daß es immer das Selbe ist. Eintreten in den Kreis der Meister – das ist es. Eins werden. Keine Furcht haben davor, dazuzugehören. Den Mut haben, die Anonymität einer simplen Kreatur abzuwerfen und das eigene Leben zu erleben als die Wirkung der Götter. Dann ist die Last gering, und man sitzt auf den goldenen Stühlen um das Licht der Welt, um den Christus.

Hades – Unterwelt ... Was heißt Sterben, wenn man ewig ist? Das Ablegen einer Reihe von Gewändern, die übereinanderliegen; was bedeutet das schon? Freilich, es bedeutet im Augenblick die Rechenschaft darüber, wie wir mit diesen Gewändern umgegangen sind und wie wir in ihnen und mit ihnen und durch sie hindurch gelebt haben. Es ist eine schöpferische Frage, eine Wertfrage. Im letzten Augenblick kommt uns vielleicht zum Bewußtsein, wie wenig wir durch die Gewänder hindurch gelebt haben und wie sehr wir uns durch die Gewänder bestimmen ließen. Schade – aber mehr ist es auch nicht. Was heißt also Todesfurcht? Furcht vor Entblößung – Hades – vor der Beschämung in jedem Sinne.

Was geht verloren, und was wird enthüllt? Die Kriegsknechte werden um die Gewänder würfeln. Unsere Erben werden vor Gericht streiten. Aber das Innere, das ist doch das Strahlende und Herrliche. Soll es nicht zutage treten? Warum also die Furcht vor dem Entschäler der Tiefe, vor dem Hadesfürsten? Warum also die Furcht vor dem Tode?

Gewiß, solange die Verhüllungen noch nicht verklärt sind, solange die Gewänder nicht erglänzen – und das heißt, abgenutzt sind, denn durch das Abtragen wird der Stoff glänzend, das wissen wir alle –, solange ist es nicht gut, sie sich nehmen zu lassen. Wenn es sein muß, so ist das Schicksal, aber wir sollten sie jedenfalls so lange hüten und bewahren, als es in unserer Macht steht.

Wir kommen hier wiederum zu einem dieser berühmten Widersprüche, dieser vielen Paradoxa: Derjenige, der die ganze Vergangenheit auf sich nahm als seine Gegenwart, sich vollkommen identifizierte mit jedem nur möglichen Menschen, der erfuhr zugleich in sich das Wort: »Heute habe ich dich gezeugt, du mein geliebter Sohn!« Das Merkwürdige ist, daß eine wirkliche Erneuerung in jedem Augenblick nur da möglich ist, wo wir die ganze Vergangenheit mitnehmen, wo wir also zum Grunde vorgestoßen sind.

Versammelt werden zu den Vätern – wie es der Geist des Alten Testamentes meinte – bedeutet also, in die ewige Erneuerung eingehen. Das ist kein Widerspruch und ist doch einer, aber wird verstanden von dem, der beides in sich vereinigt.

Was geschieht, wenn man in diese Gegend eintaucht? Das wissen wir alle aus den verschiedensten Situationen unseres Lebens. In jenem Bereich löst sich die feste Kontur auf. Wir kommen mit dem Denken und den Begriffen nicht mehr zurecht, nur mit einem tastenden Vorahnen. Es ist eine Nebel-Landschaft. Aber nicht nur das, sondern der feste Grund beginnt sich aufzuweichen. Nebel steigen auf, Dämpfe steigen auf. Es ist das wäßrige Element, das hereingreift. Aber es ist nicht das Wasser, sondern nur das wäßrige Element, das sich mit dem Irdischen mischt, das Festwerdenwollende auflöst und alles in einen Sumpf verwandelt.

Unsere anthropologische Abstammung sagt uns, daß der Stufenweg vom Wasser über den Sumpf auf das feste Land führt, zunächst zum Tier des festen Landes, bis dann der Mensch auf dem Embryonalweg in uns ersteht. Solange wir im mütterlichen Leib leben, sind wir Wassertiere in erster Linie, und alle Sumpftiere sind in erster Linie Wassertiere. Man kann in beidem zugleich leben. Physiologisch mag es das Gewässer sein, seelisch ist es der *Sumpf*.

Eine merkwürdige Gegend. Dort begegnet nämlich Herakles den Denkmalen seiner Vorfahren. Er ist ja ein Nachkomme des Perseus, eines Gottes oder Halbgottes, das heißt, einer Menschheitsidee. Perseus hat an dieser Stelle einstens den Dionysos in den Abgrund geworfen, den Gott, und zwar darum, weil der Gott dort sein eigentliches Wesen, das Feuer, in der übelsten Weise verleugnet hatte, indem er sich durch ein anderes Element, durch das Geheimnis der Wassernixe verlocken ließ.

In diesem merkwürdigen Gelände sind außerdem die Leichen der Söhne des Aigyptos, die von ihren Frauen ermordet und in diesen Abgrund geworfen worden waren. Aigyptos, das ist nicht nur eine Gestalt, sondern das ist zugleich die ganze Kulturwelt Ägyptens. Kleopatra, die letzte der Königinnen, ermordet ihren Bruder. Das ist das Siegel auf die ägyptische Kultur. Und Cäsar wird von dem Augenblick ab ein Knecht der Weiber. Die Männlichkeit des Ägyptischen ist umgebracht durch den schillernden Trug des Weiblichen.

Dem begegnet Herakles in großen Bildern dort an dieser Stelle. Er sieht die Gefahr, das Unheil des Dionysos, und er sieht das Unheil Ägyptens. So viel Vergangenheit!

Vergangenheit – das sind nicht nur die wunderbaren edlen Gestalten. Ja, die Geschichte dieser Schöpfung ist ungeheuer und gewaltig und für das kleine Gemüt des Menschen erschreckend, aber sie ist der Maßstab. Entweder wir zerbrechen an ihm, dann waren wir nicht wert zu leben; oder wir wachsen zu ihm heran, dann ist der Weg frei für die heroische Laufbahn. Wir werden es nie verhindern können, daß der Geruch der Vergangenheit uns erschreckend anwidert. Pestgeruch steigt aus dem Sumpf von Lerna auf – so heißt dieser Ort, an dem wir uns befinden.

Jeder Sumpf ist eine Entscheidung, denn der Weg soll ja weitergehen. Man kann die Sprache des Sumpfes ganz verschieden verstehen. Wir wissen, wie sie heute gemeinhin verstanden wird: Kehre um, weiche zurück, umgehe ihn! Das ist die raffinierte, listige, trügerische Antwort der bürgerlichen Gesinnung unserer Epoche, die ohne Heroen, ohne Helden ist und die darum nur Sklaven gebiert, die einmal nach der Pfeife Hitlers und einmal nach der Pfeife Bismarcks, einmal nach der Pfeife Adenauers und das vierte Mal nach der Pfeife Molotows tanzen. Das ist das Schicksal solcher Geschlechter.

Andererseits wird heute viel mit der Möglichkeit gespielt, sich in den Sumpf hineinzubegeben. Kaffeesatz, Kartenschlägerei, Astrologie, Graphologie, alles das entsteht in dem Sumpfdampf, der da aufsteigt, wo die harten, nüchternen Konturen klarer Naturgesetzlichkeit sich vermischen mit dem wäßrigen Unbestimmten seelischer Vergangenheiten. Es ist verführerisch, einzutauchen in diesen Nebeldampf, der alle harten Konturen mildert, um dann zu versinken in das Abgründige – allerdings, um daran zu ersticken. Es ist das Dschungelbedürfnis des modernen Menschen, das dabei zutage tritt, der Wille zu Verwirrung, Verstrickung und Verlust des klaren Bewußtseins, der Entscheidungsregion, der Wunsch sich fallen lassen zu können, aufgehen zu können in dem Verantwortungslosen, in diesem erlisteten Geheimnis des Lebens.

Was kann der Heros tun an dieser Stelle, an die er befohlen wird? Auf der einen Seite steht die Möglichkeit, der Begierdenlust nachzugeben, mit einer scheinbaren Berechtigung auf die Führung der Erkenntnisse des Bewußtseins zu verzichten, sich hineinzustürzen in frivoler Ironie, auszuloten, was hier vor sich geht. Und auf der anderen Seite steht die Angst, die uns glücklich und füglich einen Umweg machen läßt und uns damit einer Aufgabe und einer Wachstumsmöglichkeit entzieht. Zwischen beidem der Mensch.

Gerade an diesem Ort wird sich zeigen, wie weit er als moderner Mensch an dem *Christus-Impuls* teilhat, der auch in Herakles wirksam war. Denn jetzt gibt es nur eine wahre Haltung: die Zumutung an sich selbst nicht in hybridem Hochmut zu übersteigern; nicht die Begierde umzuleiten auf die Lust zum Ehrgeiz und darum doch der Begierde zu verfallen; die wunderbare Bescheidenheit des jeweiligen dritten Sohnes im Märchen anzunehmen, ruhig etwas feiger und etwas dümmer zu erscheinen, als man in Wirklichkeit ist, aus Selbstzucht; auf der anderen Seite einfach die universale Bereitschaft, sich zu stellen, ohne Rücksicht, bereit zum Tod; sich auf gar nichts zu verlassen, sich auf gar nichts abzustützen, sondern eine vollkommene Unbefangenheit mit der Bereitschaft zu verbinden und darum offen zu sein, ganz offen, und das heißt, im eigenen Wesen so zu stehen, daß man alles ins Auge faßt, nichts außer Acht läßt, keinem Teil des eigenen Wesens die Daseinsberechtigung abspricht, sondern alles bejaht; daß man darauf verzichtet, das wunderbare Gebilde des eigenen Wesens dem eigenen Urteilsspruch zu unterwerfen, und daß man an die Stelle dieses Urteilsspruches nur das Wissen darum setzt, daß so, wie ich bin, der Schöpfer mich gewollt hat – auch wenn ich verzweifelt ringen muß um die Anerkennung der einzelnen Züge meines Wesens, im Guten wie im Bösen.

An dieser Stelle besteht nur, wer seine Heiligkeit herstellt dadurch, daß er sich als einen Ganzen annimmt, und wer den heillosesten Dämon des Menschen entzaubert: die Heuchelei.

Herakles kommt – und besteht. Nun ist also das Gelände soweit in die Beziehung zum eigenen Wesen gebracht, daß man weiß, wo man zu stehen hat. Aber was ist es nun, was sich in diesen seltsamen Ungeklärtheiten des eigenen Wesens verbirgt, in diesen Untergründen, in diesem Sumpfgelände voll von Schlinggewächsen? Die Frage ist, ob wir wirklich wollen, daß es sich enthüllt, oder ob wir wollen, daß es sich verbirgt. Haben wir Furcht davor, daß die Wahrheit zutage tritt, oder ist es reizvoller für uns, das Verborgene verborgen zu lassen, damit die fortwährende Lüsternheit in uns bleibe, die intellektuelle, die psychische, die sinnliche Lüsternheit?

Herakles weiß, daß es gar keinen Sinn hat, sich dem Sumpf zu nähern, bevor man nicht weiß, mit wem man es zu tun hat. Er will die Klarheit, er will die Wahrheit. Er nimmt Bogen und Pfeile, die ihm Apollon, der wunderbare, reine Gott des klaren, untrübbaren und ungetrübten Lichtes geschenkt hat, und entzündet die Pfeile mit dem feurigen Brand des Wissensdurstes. Es ist nicht das Erfahrenwollen, das sich blind in etwas hineinstürzt, sondern das unbedingte Verlangen, vorher zu erkennen, bevor man einen Weg geht. Die Pfeile der Erkenntnis werden vom Feuer des Erkenntnisdranges hineingetragen in das Sumpfgelände. Man kann ganz gewiß sein: Wenn man seiner Ganzheit, seiner Heuchellosigkeit, seiner Wahrhaftigkeit sicher ist und die reinen Pfeile des Geistes in das Sumpfgelände hineinschießt, dann kommt das Verborgene an den Tag und siegt die Wahrheit.

Die sich nie enthüllte, die sich stets verborgen hielt, muß nun an den Tag kommen: die Urweltschlange, die *Hydra*. Acht sterbliche Häupter und in der Mitte ein unsterbliches Haupt, so taucht sie aus dem Inneren des menschlichen Wesens, aus unseren Abgründen seelischer Natur auf und kommt herausgekrochen, fauchend vor Zorn darüber, daß sie gezwungen ist, sich zu enthüllen, sich zu demaskieren, sich zu erkennen zu geben.

Vielspältig, nicht etwa nur zwiespältig ist alles, was aus den Tiefen auftaucht und uns plötzlich erkennen läßt, wie wir mit allen Dingen dieses Daseins in irgendeiner verborgenen begierdenhaften Beziehung stehen. Nach tausenderlei Dingen begehrt uns, in denen sich unser Wesen zersplittert und seine Einheitlichkeit verliert.

Jetzt nimmt man das Schwert und enthauptet dieses Gebilde. Das ist das Natürlichste der Welt: Einige deinen kraftvollen Willen mit der Kraft deiner Erkenntnis, mache daraus ein Schwert, und schlage die Köpfe der Hydra ab. Aber anstelle jedes abgeschlagenen Kopfes entstehen zwei neue. Wir wissen es: Sobald wir uns der Dinge im Urteil bemächtigen, zerfallen sie in uns, und wir verlieren. Wir verlieren immer, und anstatt siegreich zu sein, sind wir im Zweifel. Was ist die Wahrheit? Was ist die Wirklichkeit? Das Doppelantlitz alles Seienden blickt uns an, denn wir haben nur von Kraft zu Kraft und von Haupt zu Haupt gearbeitet. So läßt es sich nicht erledigen.

Ja, um das Geheimnis herauszulocken, dazu waren die wunderbaren jungfräulichen Pfeile des Apollon recht. Aber jetzt muß die Ursache gefunden, das Übel an der Wurzel behoben werden. In dem Augenblick schickt die Göttermutter Hera das scheußliche Untier des

Sumpfes, den *Krebs* zu Hilfe, den Herakles zu verderben. Der Urkrebs aus dem Kreis der Sternbilder, herabgesandt zur Hilfe! Und siehe da, es gelingt dem Krebs, den Herakles an jener Stelle anfällig zu machen, an der wir immer in dieser Situation anfällig sind: an der weltberühmten Ferse. »Er wird dir den Kopf zertreten, und du wirst ihn in die Ferse stechen«, so das Alte Testament. Im griechischen Mythos ist es die Ferse des Achill, getroffen von dem Pfeil des Paris.

Der Krebs kommt der Hydra zu Hilfe – oder dem Herakles. Wir wissen es nicht genau. Eines ist sicher: In dem Augenblick bekommt die Hydra Luft, und Herakles wird abgelenkt. Der stechende Schmerz in der Ferse reißt ihn zurück, aber dieser Schmerz ist der Rat der Götter: Du solltest es mit dem Kopf versuchen und mit der Gewalt, und jetzt wirst du gemahnt, daß deine Beziehung zur Erde, zur Mutter nicht in Ordnung ist.

Der Krebs ist dieses molluskenartige Gebilde, das im Sumpf zuhause ist und den Schalenpanzer um sich bildet, um seine Verweichlichung weiterleben zu können, denn er scheut das klare Licht des Tages, und er scheut den festen Grund. Er möchte gern zerfließen in Stimmungen, in Gefühlen, in Empfindungen, aber er fürchtet sich vor einer Auseinandersetzung im Irdischen und fürchtet sich vor aller wirklichen Gestaltwerdung. So wird der Panzer erzeugt, die Schale – genau wie beim Menschen. Die unmittelbare Berührung mit der Erde wird herabgemildert durch die Schalenbildung.

Als der Krebs sticht, stürzt Herakles seinen Fuß in ihn, zieht ihn nicht zurück wie der bürgerliche Mensch, sondern tritt kraftvoll in den Krebs hinein, weil er weiß, daß der Fuß aufgerissen werden muß. Er braucht die Kraft der Erde, er braucht die Kraft der Verkörperung, nur von da ist die Lösung zu finden.

In dem Augenblick kommt ihm ein ganz anderer zu Hilfe: *Iolaos* – Volk des Herrn – Israel im Hebräischen. Iolaos ist etwas ganz anderes als ein Heros; er ist ein Gottverlassener. Er hat keine Charis, keine Gnade, er ist ein ganz gewöhnlicher Sterblicher. Aber dadurch, daß der Geisthauch Gottes in ihm nicht zum Sturm geworden ist, sondern sich still verhält, ist er der Erdgegebenheit näher. Er versteht sich und die Welt ganz einfach von den Gründen aus, die das Irdische ihm gibt. Was ist ihm Mythos? Was ist ihm Heros? Gar nichts. Er kennt nur die Geistigkeit der Welt, zu der er gehört. »Wer mein Brot isset, der tritt mich mit Füßen« – das ist ein universales Dasein als Hilfsbereitschaft. Damit wird er zum Bügelhalter für den Großen.

So tritt Iolaos zu Herakles hinzu und sieht, wo es fehlt. Er entzündet den Wald und trägt große brennende Scheite herbei. Wenn Herakles eines der Häupter der Hydra abgeschlagen hat, brennt er die Wunde aus, und es wächst kein neues Haupt mehr. Iolaos hat das ganz einfache Mittel: ein reines Herz in seinem reinen Brand. Bekanntlich wird ein Sumpf dann seines Wesens entkleidet, wenn verbranntes Holz in ihn versenkt wird. Der Brand ist es also, der Feuerbrand des dienstbereiten einfachen Herzens. »Selig sind, die reinen Herzens sind« – denn sie werden den Heros schauen, wie sie Gott schauen.

Endlich ist das Ungetüm besiegt, bis auf das letzte Haupt, das unsterblich ist. Durch diesen Akt der Wurzelfindung, durch diesen Akt der Schlichtheit des reinen Herzens wird alles Zersplitterte – das ja immer mehr oder weniger durch die Intellektualität kommt – aufgehoben und die Einheit hergestellt. Die Existenz der Hydra kann nicht aufgehoben werden, aber ihre Schlangenhaftigkeit wird besiegt, der Schlangenleib wird vernichtet, ihr letztes Haupt wird versenkt in die Erde – und lebt. In dem Augenblick, da alles Schlangenhafte sich zurückgebildet hat in das Haupt der Menschheit, in dem Augenblick ist alle Boshaftigkeit genommen, alle Süchtigkeit, alle Verführung, alle Lüsternheit, alle Begierde, alle Angst.

Der Leib der Hydra wird aufgeschlitzt, die Galle wird ihr entnommen. Sie ist ein böses Gift, das die Seele des Menschen fortwährend vergiftet. Jetzt werden die Pfeile Apollons hineingetaucht und sind von da ab tödlich – tödlich in der Hand des Heros. Denn nun, da er den Giftquell des Unterbewußten enthüllt hat, ist er der Herr über alles, was aus diesen Untergründen kommt, und kann von da ab zielsicher aus dem Geistigen des Apollinischen heraus alles töten.

Ein ungeheures Bild, das alle unsere Abgründe aufreißt, aber auch alle Lösungen aufweist, die dann gegeben sind, wenn wir den Mut besitzen, den Mut nicht zu einer Tat außerhalb von uns, sondern zu einer Tat in uns.

Das Letzte und das Schwerste ist, den Sumpf dadurch verlassen zu wollen, daß man das Schlangenhafte tötet. Wie leicht ist die Koketterie mit den Abgründen in uns lebendig! Und jede solche Spielerei nährt die Hydra.

Iolaos – solange er da ist, gilt es, den Brand zu entfachen. Es könnte ja sein, daß wir den Augenblick versäumen.

Und der Krebs – wohl schreckt der Stich. Aber wie verlockend ist es, sich umzuwenden und sich in die Abscheulichkeit seines Wesens lüstern zu verlieren und ihn dann in einem gut gespielten Ekel wegzuwerfen. Im Grunde genommen will man doch damit nur, daß er weiterlebt und daß man die Entscheidung nicht treffen muß – die Entscheidung, die einstens gefallen ist, als zu dem, was zur Erde gehörte, gesprochen ward: »Dies ist mein Leib.«

IV

Will man auch nur etwas vom Mythos und vom Heros und vom Mythos des Heros begreifen, so muß man sich auf etwas ganz anderes einstellen als das, woran man sich gewöhnt hat. Der Heros ist immer ein *Wanderer*. Er besitzt nie eine Wohnung. Er gehört jenen Bereichen an, für die gilt: »Der Geist weht, wo er will, du weißt nicht, von wannen er kommt und wohin er fährt.« Das Unbestimmte ebensowohl wie das Unbestimmbare gehört zum Wesen des Heros. Auf die Frage »Wo?« hat er die Antwort: »Nirgends!« oder »Überall!«, und auf die Frage »Wohin?« antwortet er immer: »Hierhin!«

Jeder, der eine Wohnung besitzt, wird verhindert, ein Heros zu werden, weil er gewöhnlich wird. So etwas hören wir nicht gerne. Und doch wissen wir es ganz genau, daß eine Wohnung gewöhnlich macht; vielleicht nicht in den höheren und größeren Bereichen des seelischen Daseins, aber in tausend Kleinigkeiten; und wenn in tausend Kleinigkeiten, dann auch einmal in großen Dingen, denn die großen Dinge setzen sich aus tausend Kleinigkeiten zusammen.

Früher hatte man noch einen Ausdruck dafür: das *Gemeine*. Goethe sagt von Schiller das schöne Wort, daß das Gemeine hinter ihm in wesenlosem Scheine liegt. Das ist ein großes Problem, denn damit wird eine uralte europäische Frage aufgerollt: das Verhältnis des Heros zur Polis. Die Polis ist die Gemeinstadt, die Gemeinde, und zwischen Heros und Gemeinde besteht eine grundsätzliche mythologische Aversion. Natürlich entsteht in solchen Spannungsbeziehungen nicht nur der Haß, sondern auch mitunter die Liebe oder eine göttliche Verehrung.

Die Begegnung mit dem Heros ist für jeden Gemeinen eine Prüfung, und man muß sich dieser Prüfung unterziehen. Wenn man den Mythos und das, was darüber gesagt werden kann, nicht versteht, so darum, weil man keinen Willen zur Selbsterkenntnis hat. Ist man offen nach dieser Seite hin, dann fällt der Mythos nicht über einen her, sondern das eigene Wesen fühlt sich darin ausgesprochen, weil die Identität mit den Bildern des Mythos sofort gegeben ist.

Aber der Mensch mit einer Wohnung will sich einrichten, und er möchte, daß es heimisch ist bei ihm. Das wahrhaftige Wort für heimisch heißt *heimlich*, und das Gegenwort heißt *unheimlich*. Man muß sich überprüfen, wieweit man einen Zugang zum Unheimlichen besitzt, denn das Un-heimliche, das Offenbare, ist der Raum des Heros, und das Heimliche ist der Raum des Gemeinen, des Gemeindemitglieds, ob nun im bürgerlichen, religiösen oder sonstigen Sinn. Es handelt sich darum, daß wir die Tendenzen verfolgen, die in unserem Inneren auftreten, um zu wissen, warum wir zu bestimmten Fragen unseres Daseins – etwa zu der Frage des Heros – so oder so stehen.

Häuser... Es ist wichtig, das Wesen des heutigen Menschen in der Beziehung zum Hause zu erleben. Die Frage des Eigenheims oder der Mietwohnung ist mythologisch wichtig.

Die Häuser stehen am Himmel, sagt die uralte Tradition der

Astrologie; und das Wesen des Heros ist es, daß er nicht einem bestimmten Hause zugeordnet werden kann, sondern daß er ein Wanderer am Himmelsdom ist, während der Gemeine sich mit seinem Geburtshaus irgendwie begnügt. Auch er kreist natürlich, aber er kreist immer nur unter demselben Zeichen, variiert durch die Wandelsterne und ihre verschiedenartigen Beziehungen. Aber wie wenig spielt das im geistigen Raum eine Rolle, allenfalls in den faßbaren Schicksalen. Der Heros kann nicht gefaßt werden durch *ein* Haus, er *geht durch* – wie wir so schön sagen –, und die Durchgänge sind für die bürgerliche Erziehungswelt, für Lehrer, Erzieher und Eltern das Schrecklichste. Der Durchgänger hat etwas von einer heroischen Anlage in sich.

Will man das Heroische verstehen, so muß man sich also aus seinem Häuschen hinwegbegeben und dem Heros etwas nachlaufen, Gefolgschaft leisten. Man wird finden, daß einem diese Wandlungen des Herakles durchaus nicht sympathisch sind. Man liest oder hört gerne die eine oder die andere seiner Taten; aber sobald man gezwungen ist, in die Folge, in die Konsequenz der Taten einzutreten, empfindet man eine Sperrung. Wir können das nicht leiden, was der Heros erleidet. Nicht-leiden-Können ist ein sehr aufschlußreiches Wort, denn genau das ist es: Wir können nicht leiden. Und der Weg des Heros ist ein *Leiden*.

Leiden ist ein geheimnisvolles Wort. Die Sprache flüstert es uns meist nur zu in dem Versuch, ob wir es vielleicht doch verstünden. Denn das Leiden ist die Folge des Leitens und der Weg zum Leiten. Die meisten Menschen versuchen, dem Leid irgendwie aus dem Wege zu gehen oder, wenn sie darin sind, möglichst rasch zu enfliehen, und darum gewinnen sie keine Leitung über ihr Selbst. Im großen Zusammenhang tut das gar nichts, denn der Wagenlenker wurde uns von der höchsten Macht gestellt. Nur ist es kein heroischer Anblick, wenn in der Kutsche unseres Lebens jemand sitzt, der mehr oder weniger verschlafen sich zurecht schuckeln läßt. Man muß schon in dem Rennwagen darinstehen und die Pferde an den Zügeln halten, und der Wagenlenker darf nur wie ein schwebender

Genius über einem sein und es nie nötig haben, uns zu sagen, wohin wir zu fahren haben. Er sollte uns nur immer dann, wenn wir für einen Augenblick erschlaffen wollen, das »Ahoi!« zurufen oder das »Hoiotoho!« oder das »Evoe!« Das »Hoiotoho!« ist der Schlachtruf des heroisch leitenden Menschen.

Ein langes Leben zeigt einem, wie enttäuschend es ist, daß die Menschen zu dem Leid so eine seltsame oder eben gar keine Beziehung haben, höchstens eine wehleidige oder mitunter eine mitleidige, aber das sind die schlechten Beziehungen zum Leid. Man muß wissen, daß dieses Geschunden-Werden durch das Leid das A und das O aller Entwicklung ist. Und dann ist es eben auch wieder kein Leid; das Leid verwandelt sich in die Leitung.

Wenn also Herakles dahinstürmt durch die Himmelsräume, dann wird uns dieses Unheimliche unheimlich im Gemüt, und wir kriegen es mit der Angst zu tun, weil wir in unseren Himmelshäusern eben gerne wohnen. Wir denken, es würde uns durchaus genügen, wenn wir den nemeischen Löwen und die Hydra erledigt hätten. Wir wissen nur zu gut, daß wir höchstwahrscheinlich weder das eine noch das andere leisten könnten, sondern von den schrecklichen Ungeheuern auf eine sehr rasche und einfache Art erledigt würden. Vielleicht sind wir es schon und wissen es gar nicht, haben gar nicht gemerkt, wann es geschah.

Wir erinnern uns also an das, was Herakles geleistet hat: den Löwen bezwungen und die Hydra überwunden. Bekanntlich dürfen am Ende eines Wettkampfs bei den Olympischen Spielen die drei Sieger auf diesem Podestchen stehen, und der, der den ersten Preis bekommt, steht in der Mitte etwas höher als die beiden anderen, die neben ihm plaziert werden. Jetzt wollen wir uns für einen Augenblick auf das Podest zu Herakles hinaufschleichen, denn es interessiert uns, wenn wir weiter mit ihm wandern wollen, in welchen Stimmungen des Gemütes er sich befindet. Wie muß einem zumute sein, wenn man den Löwen überwunden und die Schlange niedergezwungen hat?

Das sind ungeheure Gewichte, die an unserem Leben hängen, namentlich die Hydra, dieses Geringel um den Fuß, das uns am Fortschreiten hindert, dieses ewig Lüstige, Listige und Lüsterne, das sich dauernd von dem, was weit unter uns liegt, fesseln läßt, von diesem ganzen Geflitter der Kultur-Rausch-Süchtigkeit. Rentiert es sich denn, alles das? Man wird dabei so schwer, und das bißchen, was man sich erringt, wird für so billigen Plunder und Tand verschleudert. Das Unwesentliche gewinnt eine so ungeheure Gewalt über uns, daß es die Menschen mit einem gewissen Pathos vor sich selbst zu einem Wesentlichen machen. Doch wesentlich ist einzig und allein das Auge-in-Auge mit der Gottheit. Man muß wendig sein, wenn man dieses Auge immer im Auge haben will, denn es kreist mit ungeheuren Geschwindigkeiten.

Hat man nun das Gezüchte abgeschüttelt, das Gemeine, das einen auf tausend Weisen bändigt, dann ist der Auftrieb da, der wunderbare Aufschwung, eine lichte Leichtigkeit, eine Beschwingtheit und ein wunderbarer, echter Rausch. Derart befreit von diesen unheimlichen, schweren Bindungen, ist alles Rausch der Bewegung, freies Fließen im Strome der Kraft. Man betritt den Bereich Arkadiens. *Arkadien* ist der Raum, in dem jede Fähigkeit des Menschen sich in ihrer göttlichen Großartigkeit offenbart. Der Mensch erreicht dort seine eigentliche Bestimmung, die in vielen Möglichkeiten auftritt und schillert, aber immer das eine bedeutet: wie herrlich und wunderbar und götternah der Mensch ist!

Arkadien, frühlingshafte Wiesen mit den herrlichsten, zarten Blüten, nicht mit den aufdringlichen großen, sondern mit den kleinen und bescheidenen, gehaltenen. Arkadien, mit den wunderbarsten Bäumen, die einzeln oder in kleinen Gruppen ihre vollendete Gestalt entwickeln können. Arkadien, mit den stillen, sanft dahinrauschenden, ewig singenden, Weisheit verkündenden Quellen. Arkadien, mit dem lieblichen Chor der Vögel. Arkadien, mit dem seidenweichen, lindblauen Himmel. Arkadien, mit dem fließenden Gold des Lichtes, bei Tag von der Sonne ausströmend, bei Nacht von den Sternen; und dann, wenn das überirdische Glück die Brust des

Menschen zu sprengen droht und sein Geist der göttlichen Raserei nahe kommt, fließt das stille, silbern kühle Licht des Mondes hernieder und besänftigt alles, und die Grellheit eines Wissens wird gedämpft durch die sanften Träume.

Wunderbares Reich der göttlichen *Artemis*, der Schwester des Apoll. Das Schwere versinkt in den Schlaf und löst sich in den Träumen, und was gebunden war, das huscht mit unglaublicher Lebendigkeit, geisterhaft durch das Gefilde, über die Wiesen, durch die Täler, durch die Wälder. Wer will sie einfangen, diese herrlichen Geschöpfe der nächtlichen Träume, die dahinhuschen mit der Eleganz göttlicher Leichtigkeit? Hell schimmern die unsterblichen Bilder der menschlichen Seelentiefe, erzeugt von dem Kuß des Geistes. Wer will sie fassen, wer besitzt die Gelöstheit, um sie einzufangen? Nur der, der die Stufen hinter sich hat, die Herakles durchlaufen hat.

Hell leuchtend jagt durch das träumerische Gefilde der Artemis die ihr geheiligte Hirschkuh mit goldenem Geweih und herrlich leuchtenden Hufen. Kein Gott und kein Sterblicher hat sie je eingeholt, denn das Wesen der entfesselten Seele ist uneinholbar, unerschöpflich. In tausend herrlichen Bildern bringt sie fort und fort das Neue hervor.

Wer wie Herakles den großen Schwung der Entfesselung erlebt hat, der kann ihr nachsetzen und in einem wunderbaren Spiel versuchen, sie einzufangen. Aber auch ihm gelingt es nicht. Doch wer die Freiheit der Seele und des Geistes so erlebt hat wie er nach diesen Vorleistungen, kann wenigstens dem wunderbar huschenden Getier der göttlich stillen Phantasienacht auf der Ferse bleiben. Und schon fühlt es sich verfolgt und eilt darum nicht mehr in der Gelöstheit ewiger Sieggewohnheit dahin, sondern ganz leicht kommt das Erschrecken, der Ehrgeiz in es, und schon ist die Hemmung da. Zum ersten Mal überkommt das Tier die Erschöpfung. Und als es sich in der wilden Jagd wiederum an einem Flußlauf befindet, da zögert es für einen Augenblick ermattet, bricht in die Vorderknie und versucht zu trinken. Schon ist der Verfolger da und schießt ihm einen Pfeil in den Fuß.

Wer die Pfeile und den Bogen des Apoll besitzt, wer also klare Ordnung des Tages und Leuchtkraft des Denkens ineinander zu fügen vermag und damit Harmonie entstehen läßt, der gewinnt die dichterische Macht über die flüchtigen Gebilde der göttlich nächtigen Phantasie. Er erlegt sie und ist nun in der Lage, in dem Vollgefühl der geistigen Kraft das nächtige Gebilde aus dem Bereiche Arkadiens in den Bereich der Tageswirklichkeit davonzutragen.

Für einen Augenblick überkommt ihn das Schuldbewußtsein, das jeder Künstler empfindet. Ist es recht, das Geheimnis zu offenbaren? Ist es recht, das Flüchtige zu binden, festzuhalten? Ist es recht, das Aufsteigende zu dichten? Da steht die Göttin vor ihm, zornentbrannt, und zieht ihn zur Rechenschaft dafür, daß er die von ihr geliebte Hirschkuh auf diese Weise bezwungen hat. Aber kann die göttliche Schwester des Apollon dem widerstehen, der den herrlichen Glanz ihres Bruders um sich trägt? Kann der Mond sich gegen die Sonne behaupten? Sie muß vor dem Tagesglanz der unschuldsvollen Reinheit des Herakles ihr nächtiges Auge niederschlagen und lächelt, die Hirschkuh verstehend, daß sie sich diesem Herrlichen ergab. Und durch Gewähren rettet sie sich selbst vor dem Zwingerischen, das von dem göttlichen Menschen ausgeht.

So wendet sich Artemis lächelnd von Herakles ab und läßt ihn ziehen. Die Hirschkuh ist ihr genommen, und beinahe wäre sie selbst zum Opfer gefallen. Staunend stehen die Menschen, wenn der Göttliche mit seiner himmlischen Last einherschreitet. Eurystheus, dem alle diese Opfer gelten müssen, schüttelt erstaunt den Kopf, besieht sich neugierig das Wundertier und gibt dann die herrliche Hirschkuh frei, vielleicht in dem Bewußtsein, daß er von Artemis bezwungen würde, wenn er das ihr geheiligte Tier zurückbehielte, das sie dem Heros willig überließ.

So glaubten wir vielleicht, auf einer bestimmten Fährte hinter Herakles herzusein und schon irgend etwas von ihm begriffen zu haben. Und nun sehen wir, daß wir uns wieder ganz anders einstellen müssen zu ihm, Herakles, dem von Hera Berufenen.

Wie steht es mit unserer Berufung? Jedesmal müssen wir abtasten, ob wir wohl gerufen würden, ob wir gerufen worden sind, oder ob Hera uns vergißt, weil wir nicht wert sind, ihr aufzufallen. Ist es nicht so, als ob unsere Brust sich unmäßig weitete, wenn wir etwas erfahren von diesen wunderbaren Wegen? Und dann versinken wir in eine tiefe Scham, weil wir uns so sehr in das Gewöhnliche eingelebt haben, daß uns beinahe graust vor der Gewalt des Atems dieser Bilder, die ja nicht Bilder sind, sondern Lebensstationen, die uns meinen, die auf uns warten und die wir seither schuldig geblieben sind, vielleicht auch weiterhin schuldig bleiben. Aber die Unrast und die Qual dieser Schuldigkeit sollte uns nie zur Ruhe kommen lassen.

Wie lange darf ein derart Geweihter, Eingeweihter verweilen in diesen erlösend-gelösten Bezirken von Arkadien? Wie lange darf er Jagd machen im Bereiche der Artemis, der silbern glänzenden Mondgöttin? Wir ahnen und wissen es beinahe, daß es nur ein Augenblick des Aufatmens ist und daß die Leichtigkeit dieses Geschehens schon die kommende Schwere eines anderen ankündigt. Wohl wird er wieder nach Arkadien geschickt, in die Gegend von Erymanthos, aber es ist ein anderes Arkadien.

Doch bevor er zu seiner Aufgabe antritt, muß er durch ein Gebiet hindurch, das ihm wohl vertraut ist, das er aber wieder vergessen hatte, durch das Gebiet der *Kentauren*. Das sind Wesen, die vorne einen Menschenleib tragen und, an diesen Menschenleib angegliedert, einen Tierleib, meist einen Pferdeleib mitschleppen müssen. Ihre Mutter ist Nephele, die Nebelgöttin, die aus dem Fließenden den Dunst erzeugt. In den Bereich dieser Kentauren gerät Herakles. Es war eine lange Wanderung, und er ist müde und kehrt in der Höhle eines dieser Kentauren ein.

Dieser heißt Pholos. Es ist ein gütiges, aufgeschlossenes Wesen, das in dieser Höhle wohnt. Ihm ist vor langer Zeit von Dionysos ein Faß mit köstlichem Wein anvertraut worden, und zwar schon damals mit dem Hinweis, es werde einmal Herakles bei ihm vorbeikommen, und dann solle er den Heros mit diesem Wein bewirten.

Als Herakles kommt, bereitet Pholos ihm ein köstliches Mahl, brät ihm Fleisch, das er selbst in rohem Zustand genießt – eine gastliche Behutsamkeit. Das wissend-wachende Auge des Pholos sieht das Schicksal herannahen, das er gerne irgendwie verhindern möchte, doch es ist unausweichlich. Herakles hat fürchterlichen Durst. Auch kommt ihm natürlich angesichts des köstlichen Mahles der Gedanke, daß zu einem solchen saftigen Braten ein guter Trunk gehört. In der Gelöstheit seines stürmischen Wesens verlangt er nach etwas zu trinken. Pholos sträubt sich in der Ahnung des kommenden Unheils, aber endlich muß er nachgeben. Noch einmal warnt er und sagt: »Die Kentauren sind außerordentlich weinsüchtig. Wenn ich jetzt den Wein hole, den ich habe, dann wird der Duft des Weines die Räume erfüllen und die Kentauren, die sehr feine Nasen haben, anlocken. Und wenn sie merken, daß du von diesem Wein trinkst, werden sie dich töten, weil sie, vom Duft des Weines wild und zügellos geworden, ohne jede Rücksicht sind.« Herakles hört es nicht und will es nicht hören, denn das Schicksal reift ja heran. Er bittet Pholos, endlich doch das Faß zu öffnen. Der tut es, und sofort ist das Weltall erfüllt von dem wunderbaren Duft des Weines. Es ist kein gewöhnlicher Wein, er ist von Dionysos, dem Gott, geschenkt.

Schon beginnt es von allen Seiten zu stampfen, ein Trommelwirbel der Erregtheit dröhnt durch die Welt, die Kentauren nahen sich stürmisch. Ein wildes Volk ist plötzlich vor der Höhle, und seltsame Spukgestalten erzeugen einen Wirbeltanz. Herakles reißt die Scheite vom Herd und wirft sie den Kentauren entgegen, die dadurch verwirrt werden und zurückweichen. Aber der Sog des Weinduftes ist stärker, sie stürzen herein, um sich des Weines zu bemächtigen. Herakles sieht keine Möglichkeit, als nun mit den Pfeilen gegen sie anzugehen. Er schießt die vergifteten Hydrapfeile ab und tötet die Kentauren.

Plötzlich taucht im Hintergrund der gewaltigen Kentaurenschar eine Gestalt auf, und ehe es sich Herakles versieht, ist sie von seinem Pfeil getroffen und tödlich vergiftet. Herakles hat nicht auf diese Gestalt gezielt, er traf sie unversehens in dem Kampfvorgang. Jetzt stürzt er in der Verzweiflung vor dieser Gestalt nieder und möchte gerne alles tun, um sie zu retten. Es ist der große und berühmte Kentaur *Cheiron*, der Kentaurenfürst, der der Erzieher und Lehrer aller großen Heroen war. Auch Herakles hat in seiner Jugend bei ihm gelernt.

Heroen wird von den Kentauren das Geheimnis enthüllt, daß sich der Mensch aus dem Tiere herauswindet und sich, in der Sehnsucht nach der Tierüberwindung lebend, aus der Waagerechten in die Senkrechte aufrichten muß. Das Leiden der Kentauren besteht darin, daß sie mit der Tierwelt verbunden sind, unauflöslich, doch in ihnen alles – vom Gemüt bis zum Verstand – nach der Senkrechten drängt. Aber nicht der Mensch, der von eh und je frei vom Tier geboren ist, kennt die Weisheit. Der Kentaur besitzt sie. Wer losgelöst ist von der Vergangenheit wie der gemeine, normale Mensch, weiß nur vom Menschen, und alles andere ist ihm Rätsel. Der Heros aber bedarf des Wissens, das man haben kann, wenn man mit der Entstehung des Menschen und der Vergangenheit, mit der Natur unlöslich verbunden ist.

Das Tier ist die höchste Stufe der Natur, bevor der Mensch kommt, und es ist darum in der Lage, dem Menschen die Weisheit der Vorwelt zu vermitteln. Unter den Tieren ist für die Griechen das Pferd dasjenige, das die Intelligenz besitzt. Wo also die Tierwelt in die Intelligenz übergeht, da ist die Stelle, an der der Mensch die Weisheit der Natur erfahren kann. Aber ein anderes erfährt der Mensch auch noch dort: was er den Wesen verdankt, die in der Bindung bleiben und nicht das große Ziel der Sehnsucht erreichen, die Auferstehung.

Der Dank, die Verehrung und die Hingabe des Schülers und der Dank des von der Tierheit erlösten Menschen verbinden sich zu einer stillen Flamme der Pietät dem Lehrenden gegenüber. Jetzt ist Cheiron tödlich getroffen – Cheiron, der gerade darum, weil er als Kentaur die Bindung der Bewegungsorgane an das Tierische erlebt, den Menschen das Geheimnis der Hand (χείρ heißt die Hand) lehren kann, das rechte Handeln, das Mysterium des wahren Menschen, der – als Plastik Gottes – selbst zum Plastiker seines Lebens werden soll.

Wer mit den Lebensquellen verbunden ist, weiß natürlich auch die Mittel für das Leben. Cheiron gibt dem Herakles Ratschläge, wie er die Wunde behandeln könnte; doch das Pfeilgift ist ein Gift der Hydra und darum tödlich. Aber Cheiron ist unsterblich. Das ist es ja! Alle Bilder der Vergangenheit sind ewig, sie sind unsterblich. Sie sind geheiligt als Urbilder, göttliche Urbilder. Niemals wird der Mensch vergessen können, daß er sich aus dem Tiere herauslösen mußte. Niemals wird er die grenzenlose Sehnsucht vergessen können, die ihm als Mysterium mitgegeben war, damit diese Lösung bewirkt werden konnte. Immer, immer wird es da sein und leben, denn es ist unsterblich.

Da entschließt sich der Unsterbliche zu einer ungeheuren Tat: Er bittet die Gottheit, die Unsterblichkeit von ihm zu nehmen; aber nicht, um sie irgendwo im Vakuum der Göttlichkeit aufzubewahren oder versinken zu lassen; sondern er bittet darum, daß sie dem gegeben werde, der als Mensch die Höhe erklommen hat – als Mensch und als Gott –, nach der sich Cheiron, der Tiergebundene, sehnt, nämlich die Grenze, wo das Menschliche unmittelbar an das Licht des Geistes angrenzt. Diese Grenze hat *Prometheus* er-langt und der Menschheit das Licht des Geistes im Feuer gebracht. Dafür wurde er an den Kaukasus geschmiedet und muß erleben, daß ihm die in der Nacht nachgewachsene Leber von dem Adler des Zeus aufgefressen wird.

Jetzt schließt sich der Ring. Herakles tötet den Adler mit dem Giftpfeil, und Zeus überträgt die Unsterblichkeit des Cheiron auf Prometheus. Ein wunderbarer Kreis schließt sich. Gewaltige Bilder in einfachen Linien stehen da. Die Unsterblichkeit des Tiermenschen wird aufgehoben und auf den übertragen, der den Geist herausgefordert und erlangt hat. Dazwischen steht der, der von dem weiblichen Wesen des Göttlichen berufen ist, von Hera, und der den räuberischen Vogel des Männlich-Göttlichen zu töten vermag.

Der Adler, der sich täglich über die Leber des Prometheus neigt, um sie zu fressen, ist gewissermaßen die göttliche Neugier, die das Geheimnis des Menschen immer wieder zu ergründen versucht. Jetzt kann diese Neugier gestillt werden, denn es steht der Mensch da, der das Tier überwunden hat, Herakles.

Zugleich ist damit die Versöhnung zwischen dem Göttervater und der Göttermutter angedeutet, ohne daß es festgelegt ist, es schimmert alles in einem fließenden Vorgang.

Herakles sieht in den entfesselten Kentauren die menschliche Halbtierwelt wieder lebendig werden und in einem unmäßigen Kraftrausch Gewalt gewinnen über das eben der Tierheit, dem Löwen und der Schlange, entrungene Bewußtsein, sieht alles in dem Nebel – Nephele –, der das Bewußtsein und seine Klarheit verdeckt und trübt.

Gewiß, es strömt von allen Seiten, es strömt auf das Herrlichste, es fließt. Wunderbar ist der Fluß der Rede im Rausch des Menschen, wunderbar die Enthemmtheit und Entfesselung der niederen Kräfte; doch die Genialität des Rausches ist nur eine Genialität des Niederen, das überwunden sein sollte. Die ganze Gefahr wird offenbar.

Aber wer die Schlange überwunden hat und die Pfeile des Apoll besitzt, der wird jedes Aufruhrs des Unterweltlichen mächtig. In diesem Vorgang wird plötzlich deutlich, daß die Bindung an den Lehrer Cheiron die Ursache dafür war, daß überhaupt diese Spukgestalten des Überwundenen für einen Augenblick Herr werden konnten; und das zeigt Herakles in den Tiefen seines Wesens, daß er die Autorität überwinden muß. Nicht sein Verstand wagt dies zu denken, aber die gelöste Kraft seines heiligen Wesens führt die Hand, und Cheiron wird tödlich verwundet, nicht getötet. Herrliches letztes Zusammenspiel von Lehrer und Schüler: wie der Schüler versucht, die Untat ungeschehen zu machen, nachdem er sie erkannt hat, die Wunde zu entgiften und zu verbinden und das Leben des Lehrers zu retten; und wie der Lehrer in diesem Augenblick die nahe Befreiung erkennt, die ewige Aufgabe des Einweisen-Müssens ab- und aufgeben kann, zurückkehren kann in die Heimat der Götter und dabei noch im letzten Augenblick für alle Zeiten deutlich macht, was und wer gemeint ist, und dem Herakles damit das Ziel weist.

Prometheus ist gemeint, der *Anthropos*, der nach oben Gewandte, der nicht ruht, bis er das Dasein entzündet im Feuer des Geistes; Jesus, der Christus, der sprach: »Ein Feuer zu entzünden, dazu kam ich, und was wollte ich lieber, als es brennete schon!« Aber nicht *einer* darf die Welt in Brand stürzen. Erst wenn alle Menschen lodern wie Fackeln des Prometheus, dann wird der Weltbrand sein, in dem sich alles geheimnisvolle Bildwesen der Vergangenheit verzehrt und eine neue Welt schimmernd emporsteigt und rein und ungetrübt der Mensch dasteht in dem lichten Schimmer prometheisch kühnen Geistes und in der leuchtenden Kraft des von der Göttermutter berufenen Herakles!

V

Bei unserem Versuch, dem Helden Herakles auf seinen abenteuerlichen Fahrten nachzuwandern, handelt es sich um die Frage, ob wir in unserem Inneren etwas entdecken können, was uns andeutet, daß wir ein Erbe in uns tragen, in dem die einzelnen Stufen dieses Weges schon erreicht, die Aufgaben gelöst sind; oder ob wir erfüllt sind von dem Wissen oder der Ahnung darum, was uns noch alles bevorsteht auf dem Wege, bis wir die zwölf Stufen durchschritten haben, ohne die kein Mensch das wird, was Herakles prototyphaft geworden ist: einer, der die von der göttlichen mütterlichen Seele ausgehende Berufung erfüllt hat und darum den Namen Herakles – der von der Hera Berufene – zu Recht trägt.

Ob wir nun diesen oder jenen Aspekt als gewichtiger für uns betrachten müssen – eines ist sicher, daß uns die Bilder oder Geschichten *angehen* im Sinne eines Angreifens. Man kann sehr verschieden reagieren auf diesen Angriff. Das hängt erstens einmal von der Temperamentslage ab und zweitens von der Bildung, die man dem eigenen Wesen angedeihen ließ. Sind wir in der Lage, besonnen zu antworten auf das, was uns auf unserem Schicksalswege erreicht, so werden wir anderes gestalten, als wenn wir aus der unmittelbaren Betroffenheit unseres Wesens heraus blind wütend um uns schlagen und damit wohl eine Offenbarung geben, aber keine Antwort – eine Offenbarung, durch die wir nur uns selbst bloßstellen, ohne daß damit irgend etwas Schöpferisches geleistet wäre. Freilich ist jede Reaktion ein Zeugnis und damit in irgendeiner Weise wahr, aber es handelt sich nicht nur darum, daß wir Zeugnis für uns selbst ablegen sollten, sondern daß wir Zeugnis ablegen sollten vom Menschheitlichen – nicht nur von dem, was uns als Persönlichkeiten einzeln angeht, sondern von dem, was durch dieses einzelne hindurchschimmert als das allgemein Menschliche. Darum sei man behutsam bei der Reaktion auf die Betroffenheiten, weil man doch vor viel gewichtigeren Urteilen über sich selbst steht, als man vielleicht im Augenblick gedacht hat.

Die nächste Aufgabe, die dem Herakles gestellt wird, ist die, den berühmten *Augiasstall* in einem Tag zu reinigen.

Es ist kein Zufall, daß gerade diese Aufgabe heute populär geworden ist. Hier scheint etwas zu sein, was näher an uns herankommt als die anderen Bilder und Aufgaben. Der Augiasstall ist gewissermaßen aus den heiligen Grenzen des Mythos ausgebrochen und hat sich in die Allgemeinheiten des menschlichen Daseins hineinbegeben.

Bei dieser Aufgabenstellung geht es vor allen Dingen darum, daß es an *einem* Tag geschieht, denn den Stall im Verlaufe von einiger Zeit auszumisten, dazu wäre ja irgendein Bauernknecht in der Lage gewesen. Der König Augias, dem der Stall gehört, ist etwas erstaunt, wie da ein recht stattlich anzusehender junger Mann kommt – mit einem Löwenfell übergelegt und das Löwenkopfgebilde gewissermaßen als Helm über den Kopf gestülpt – und mit diesem seltsamen Ansinnen an ihn herantritt, er möchte ihm diesen Stall misten.

Es ist natürlich kein gewöhnlicher Stall. Der König Augias besitzt dreitausend Rinder. Diese dreitausend Rinder sind alles Göttergeschenke. Dreihundert davon haben schneeweiße Füße, zweihundert davon sind ganz und gar purpurrot, zwölf davon sind weiß wie

Schwäne, und ein Stier ist glänzend wie ein Stern. Man weiß also sofort, wohin man geraten ist, wenn man ein wenig erspüren kann, was hinter den Mythen steckt. Es handelt sich ganz fraglos um eine Aufgabe, die mit dem Sternenall, mit kosmischen Bezügen zusammenhängt: zwölf Tierkreiszeichen, in der Mitte der Stern der Sonne, und darum gruppieren sich die anderen Gebilde.

Augias ist amüsiert über diesen seltsamen Fremdling, der scheinbar nichts Besseres zu tun hat, als sich mit solch überflüssigen Aufgaben zu beschäftigen. Ihm macht es Spaß, und er gesteht ihm also zu, daß er das tun kann.

Nun geschieht etwas Interessantes. In dem Augenblick, da die Sonne untergeht an diesem Tag, drängt Herakles darauf, eine Kommunion zu begehen, ein Abendmahl. Es liegt ihm sehr an diesem Abendmahl. Es ist, wie wenn er sich in einem ganz tiefen Bewußtsein mit den Kräften der Welt vereinigen würde, im Sinne einer kosmischen Kommunion. Dann versinkt er in einen tiefen Schlaf, in dem er sich erquickt. Er schaltet sein Bewußtsein aus und läßt die im sakralen Bewußtsein aufgenommene Speise als ein Sakramentum, eine Heiligung, in sich wirksam werden. Am nächsten Morgen bei Sonnenaufgang erhebt er sich und geht zu dem Stall, in dem die Rinder, vor allen Dingen Stiere, untergebracht sind.

Bevor noch der Morgen ganz heraufgezogen ist, hat Herakles den wesentlichen Teil seiner Arbeit schon erledigt. Er hat an Stirn- und Fußwand des Stalles eine riesige Bresche hineingeschlagen und zwei in der Nähe vorbeifließende Ströme so zusammengezwungen durch ein künstliches Bett, daß sie unmittelbar in den Stall hinein- und auf der anderen Seite wieder hinausfließen. Als sich König Augias – höchstwahrscheinlich nach einem amüsierten und behaglichen, ausgedehnten Frühstück – mit seinem Hofstaat hinüberbegibt, um das seltsame Tun des Fremden zu betrachten, ist er äußerst erstaunt, daß das Werk schon beinahe vollendet ist; denn durch das mächtige Einströmen der beiden Flüsse hat es den ganzen Unrat, der da aufgestapelt war, hinausgespült.

In dem Gespräch, das Herakles mit Augias am Abend zuvor noch führte, geht Herakles etwas an die Grenze der Empfindlichkeit des Partners heran und sagt ihm, er verstehe gar nicht, wie er es denn aushalten könne bei diesem Gestank, wo er doch so herrliche Rosengärten besäße. Es sei ja nicht mehr möglich, von dem Duft der Rosen etwas zu riechen und von den anderen Herrlichkeiten der Natur etwas wahrzunehmen, da der Gestank dieses Stalles sich über alles lagere. Augias war offensichtlich so daran gewöhnt, daß er davon nichts mehr merkte, und er war wohl sehr überrascht. Und nun ist plötzlich das Ganze in einen Zustand gebracht, der für die, die den früheren mitzuerleben hatten, etwas Neuartiges besitzt. Für Herakles bedeutet er etwas ganz anderes.

Jetzt müssen wir etwas die Motive zusammen lesen: An *einem* Tag bewältigt Herakles die Ansammlung des Rindermistes durch Äonen – im Mythos geht ja alles gleich in das Große. Er wird nicht verschlungen von den festgefahrenen, alten, traditionellen Vorstellungen, die in dem Regierungsbereich des Königs Augias walten. Es hat sich so eingenistet – beinahe wäre ich versucht zu sagen »eingemistet« –, daß man das eben so gehenließ. Im Laufe der Zeit ist es so geworden; und jeder hat sich in diesen Lauf der Zeit eingefügt und sich dem nun allmählich zur Tradition gewordenen Gesetz unterworfen.

Herakles besitzt die Dynamik *gegen* die Zeit, das ist durch den *einen* Tag gekennzeichnet. Wir können, den Mythos ausweitend, sagen: Hätte er auch nur zwei Tage gebraucht, dann wäre er der Magie der Vergangenheit, der Tradition genauso verfallen wie alle anderen. Aber dadurch, daß er sich seine vollständige Unbelastetheit durch die Vergangenheit bewahrt und ganz ein Heutiger, im Augenblick Geborener ist, bekommt er die Gesammeltheit seiner Kraft, die durch gar nichts zerstückelt wird. Denn alle Vergangenheit und alles, was uns dahin zieht, saugt an unserer Kraft. Er tritt ganz aus einem zeitlosen, vergangenheitslosen Bewußtsein heran, und das gibt ihm einerseits die Möglichkeit, die Aufgabe zu bewältigen, und andererseits kommt ihm durch die Verbindung mit dem Kosmischen das zu, was jedem Menschen zukommt, der sich vom Traditionellen freizumachen versteht, nämlich die *Intuition* angesichts einer Situation.

Wir leben heute in einem Zeitalter, das außerordentlich augiastisch ist. Die Dinge, die wesentlich sind in einer Zeit, die spielen sich nicht da ab, wo man immer die Wesentlichkeit betont. Sie spielen sich nicht ab in den traditionellen Räumen der Bildung, weder der kulturellen noch der religiösen, und auch nicht in anderen traditionellen Konservierungsstuben. Sondern die wesentlichen Dinge müssen sich immer die Lücken heraussuchen, denn nur in den Lücken kann bekanntlich das Unkraut wachsen, also das, was sonst keinen Raum hat in der Herberge. Und so geht es auch hier.

Wir dürfen nicht vergessen, daß Einstein ein Außenseiter war. Er war kaufmännischer Angestellter in Bern, und als Dilettant hat er den Weg zur Wissenschaft gefunden. Es ist scheußlich, daß die Wissenschaftler alle so tun, als ob Einstein ein Schulwissenschaftler gewesen wäre. Nein, er war ein Dilettant und hat dann allerdings die Fachleute so überrundet, daß sie ihn zähneknirschend anerkennen mußten und dann verschwiegen haben, daß er ein Dilettant war. Das gehört zu den Signaturen der heutigen Zeit. Freud und Adler sind von allen Fachexperten verfemt und verfolgt worden. Heute ist die Geschichte hoffähiger geworden, und zwar dadurch, daß der Nachfolger Jung sehr schlau und listig war und sich auf eine elegante Weise – wie Mephisto im *Faust* – den Talar der Gelehrten umgehängt hat. Aber man muß an die Ausgangspunkte zurückgehen, um zu finden, daß alles Wesentliche außerhalb der Tradition entsteht.

Das ist genau die Situation des Herakles. Herakles kommt in ein vollkommen verrottetes System herein, das eben die Dinge immer so weitergemacht hat, wie man sie seit eh und je schon gemacht hat. Und keiner kam auf die zündende Idee.

Das klassische Beispiel für das Abendland heißt Kolumbus, auch er war ein Außenseiter. Die ganze Gelehrtenschaft überlegte, was man mit dem Ei tun muß. Kolumbus nimmt es und setzt es kräftig auf den einen Teil, und da stand es. Sein Vorgänger heißt Alexander der Große. In Ägypten galt es als eine Mysterien-Preisaufgabe, an der

Lösung des Gordischen Knotens zu arbeiten, der von irgendeinem raffinierten Hierophanten so gemacht war, daß ihn kein Mensch aufbrachte. Also wurde niemand in die höchste Stufe eingeweiht. Vergnügt rieben sich die Hohenpriester ihre Hände und behielten die Weisheit für sich, weil angeblich niemand da war, der sie in Empfang nehmen konnte. Da kam der nette und hübsche Junge, Alexander der Große, erhob sein Schwert und hieb den Knoten durch, und damit war's geschehen. Und weder donnerte der Zeus, noch blitzte er, noch tat sich die Erde auf, noch entfesselte Poseidon das Meer, sondern alles ging ganz friedlich, das Waagscheit fiel herunter, und die Geschichte war erledigt.

Das ist die Kühnheit der Unbefangenheit. Und plötzlich staunt alles mit offenen Mäulern und sagt: »Ah!« und ist entzückt davon. In Wirklichkeit hätte jeder mit ein wenig »Grütze«, wie wir sagen, dasselbe finden können, wenn nur die Losgelöstheit von dem trägen Fluß der Zeit und die kosmische Intuition dagewesen wären.

Wir erinnern uns an dieser Stelle, daß Herakles mit der Stadt Theben zu tun hatte und daß die Namensgleichheit des ägyptischen mit dem griechischen Theben keine Zufälligkeit darstellt, sondern eine tiefe mysterienmäßige Absicht. Herakles hat also schon durch seine thebanische Herkunft – mindestens symbolisch – eine außerordentlich dichte Beziehung zu dieser afrikanisch-ägyptischen Kultur. Das ägyptische Bewußtsein kreist um den *Stier*, den Apis-Stier. Es verehrt diese ungeheure Kraft, die errungen werden kann im Zusammenhang mit dem Irdischen, verehrt das geschlechtliche Fortpflanzungselement in diesem Gebilde und die chthonischen Ausbrüche der Macht, die hinter der Leidenschaft steht. Das wird in diesem Bild angedeutet.

Man lasse sich nicht dadurch düpieren, daß kultiviertere Darsteller dieses Problemes vor allen Dingen auf den Tierkreis hinweisen. In den Tierkreis kam der Stier dadurch, daß die Menschen ihn verehrten. Man hat den Stier nicht darum verehrt, weil er oben in den Sternen stand, sondern umgekehrt: Er mußte an den Himmel, weil das irdische Gebilde für die Menschen der damaligen Zeit etwas so Verehrungswürdiges war.

Es herrscht in dieser Kultur zum Beispiel die Verehrung des Leichnams, der einbalsamiert wird, worin eine Art von magischer Hingezogenheit, Faszination und dann wieder Abhängigkeit von der körperlichen Basis zum Ausdruck kommt. Diese wird als etwas ganz Kostbares betrachtet, darum also aufgepäppelt und behütet und möglichst einbalsamiert, damit sie erhalten bleibt. Darüber baut man dann die mächtigen Pyramiden – gigantische Monumente über den kümmerlichen sterblichen Überresten eines menschlichen Leibes. In Wirklichkeit kommt dies alles aus dem Gefühl einer Angst vor den Kräften des vitalen irdischen Lebens. Sternengötter verehrt man – Sternengötter –, und die Beziehung zum Dasein ist wie in ein nächtiges Blau gehüllt. Die Beziehung zur Sonne ist deshalb eine so außerordentlich starke, weil man an ihr die Macht erlebt, die über das Irdische Herrschaft erlangt.

Nun wird diese geballte *Kraft des Irdischen* nirgends so erlebt wie in dem Wesensbild des Stieres. Es ist eine seltsame Mischung: Einerseits geht eine starke Verlockung aus von diesem Bild – es ist das Süchtige in all diesen Kulturen, das dabei in Erscheinung tritt –, und andererseits ist es ein Furchtbares. Man erschrickt und ist doch angezogen, genauso wie heute in der Stierkampf-Arena: Man will sich gruseln, und man will doch fasziniert sein.

Dabei entsteht in den Seelengründen die süchtige Koketterie mit der Leidenschaft, mit den vitalen Kräften und mit manchem anderen, was dazugehört; und allmählich sammelt sich um das reine Bild ein derartiger Unrat an von unausgelebter Lüsternheit und dumpfer Sinnlichkeit und daraus erwachsenden unheimlichen Angstvorstellungen, daß der reine Duft der Welt davon vollkommen verdeckt wird und es beinahe zu einem Ersticken kommt.

Da kommt in Herakles die Gestalt des jungen Griechenland mit dieser vollkommenen Unbefangenheit des reinen Toren; und wie Jesus von Nazareth die Peitsche nimmt und den Tempel reinigt und Simson einfach den Tempel zertrümmert, so mistet Herakles das alte

Heiligtum aus und nimmt die Reinigung vor, die die Ordnung der Verhältnisse wieder herstellt. Das heißt nichts anderes, als daß Herakles in der Lage ist, die Infiltration des ägyptischen Ungeläuterten in den griechischen Bereich hinein zu sistieren oder aufzuhalten. Ihm verdankt die griechische Geisteswelt hiermit auf religiösem Gebiet die Unabhängigkeit von Ägypten. Wie stark diese Suggestion war, erleben wir am israelitischen Volk, bei dem die Anziehung durch Ägypten immer wieder vorhanden ist; und Mose und seine Nachfolger haben andauernd mit der Anfälligkeit des Volkes von dieser Seite her zu kämpfen.

Herakles wird bei der übernächsten Aufgabe gezwungen, sich mit dem Problem noch einmal auseinanderzusetzen, und nun an einer viel empfindlicheren Stelle. Zwischen Griechenland und Ägypten liegt die Insel *Kreta*. Kreta gilt seit alter Zeit als die Schwelle zwischen den beiden Ländern, zwischen den beiden Erdteilen und zwischen den beiden Kulturen. Auf Kreta herrscht König *Minos* – ein aufschlußreicher Name. Er enthält die Lautgruppierung, die innerhalb der indogermanischen Sprachfamilie das kosmische Intelligenzvermögen des Menschen bedeutet. »Minos« ist also die Ableitung eines Stammes, von dem eine andere Ableitung »Mensch« lautet, eine andere Ableitung sanskrit »manas« und so weiter.

Dieser Minos ist eine seltsame Erscheinung. Er ist ein Mensch, der wohl gerade an dieser Schwelle zwischen Afrika und Europa den Hochmut gegenüber dem untergehenden Afrikanischen empfindet und den kindlichen Rausch eines kulturell Unbelasteten zugleich. Wir kennen dieses Gefühl, wenn irgend etwas Neues anfängt. Da ist für einen Augenblick das ganze Leben, das ganze Dasein in ein seltsam rauschhaftes Licht getaucht. Man meint, jetzt beginne irgend etwas Großes, und vergißt, daß Millionen schon an dieser Stelle standen und die Macht des Schicksals stärker war als der Rauschzustand des Augenblickes. Aber da auf Kreta verspürt der Mensch nun die ganze Frische eines Neuen und empfindet sich wohl in der Ungebrochenheit seiner Menschheits- und Lebenskraft.

Minos prahlt damit, daß er von den Göttern alles verlangen kann, und das ist bei ihm ein wahrhaftiges Gefühl. Wir alle leben ja längst in den Augiasställen und sind längst zermürbt und vergiftet von dem Gestank, der da aufsteigt. Wir sind längst in unserem Selbstbewußtsein gebrochen. Aber wir wissen es aus irgendwelchen tiefen Ahnungen des Wesens heraus, daß es möglich sein müßte, einmal alles abzuwerfen und uns ganz nur auf unsere eigentliche menschliche Existenz zu besinnen, und daß dann höchstwahrscheinlich ein herrlicher Hochmut in uns wäre und ein ebenso herrlicher Übermut. Vielleicht würden wir dann Laute geben, die wie das Gebrüll eines Löwen wären, und wir würden Tage um Tage tanzen und hätten das Gefühl, wir müßten die Erde stampfen vor Freude, das gesunde Welt-, Lebens- und Menschheits-Gefühl. Ach, und wie sind wir so brav und gesittet, so gebrochen und fad und langweilig, so tumb und taub!

In der geschilderten Situation ist Minos. Wie könnte er sich anders empfinden, als im Mittelpunkt des göttlichen Interesses stehend. Er *kann* gar nicht anderes denken, als daß er der Liebling, der verwöhnte Günstling der Götter sei. Es ist nicht eine Herausforderung, sondern es ist die Darstellung des selbstverständlichen Verhältnisses *des* Menschen zu den Göttern, der sich in der wahrhaftigen, natürlichen Gestelltheit zu seinem Leben befindet – un-verstellt!

So bittet er zum Beweis dafür Poseidon, ihm einen Stier zu schicken, damit er ihn opfere. Poseidon tut das. Aus den Tiefen des Meeres steigt der Stier empor – derselbe Stier, den man in Ägypten verehrt hat, der Apis-Stier, denn es ist immer derselbe Stier. An die Gestade von Kreta, dieser Insel zwischen Afrika und Griechenland, steigt der ägyptische Stier an Land, von Poseidon geschickt. Poseidon repräsentiert ja die Meeresfluten, und die Meeresfluten repräsentieren das gesamte Seelendasein der Menschheit. Aus den Tiefen des menschheitlichen Seelendaseins steigt der Stier als dieser seltsame Wunschtraum naiver menschlicher Lebensvorstellung, so kraftvoll sein zu können wie dieses Tier. Dieser Wunschtraum wird vererbt von Kultur zu Kultur.

Man kann wohl das Urkräftige aus den Tiefen menschheitlicher Seelenmeere beschwören – jeder von uns. Aber ist das Gewaltige an Land gebracht, sind die Leidenschaften der Tiefe aufgerufen, dann zeigt sich, ob man nur ein Zauberlehrling war oder ein wirklicher Magier.

Es ist verständlich, daß Minos dem Zauber dieses herrlichen Getiers verfällt. Wie schrecklich sind die Asketen, die alles Schöne dieser Welt überwunden haben! Wie wunderbar ist die entsetzliche Gebundenheit an die Schönheit des Daseins! Glauben wir ja nicht, was jene spröden, unlebendigen Anweisungen uns alles einflüstern mögen! Wir sind in diesem Dasein dazu da, daß wir uns in den Bann der Schönheit begeben! Wie rasch bricht unser Auge, wie rasch erstirbt das wunderbare Gesinn unseres Daseins und regiert über unser Leben der öde Tod! Ist es nicht das Menschliche, daß wir vor den Wundern des Daseins jede Selbstachtung verlieren, jede Prätention aufgeben und uns nur noch in das Entzücken und seinen Rausch stürzen? Sind wir nicht darum alle persönlich und auch in der Kultur so arm, weil wir so brav, gezüchtet und gezügelt sind? Gewiß, die Talmikultur unserer Zeit würde zusammenbrechen unter dem Stampfen der Stiere, und diese Kultur muß natürlich schreien: Bindet ihn! Aber die Natur in ihrer Herrlichkeit läßt jede dionysische Zügellosigkeit zu und gibt ihr Raum, sofern ihr ein wahrhaftes Entzücktsein, ein wahrhaftes Ent-rücktsein innewohnt, ein göttlicher Wahnsinn und nicht nur die Lüsternheit der Selbstsucht.

Wir verstehen Minos. Wir verstehen ihn auch in dieser dummen Listigkeit, die die Menschen immer auszeichnet und sie so liebenswert macht. Wie dumm ist dieser Minos, daß er glaubt, den Poseidon betrügen zu können! Und trotzdem rechnet der Götterliebling damit, daß es ihm durchgeht. Das ist gar nicht moralisch, gar nicht vorbildlich, aber verständlich, denn so sind wir alle. Anstelle des göttlichen Tieres nimmt er irgendeinen alten halbtauglichen, halbblinden, halblahmen Stier, den er sowieso übrig hat. Das machen die Kirchenchristen heute noch so, wenn sie am Ausgang der Kirche opfern und ein Fünferle einwerfen. Keiner nimmt einen Hundertmarkschein. Minos macht es genauso wie die Kirchenchristen von heute und denkt: Der Stier wird ja doch nur verbrannt, und Poseidon hat nichts davon, also kommt's nicht darauf an!

Aber wer sich in die Gefahr der Entzückung vor dem Urgewaltigen begibt, der muß dafür bezahlen. Minos maßt sich etwas an, was beinahe göttlichen Charakter hat, und wird daraufhin in der Antwort Poseidons geprüft: Der Stier wird rasend gemacht. Freilich, er ist es schon vorher, denn der Mensch, der angesichts der entfesselten Leidenschaft in diese magische Entrückung gerät, ist schon aus der Norm herausgerückt; der Stier ist schon rasend, es ist schon alles dunkelrot! Die Leidenschaft wird entfesselt, wenn man blind vor ihr auf den Knien liegt, und verwüstet alles wie der Minotaurus, der Stier des Minos, der ganz Kreta verwüstet.

Als Herakles kommt, getraut sich das Gefolge des Königs Minos nicht in die Nähe des Stiers, sondern läßt Herakles allein laufen. Jeder hat eine Ausrede, um zurückzubleiben: Dem einen tut der Fuß weh, dem anderen der Kopf, ein dritter fällt in Ohnmacht. Herakles ist ganz allein, als das Ungetüm dahergerast kommt. Und was geschieht? Der Stier stutzt für einen Augenblick, und dann legt er sich Herakles zu Füßen. Herakles besteigt ihn wie ein Reittier und reitet mit ihm an das Gestade des Meeres. Der Stier schwimmt, und Herakles benutzt ihn als ein Schiff und fährt auf ihm nach Griechenland.

Wer den Augiasstall reinigen konnte, dem dient der Stier. Das ist das Entscheidende. In dem Augenblick, da Herakles den Stier bei seinem Auftraggeber Eurystheus abgeliefert hat, wird der Stier wieder wütend. Es hängt an der Gestalt des Herakles.

Mit dem schönen Stier des Poseidon, mit der glänzenden, lustvollen Seite der Leidenschaft möchte jeder spielen. Aber wer ist bereit, den Stall zu misten, und wer hat in der einzelnen Situation die schöpferische Idee, wie man es macht? Leicht sind wir versucht, in der Gefolgschaft des Minos zu wandeln. Aber wichtig ist, daß wir erst bei Herakles das Stallmisten gelernt haben!

VI

Der Mythos ist eine Sammlung von Bildern, die aufgrund von Schicksalen persönlicher oder überpersönlicher Art bei dem nachsinnenden Durcharbeiten dieser Schicksale in menschlichen Seelen aufsteigen; und zwar wohl dann in dem exakten mythologischen Sinne, wenn sich dadurch Menschengruppen in ihrem Erlebnis ausgedrückt, und das heißt zugleich, von den Bildern angesprochen fühlen.

Es gibt einen persönlichen Mythos jedes einzelnen Menschen. Die uns so bedrängende Eile unserer Epoche läßt diese Besinnung beim heutigen Menschen kaum zu, die die Voraussetzung dafür ist, daß er seine Lebensschicksale und seine Erlebnisse daran zu Bildern mythologischer Art steigern könnte. Dazu braucht man nicht nur im äußeren Sinne Zeit – das ist gar nicht so ausschlaggebend –, sondern jene intensive, bohrende Kraft der Versenkung in die Schicksalsereignisse. Da der Wille zu einer Kraftentfaltung in dieser Richtung heute fehlt, kommt der durchschnittliche Mensch nicht zu dem Erlebnis seines persönlichen Mythos.

Aber das, was in die Mythologien der Völker eingegangen ist und von da aus durch die Zeit hindurch überliefert wird, sind Mythen und Bilder, die eben nicht nur *einzelnen* Seelen zugehören, sondern ganzen Seelen*gruppierungen* – etwa Völkern oder Nationen –, deren Individuen sich dann nicht als Persönlichkeiten allein, sondern als Glieder solcher Zeitgenossenschaften angesprochen fühlen.

Solange nun der Mythos eines einzelnen Helden sich uns in der Breite einer allgemeinen Menschlichkeit darstellt, erleben wir das eigentlich Mythologische, während der Mythos in dem Augenblick, da er sich einengt auf die speziellen Fragestellungen eines Volkes und damit einer relativ kleinen Zeitspanne, für uns etwas an Spannung verliert. An der Stelle, an der wir jetzt in unserer Besprechung stehen, findet dieser Übergang statt vom mehr allgemein Menschheitlichen zum speziell Griechischen.

Herakles erhält als nächstes den Auftrag, aus der Griechenland im Norden benachbarten Landschaft Thrakien Pferde zu holen, die dem König *Diomedes* gehören. Diese Pferde sind sehr wilde Tiere, die mit schweren Ketten an ehernen Trögen angeschirrt oder angeschmiedet sind; sie sind nicht nur fürchterlich bissig, sondern auch sonst mit allen gefährlichen Untugenden ausgerüstet.

Herakles gelingt es, die Rosse zu holen. Er macht es auf folgende Weise: Die Rosse, die bis dahin gewohnt waren, sich vom Fleisch irgendwelcher Tiere zu nähren, werden von ihm auf vegetarisch umgeschult. Erst läßt er sie einmal eine Fastenkur machen, wodurch sie schon einiges an Vitalität verlieren, und dann stellt er die Ernährung um auf das, was heute die Pferdenahrung ist.

Das Pferd spielt im griechischen Mythos eine große Rolle. Nun darf man die Dinge nicht nur äußerlich im Sinne von Allegorien nehmen; sie haben einen echt mythologischen inneren Aspekt. Es ist nicht wichtig, darüber nachzudenken, was das Pferd bedeutet, sondern es ist wichtig, sich für einen Augenblick einem Pferd in Gedanken gegenüberzustellen. Der Mensch wird angesprochen von der kraftvollen und zugleich leidvollen Hoheit des Pferdes, die sich in seiner Kühnheit, aber auch seiner Scheu äußert.

Nicht jeder Mensch hat eine Beziehung zum Pferd; man muß dazu irgendwie veranlagt oder mit dem Pferd aufgewachsen sein. Aber man kann doch etwas nachempfinden von dem Rausch und von der Lust, die der Mensch erlebt, wenn er mit dem Pferd durch das Reiten in eine enge Beziehung kommt.

Allerdings ist das Reiten eine problematische Beziehung zum Pferd und keine eigentliche. Der eigentliche heroische Umgang mit dem Pferd im Sinne einer Ebenbürtigkeit ist das Springen neben ihm, das Festhalten an seiner Mähne. Im Ritt wird das Pferd schon entweiht, und ein richtiges Pferd empfindet diese Entweihung und lehnt sich immer gegen sie auf, es unterwirft sich nur der größeren geistigen Dynamik des Menschen.

Das Griechentum kennt in der Frühzeit vor allen Dingen das Pferd am Schlachtwagen. Auch diese Form des Umgangs ist weit gemäßer als das Reiten, denn da wird das Pferd erwürdigt, ein Partner zu sein in einem Ringen auf Leben und Tod.

Kulturhistorisch gesehen bedeutet die Gewinnung des Pferdes für den Kulturbestand etwas Außerordentliches. Derjenige, der diese gewaltige Leistung vollbrachte, mußte von den Angehörigen seines Volkes notwendig in die Rangstufe eines Halbgottes, eines Heros erhoben werden. Das Pferd kommt relativ spät nach Europa, und der Augenblick, mit dem wir es jetzt zu tun haben, liegt also nicht so sehr im mythologischen Dunkel, sondern schon etwas im Morgenrot der uns bekannten Geschichte.

Wichtig ist die Methode, mit der es Herakles gelingt, die wilden Pferde zu zähmen. Das Hinüberbringen des Pferdes von der Fleischnahrung auf die Pflanzennahrung ist der entscheidende Schritt. Übrigens wird in dem Zusammenhang gar nichts davon berichtet, daß Herakles etwa auf den Pferden geritten sei. Denn, wie gesagt, in einer echten Beziehung zum Pferde kann der Mensch nicht auf dem Pferd reiten.

Nachdem Herakles bei dieser Aufgabe in den Norden Griechenlands geschickt worden ist, wird er als nächstes in den für griechische Verhältnisse fernen Osten entsandt, an den Ostrand des Schwarzen Meeres. Das ist eine Gegend, die mit der Entstehung des griechischen Wesens sehr viel zu tun hat.

Es kommt zur Auseinandersetzung mit der Vergangenheit, und zwar mit der Mutterrechts-Vergangenheit, die in dem Augenblick zu Ende gelebt ist, als Europa aus dem Dämmer der Geschichte auftaucht und geschichtliche Bedeutung gewinnt. Wir begegnen den Ausläufern der Mütterrechts-Kultur im Mythos des Herakles nur in einer tragischen Abschattierung, die zeigt, daß das Ende wirklich gekommen ist. Es handelt sich um die Begegnung mit den *Amazonen*. Die Amazonen hatten eine Kultur, die in der Strenge ihres Aufbaus und ihrer Ordnung etwa dem entsprach, was man sich unter »spartanisch« vorstellt.

Man wird wohl nicht fehlgehen, wenn man in einer solch straffen

Durchorganisation immer ein Zeichen von Dekadenz erblickt. In dem Augenblick, da die Menschen gewissermaßen in ein Gefängnis eingemauert werden müssen, zeigt sich, daß sie sich eigentlich der Ordnung nicht mehr unterwerfen wollen. Als sich der Genius der mutterrechtlichen Kultur von der Menschheit zurückzieht, sind die Repräsentanten dieser Kultur wie gottverlassen; sie fühlen das und fühlen auch, daß das andere kommt. Nun armieren sie sich durch Befestigungen und durch ein Sich-Hineinleben in das Kämpferische. Durch viele Umstände – äußere wie innere – veranlaßt, kommen diese Frauen darauf, sich ganz der Einübung in das Kämpferische, Soldatische hinzugeben. Es bleibt ihnen gar nichts anderes übrig, denn der Ansturm der patriarchalischen, der Männer-Kultur gibt das Maß an, das nun gültig ist. Niemand wird den Repräsentanten dieser Vergangenheit verargen wollen, daß sie mit aller Energie das ihnen Anvertraute verteidigen, und gerade das hat immer etwas Erschütterndes; es liegt die Großartigkeit der vollkommenen Sinnlosigkeit in diesen Gebärden. Mit einer solchen Haltung wird das Eigentliche preisgegeben, das man verteidigen will, und man entartet.

Die Macht und das Heil der Amazonen beruht darauf, daß ihre Königin, Hippolyte, einen Gürtel aus Gold und Edelsteinen besitzt, den der Gott Ares für sie geschmiedet hat. Jetzt soll Herakles auf Befehl seines Auftraggebers diesen Gürtel holen.

Was jetzt geschieht, erinnert an eine Situation aus dem Tristan-Mythos, zumal in seiner Wagnerschen Fassung: Isolde tritt mit dem Schwert an das Lager des schwerverwundeten Tristan, entschlossen ihn zu töten, weil er ihren Verlobten umgebracht hat, wenn auch in einem ganz legalen Kampf. Da blickt sie ihm in die Augen und läßt das Schwert sinken. Alles, was später kommt – der Liebestrank, der dann im Vordergründigen die Ursache für die Verwicklung wird –, spielt nicht die entscheidende Rolle, sondern dieser Augenblick. Isolde weiß es ganz genau: Das ist die Entscheidung. Es ist genau dasselbe, was Herakles erlebt bei den Amazonen.

Es gehört zur Eigenart des Weiblichen, daß das Gewissen stärker ist als das Wissen, daß im entscheidenden Augenblick die Wahrheit des Lebendigen immer die Wahrheit des Kulturellen überspült. Die Wahrheit des Kulturellen entsteht aufgrund von Gesetzen und von Logik. Die Wahrheit des Lebendigen ist etwas ganz anderes.

Als Herakles im Raum der Amazonen auftritt, erblicken diese in ihm den Träger des Schicksals. Sie sehen in ihm das Zukünftige, sie spüren die Gewißheit, daß das Zukünftige einfach das Recht besitzt, und sie erleben zugleich, daß sie kraftlos werden angesichts dieses Zukünftigen – kraftlos durch sich selber (»Das Schwert, ich ließ es sinken...«). Ein Wissen davon, daß die Zeit vorüber ist, steht lebendig in den Seelen.

Ich will darüber hinweggehen, daß die Psychoanalyse und die Tiefenpsychologie hier eine der Auseinandersetzungen des Herakles mit dem Weiblichen ansetzen. Das kann auch sein. Aber das sind nur vordergründige Spielarten des eigentlichen Mythologischen; wir wollen uns an das Eigentliche halten.

Herakles hat die Möglichkeit, seine Forderung vorzutragen, und sie wird ihm mühelos erfüllt. Hippolyte ist schon im Begriff, den Gürtel abzunehmen, da kommt von hinten aus der Masse der Amazonen eine Art von Hetzruf: »Der Fremde will uns die Königin rauben!« Hera hat sich als eine der Ihren unter die Amazonen geschlichen und hetzt sie nun auf, und sofort ist die Massenpsychologie am Werk. Es kommt zu einem Aufstand, die Stimmung schlägt blitzartig um. Die Amazonen scharen sich um die Königin, und es entsteht eine furchtbare Schlacht, in der sämtliche Amazonen von Herakles mit seinen giftigen Pfeilen getötet werden. Selbst die Königin gerät in Todesgefahr, die nur im letzten Augenblick abgewandt wird. Sie erkauft sich ihr Leben und ihre persönliche Freiheit durch die Übergabe des Gürtels.

Hera hat sich eingemischt, die Schicksal-Walterin des Herakles. Hera weiß ganz genau, was geschieht, wenn sie nun hetzt. – Ich weiß nicht, ob sie sich persönlich überhaupt in die Amazonenschar einschleichen mußte, oder ob nicht etwas ganz Folgerichtiges geschieht. In der weiblichen Seele geht es ja fortwährend in Pendelschlägen hin und her: Faszination angesichts der kommenden Weltgestaltungsmacht, die in Herakles entgegentritt; und dann plötzlich das schmerzhafte Zurückerinnern an das Eigene, aus dem man kommt. Wo eben noch Hingabe möglich war, entsteht auf einmal ein mythologischer Haß.

Was für einen Augenblick wie ein Versöhnliches in die Geschichte einzutreten schien, daß eine alte Vergangenheit in einer Handreichung hinübergeleitet wird in eine neue Zeit, das darf nicht sein. Das dulden die Götter nicht – auch der Gott der Christen nicht, davon erzählt unsere alte Bibel genügend. Was Hera will, das weiß sie genau. Wenn sich das Alte hinüberschleicht in das Neue, dann wird das Neue in seinem Grund getrübt. Herakles muß gezwungen werden, die radikale Lösung vorzunehmen. Das Alte muß vernichtet werden. Das ist immer etwas Schreckliches.

Das Christentum krankt daran, daß es durch die Jünger des Jesus von Nazareth in jene friedliche Vermischung zum Judentum geraten ist. Das ist wohl ein Zeitschicksal, an dem gar nicht zu rütteln und zu tasten ist, aber wir sollten die entsprechenden Erkenntnisse daran gewinnen.

In der klaren Luft, in der Griechenland und Europa entstanden, sorgten die Götter dafür, daß etwas derartig Trübendes nicht geschehen konnte. Amazonen mußten vernichtet werden, und es ist gründlich geschehen. Denn was wissen wir schon von der matriarchalischen Kultur? Es ist so wenig, trotz Bachofen und anderer. Es ist gründlich aufgeräumt worden. Das Weib ist aus der Rolle der Welt- und Lebensgestalterin im Äußeren ganz in die Esoterik der Herdhüterin verdrängt worden.

Auf dem Rückweg kommt Herakles an *Troja* vorüber. Es ist die erste Berührung Griechenlands mit Troja, und wir kommen mit dieser Begegnung wieder in das eigentlich mythologische Gebiet.

Laomedon, der König von Troja, steht in einer engen Beziehung zu Poseidon, der Kraft des Meeres, und Apollon, dem Lichtgott der Sonne. Er ist in der Lage, über die Kräfte, die von der Sonne und vom Meer ausgehen, zu verfügen. Eine wunderbare Vorstellung, die unserer entmythologisierten Welt ganz fremd ist: daß es Menschen gegeben hat, die ihr Inneres erfüllen konnten mit der Kraft der Sonne und mit der Kraft des Meeres. Heute sitzt in unserem Inneren diese eigenwillige Individualität, die sich fortwährend selbst behauptet und darum nie ganz Gefäß von großen, überpersönlichen Strömungen werden kann. In jener Zeit war es möglich: Ein Mensch auf einem Thron in diesem alten Troja, der sein Inneres wob aus Sonnenlicht und Meeresrauschen. Wie gerne wäre man Untertan eines solchen Königs gewesen!

Er wird von den beiden Göttern beraten, denn sie leben ja in ihm; und aufgrund dieser Beratung gelingt ihm das, was bis zum heutigen Tage vom Intellekt her nicht geklärt werden kann: die Errichtung der gewaltigen Mauer um Troja, die genauso rätselhaft aufgebaut ist wie die Pyramiden. Poseidon – also das Meer – liefert die Steine, und Apollon gibt durch das harmonisierende Element die Möglichkeit, daraus eine Mauer zu bauen.

Laomedon ist berauscht von dem Werk, das er vollbracht hat, und in diesem Rausch vergißt er, woher er die Kräfte bekam; er vergißt die *Dankbarkeit* und vergißt das *Opfer*, verweigert den Göttern den ausgemachten Tribut. Das ist genau die Krankheit der abendländischen Kultur, und zwar der einzelnen Menschen, daß wir die Opfer vergessen, immer wieder. In dem Augenblick, in dem der Mensch den Dank und das Dankopfer vergißt, verwandelt sich alles. Apollon schickt die Pest, und Poseidon, der Gott des Meeres, ein Ungeheuer, einen riesigen Drachen.

Durch ein Orakel bringt man in Erfahrung, daß Poseidon nur besänftigt wird, wenn man ihm das Edelste, was man hat, die höchste Form der Seele, Hesione, preisgibt; denn man opfert seinen Lüsten und Lüsternheiten immer den edelsten Teil der Seele. Laomedon sperrt sich mit allen Kräften gegen diese Zumutung, daß er seine Lieblingstochter dem Ungetier opfern solle, aber es hilft nichts. Sie muß an einen Felsen gekettet werden und warten, bis es dem Untier gefällt, sie von dort wegzuholen und aufzufressen. Nicht so sehr der Tod ist das Furchtbare daran, sondern dieser unheilvolle Bangniszustand der ewigen Angst, die nicht weichen will und die dadurch entsteht, daß unser eigentliches Wesen immer in den Abgrund dieser Tierheit blickt.

Zwischen Troja und den Amazonen besteht eine unmittelbare Beziehung. Troja gehört der alten matriarchalischen Welt an und auch wiederum nicht. Das ist eine gefährliche Mischung, eben jene Mischung, die Laomedon dazu verleitet, den Göttern das Dankopfer nicht zu bringen. Herakles hat es verstanden, das Amazonenhafte, diese alte, atavistische Welt zu überwinden. Dort hat er sich die Weihe und die Würde geholt, um nun den Kampf vor Troja zu führen.

Er wartet, bis das Untier kommt. So war und ist es immer im menschlichen Leben und in der Geschichte der Menschheit: Wer frei ist von der Suggestion, ist zugleich furchtlos. Die Trojaner waren ganz im Bann der Furcht, denn die Schuld schuf die Möglichkeit, daß der Bann ausgeübt werden konnte. Und da ist nun einer, der nicht in den Bann des Atavismus geraten ist, sondern sich freigekämpft hat. Er fürchtet sich nicht vor dem Drachen. Er springt ihm in das Maul hinein und zerschlitzt ihn mit seinem Schwert von innen her.

Man soll, so sagt Jesus von Nazareth, dem Übel nicht widerstehen, nicht entgegenstehen, sondern in es hineinspringen und es von innen her auflösen. Das ist das, was der Heros tut.

Nun schiene alles in bester Ordnung, und Herakles könnte weiterziehen... Aber man kann seine Lebensprobleme niemals durch einen anderen lösen lassen, das ist unmöglich! Wohl werden die Probleme dann aus dem objektiven Raum entfernt, symbolisch oder geschichtlich, aber der einzelne bleibt nach wie vor in seiner alten Be- und Verfangenheit. – Laomedon ist ein Betrüger von Anfang an, und es nützt gar nichts, daß nun sein Problem behoben ist, daß er seine Lieblingstochter Hesione wieder besitzt und der Drache beseitigt ist. Er rollt trotzdem weiter auf der Bahn seiner Charakterbestimmug und verweigert dem Herakles den vesprochenen Lohn.

Wir können niemanden von seinem Untergang zurückhalten, niemanden. Ist es einmal festgefügt, so ist der Mensch rettungslos verloren. Wir müssen verlangen, daß der Mensch selbst die Probleme löst, die ihm gestellt werden.

Nachdem Herakles im – für die damalige Welt – äußersten Osten war, wird er in den äußersten Westen geschickt, um die *Äpfel der Hesperiden* zu holen. Der Hesperidenbaum ist ein Hochzeitsgeschenk der Erde an die Götter Hera und Zeus. Er ist der Lebensbaum schlechthin. Wer von seinen Früchten ißt, erlangt die Unsterblichkeit. Der Baum wird behütet und bewahrt von vier göttlichen Jungfrauen und außerdem von einem hundertköpfigen Drachen, der niemals schläft. Es ist eine Art griechisches Paradies, das hier aufgezeigt wird.

Der Heros muß zurück zum *Baum des Lebens*. Wo steht dieser Baum des Lebens? Das weiß niemand, jedenfalls niemand von den Menschen und den Mächten, die er fragen kann. Nur Poseidon weiß es, der Gott des Meeres, und wenn er es von diesem erfahren will, muß er ihn fesseln können. Wenn er das getan hat, wird Poseidon ihm die Antwort geben, um seine Freilassung zu erlangen. Das erfordert, daß man nicht nur an der Oberfläche des Meeres herumplätschert, sondern daß man wirklich bis zum Grunde kommt, bis zum Grunde des Meeresgeheimnisses.

In der Heraklidischen Mysterienströmung wurden die Menschen eingeweiht in das Wissen um das Geheimnis des Meeres bis zum Grunde. Darum gelang es Herakles auch, Poseidon zu überwältigen. Denn wer das Geheimnis des Meeres kennt, hat die Gewalt über Poseidon.

Nun galt es nur noch, die Frage zu stellen. Herakles muß an das Meer die Frage stellen, wo der Garten der Hesperiden ist. Die Antwort kennen wir, auch ohne daß wir persönlich gefragt hätten. Die Antwort, die das Meer erteilt, heißt immer: Dort drüben. Oder christlich ausgesprochen: Im Jenseits. Es ist also nicht eine Sache, die in dem diesseitigen Bereich zu finden ist, sie muß in einem jenseitigen gefunden werden. Es ist eine Angelegenheit des Geistig-Seelischen.

Herakles begibt sich in das damalige Jenseits, nach Afrika, denn das war von Griechenland aus das Jenseits. Dort in Afrika erlebt er nun die entscheidende Begegnung, deren er bedarf. Wer will denn, wer kann in das Jenseits gelangen? Doch nur der, der es versteht, sich von den fesselnden Kräften der Erde frei zu machen. Die fesselnden Kräfte der Erde sind für uns etwas unerhört Gigantisches, Riesiges. Für uns Heutige ist es eine absurde, eben märchenhafte Vorstellung, sich mit diesen Kräften auseinanderzusetzen; für den, der den Weg des Heros geht, etwas Selbstverständliches. Man muß frei werden von der Anziehungskraft der Erde. Man muß frei werden von der Schwerkraft. Man muß das Geheimnis der Elevation kennenlernen. Herakles kämpft mit dieser Macht, Antaios genannt, und es gelingt ihm, diesen Riesen emporzureißen, in der Luft zu halten und ihn zu erwürgen. Das ist es. Man muß den schweren Klotz des eigenen Wesens erwürgen können, dann ist man frei für den Vorstoß in das Jenseits.

Aber wenn man glaubt, daß der Weg des Heros jemals geradlinig gehen würde, täuscht man sich. Wohl kann er über diese Kraft hinweg, er kann in die Leibbefreitheit eingehen; aber das erste, dem er nun begegnet, ist das Mythosbild des *Atlas*. Wer in das Jenseits hinübergeht, wird heute zum Christophorus; er muß das Kind hinübertragen, das ihn niederdrückt. Wer die Leibbefreitheit erlebt, erkennt erst die ganze Last des materiellen Daseins.

Atlas, dem er nun begegnet, trägt das Weltall als Kugel. Atlas steht an der Stelle, an der nun Herakles steht, zu der er sich hinaufgerungen hat. Wer ganz im Geistigen ist, von dem wird gesagt: »Siehe, das ist das Lamm Gottes, das der Welt Last trägt.« Wer die Last der Welt trägt, ist der Meister und damit der, der den Zugang zum ewigen Leben besitzt, zum Garten der Hesperiden; und da die Hesperiden, die den Baum bewachen, die Töchter des Atlas sind, verfügt, wer in den Zustand der Leibbefreitheit eingegangen ist, als väterliches Wesen über diese vier göttlichen Jungfrauen.

Herakles wendet sich an Atlas und bittet ihn, ihm doch die Äpfel der Hesperiden zu holen, weil er nicht mit dem Drachen kämpfen und den Jungfrauen keine Gewalt antun will, was er ja müßte, wenn er selbst dorthin vorstoßen würde. Herakles bleibt zurück, und Atlas geht in den Garten. Er besitzt die magische Gewalt, den Drachen zu beschwören. Aber Atlas und Herakles sind identisch; Herakles selbst ist es, der die Macht über den Drachen besitzt, denn er hat am Ufer von Troja den Drachen umgebracht. Der Drache wird in dem Augenblick eingeschläfert, da ein Unsterblicher kommt, seine Wachheit gilt nur für die Sterblichen.

Atlas geht in den Garten und holt die Äpfel, während Herakles-Atlas inzwischen für ihn das Weltall trägt. Dann kommt Atlas-Herakles zurück zu dem anderen Herakles, der nun die Weltkugel trägt, und es beginnt dieses reizvolle Spiel, daß er den Menschen die Last nicht mehr abnehmen will. Der Mensch steht nun in der Entscheidung: Soll er die Last der Welt weiter tragen oder nicht?

Herakles ist ein Halbgott, kein Gott. Er ist eben auch ein unvollkommener Mensch, und sinnt auf Betrug und List. Er sagt dem Atlas: »Ach, nimm nur für einen Augenblick die Welt noch einmal von mir weg, ich will mir ein Polster machen.« Atlas ist willig und übernimmt die Weltkugel, und während er sie hat, geht Herakles mit den Äpfeln davon. Das ist nett – zum Lächeln. Aber es ist der dunkle Fleck auf dem Vorgang.

Was sollen die Sterblichen mit den Früchten der Unsterblichkeit? Der Auftraggeber weiß nichts damit anzufangen. Er gibt sie Athene, und diese bringt sie wieder dahin zurück, wo sie geholt worden sind. Es ist sinnlos, die Äpfel der Unsterblichkeit in den Bereich der Sterblichen zu bringen. Der Heros meint immer, er könne etwas tun für die anderen. Das ist sinnlos. Er kann nur *vorleben*, was die anderen auch tun sollten.

Warum ist er nicht selbst bis zu dem Baume vorgedrungen? Darum nicht, weil er das Letzte nicht vollbrachte, nämlich die *Begegnung mit dem Tod*. Die wird jetzt von ihm gefordert, und das ist die letzte Aufgabe.

Er wird weggeschickt, um den Schwellenhüter der Todeswelt, den Wachhund *Kerberos*, von da unten heraufzuholen und seinem Auftraggeber vorzuführen. Es kommt nicht so sehr darauf an, was für ein

Ungeheuer das war – mit drei Köpfen, jedes Haar eine Schlange und der Schwanz ein Drache –, es kommt darauf an, daß Herakles an der Begegnung mit den Hesperiden gemerkt hat, daß man dem Tode gewachsen sein muß.

So geht er hinunter in diese Tiefe, er stellt sich der Todeswelt. Der Regent der Todeswelt, Hades, ist ein Bruder des Zeus, denn Unter- und Oberwelt entsprechen sich in brüderlicher Gleichheit. Hades blickt den Eindringling sehr ernst an. Als er spürt, daß es sich nicht um etwas Persönliches handelt, sondern um einen Auftrag des Schicksals, gibt er ihm die Bahn frei: Wenn er den Hund ohne Waffen bewältigt, kann er ihn mitnehmen. Dieses »ohne Waffen« ist sehr wichtig. Nur wenn der Mensch unmittelbar – ohne ein Hilfsmittel – den Wachhund des Todes bezwingt, erwirbt er sich das Recht, sich in Freiheit in dem Bereich des Todes zu bewegen. Es gelingt, und Herakles kommt mit diesem Hund zurück, der sofort wieder zurückgeschickt wird.

Jetzt hat er das letzte vollbracht: die klare, bewußte Begegnung mit dem Tod. Aber danach ist es ihm unmöglich, sich wieder in seine alte Welt zurückzufinden. Er ist jetzt auf die Wanderung geraten und bleibt bei ihr.

Er kommt in den Bereich eines Königs, der unter einem merkwürdigen Schicksal steht. Es ist ihm prophezeit, daß er in früher Jugend wird sterben müssen, wenn nicht ein anderer Mensch den Tod für ihn auf sich nimmt. Er hat wohl viele Freunde, und alle lieben ihn, aber keiner ist bereit, für ihn zu sterben. Bis seine bezaubernde Gemahlin *Alkestis* sich dafür anbietet, sich feierlich für den Tod vorbereitet und diesen Gang antritt.

In dem Augenblick, da die Trauer das ganze Reich erfüllt, kommt Herakles, und benützt seine Macht über die Todeswelt, um diesen Menschen, der sich bewährt hat in der Todestreue für den Geliebten, dem Gemahl zurückzubringen. Hades, der Fürst der Todeswelt, gibt freudig und gerne Alkestis zurück, als Herakles bei ihm auftritt und für sie bittet.

Man kann sich nun von der spezifischen Eigenart des Mythos lösen und in die ganz andere Art des Neuen Testamentes hineindenken. Was von Jesus von Nazareth getan wird bei der Tochter des Jairus, dem Jüngling von Nain und der Auferweckung des Lazarus, das ist hier im Griechentum im Mythos schon da: Herakles ist ein Totenerwecker, weil er selbst sich vor dem Tode behauptet hat.

Der ganze Zauber der griechischen Mentalität erfüllt dieses wunderschöne Bild: wie da über diesem jungen König die Trauer der Todesbestimmung liegt, und wie diese Trauer aufgelichtet wird durch den Opfertod der Treue und Liebe einer anderen; wie nun diese andere, Alkestis, eingehüllt in das weihevolle Licht der Lebensopferung, hinunterschreitet in den Tod mit ihrer liebenden Wärme und der Kraft der Selbsthingabe; und wie einfach dieses Bild so stark ist, daß der Tod daran zerschellt. Die Schönheit dieses Bildes ist unsterblich, und über das Wunderbare dieser Gesinnungen hat der Tod keine Macht. Und Herakles ist es, der das Bild dem Tode entreißt und es der Menschheit zurückgibt.

Nun erwartet man als Mensch unserer Denkart vielleicht, daß das Leben des Helden zu Ende sei und vielleicht der feurige Wagen des Elia kommt und Herakles hinaufnimmt in die Bereiche der Unsterblichen. Aber der Mythos kennt nicht derartige Lösungen, sondern am Ende überwiegt das Schmerzlich-Tragische, weil das des Menschen Los ist.

Ich weiß wohl, die Christen meinen, daß das vorchristlich sei und daß durch Jesus, den sie den Christus nennen, alles anders geworden sei. Täuschen wir uns doch nicht! Der christliche Mythos endet mit dem schauerlichsten Bild der Mythen, mit dem Kreuz von Golgatha! »Ja, aber dann kommt doch die Auferstehung!« Gewiß – wozu? Um das wunderbare Antlitz des Meisters zweitausend Jahre in den Nebel der Intellektualität zu verbergen und die Menschheit unbefriedigt darin suchen zu lassen. Und zu seiner Wiederkunft heißt es: »Den Menschen wird auf Erden bange sein, der Himmel Kräfte werden sich bewegen...«, und alles das, was man nachlesen kann. Glaube man doch ja nicht, daß Jesus von Nazareth mit der Kraft des Christus gekommen sei, um der Menschheit die wunderbare Dornenkrone ihrer Tragik zu nehmen! Mensch sein ist von Urbeginn an tragisch sein. Und der Mythos ist unerbittlich und zeigt es uns.

Eben noch erleben wir dieses wunderbare Bild, wie Herakles mit der heroischen Kraft seines Wesens, mit dem Zeichen des Todesüberwinders in die Unterwelt stürzt und die zauberhafte Alkestis heraufholt, da geschieht es ihm, dem derart Allmächtigen, daß er, als er eine ihm gestellte Bogenaufgabe spielend gelöst hat, um den Lohn betrogen wird. Man wird immer betrogen, wenn man ins Ziel trifft. Wer durch das Ziel geht, wird begeifert von denen, die es nicht erreicht haben. Das ist ein unabdingbares Gesetz.

Herakles muß ins Ziel treffen, unbedingt. Aber damit werden alle die bloßgestellt, die es versucht und nicht erreicht haben. Nicht nur, daß man ihm den Preis vorenthält – nein, noch viel mehr: Man beschuldigt ihn eines Diebstahls. Die Verleumdung in schlimmster Weise kommt auf den strahlenden Helden. Ist das so schlimm? Ja, es ist deshalb schlimm, weil der strahlende Held davon angefressen wird.

Eine der wichtigsten Übungen auf dem inneren Weg ist die: Überhaupt nicht – nicht im entferntesten – zu registrieren, wenn einem Unrecht geschieht; jede Art von Ungerechtigkeit sofort zu eliminieren! Wenn man das kann, ist man größer als Herakles.

Der königliche Betrüger hat einen Sohn namens Iphitos, und der bezeugt vor allen anderen, er glaube nicht, daß Herakles die Rinder gestohlen hat. Dieser junge Mensch begibt sich voll Glauben zu Herakles, um mit ihm die Diebe und die Rinder zu suchen.

Herakles befindet sich an einem Ort, der Tiryns heißt; das ist eine Stelle, an der die Göttinnen der Nacht, der Finsternis regieren. Er geht mit dem jungen Iphitos auf die Mauer, um von dort Umschau zu halten, wo die Rinder sein könnten; und plötzlich überfällt ihn die Nacht. Das Fürchterlichste, was ihm geschehen kann – das Fürchterlichste, was uns allen geschehen kann: daß wir *mißtrauen* – das wird nun dem Herakles zuteil. Plötzlich beginnt er zu grübeln, ob nicht dieser Iphitos von seinem Vater geschickt sei, um ihm irgendeine Falle zu stellen.

Nicht das Mißtrauen des Herakles ist das Tragische, sondern daß jedes Mißtrauen die Offenbarung der schwindenden Kraft darstellt, das erste Todeszeichen. Man kann eben nicht in den Hades eindringen, ohne von da ab vom Tode gezeichnet zu sein. In dem Augenblick, in dem Jesus von Nazareth Lazarus erweckt, wird sein Tod besiegelt. Maria von Magdala, die ihn salbt, sieht es, weil sie den Mythos kennt.

Auf das erste Zeichen der Schwäche, das Mißtrauen, folgt die Tat: Er stürzt diesen Iphitos von der Mauer herab, so daß er zerschellt. Sofort ist die Erkenntnis des Furchtbaren da. Herakles stürmt nach Delphi. – Wir stürmen immer nach Delphi. Wenn die Tat des Mißtrauens vor uns liegt, wollen wir immer einen Rat haben, denn wir sind in finsterster Ratlosigkeit. Aber die befragte Welt schweigt, denn was nützt eine Antwort dem, der mißtraut? Die Pythia von Delphi schweigt, und das Verhängnis geht weiter. »Gott schweigt«, sagt man heute. Und dann wird Gott angeklagt, weil er keine Antwort gibt, keine Antwort geben kann, weil kein Ohr da ist, das ihn verstehen könnte.

Herakles stürzt sich auf die Pythia, reißt ihr den Dreifuß weg, und sie stürzt nieder. Was bleibt dem Beschützer des Orakels, Apollon, anderes übrig, als gegen seinen Bruder anzutreten? Ist es einmal so weit gekommen, dann wird das Schicksal immer düsterer und dunkler. Schon stehen sich die göttlichen Brüder gegenüber, da greift Zeus ein und trennt die zum Kampf Angetretenen, um dieses Schauspiel der Welt zu ersparen.

Herakles muß büßen: Er wird Sklave der Omphale. Damit widerfährt ihm das Allerschlimmste, was sich für den Heros ereignen kann: daß er dem verweichlichten Leben der Sinnenlüste verfällt – soweit, bis ihm die Omphale eines Tages Weiberkleider anzieht und er spinnen und weben muß. Ein furchtbares Geschick für den Heros! Er erlebt, daß er sich selbst entglitten ist.

Wohl folgen darauf andere Stationen, in denen er wieder zu alter Herrlichkeit erwacht, aber es ist jetzt wie ein trunkenes Stürzen durch das Dasein. Bis zum Ende.

Wieder einmal, wie des öfteren, heiratet er. Es ist ein ganz besonders göttliches Wesen, das sich seiner annimmt. Er will mit ihr über den großen Strom. *Er* kommt leicht hinüber; Kraft, Wille, Geist kommen sehr leicht über den Strom hinüber, aber die Seele, das Weib, besitzt nicht die Kraft dazu. Ein Kentaur, Nessos, wird von Herakles angeheuert, um seine Gattin hinüberzutragen. Herakles ist schon am jenseitigen Ufer, da hört er das laute Schreien seiner Frau und sieht, wie der Kentaur sie zu vergewaltigen versucht. Er nimmt einen seiner Pfeile und erschießt den Kentauren. Der sinnt im letzten Augenblick auf Rache und flüstert der Gattin des Herakles zu, sie solle sein Blut in einem Gefäß auffangen, und wenn einmal ihr Mann eine andere Frau lieb gewänne, solle sie sein Hemd mit dem Blut bestreichen, dann werde er zurückkehren.

Wiederum ist es ein Kentaur. Wir haben die Auseinandersetzung mit den Kentauren schon kennengelernt. Das Spiel der Gestaltung ist erschütternd. Wer einmal das jenseitige Ufer erreicht hat, dem entgleitet allzusehr die Herrschaft über das, was zum Diesseitigen gehört, und es kommt zur Lösung der Gewalt. Das ist es überhaupt, was uns so erschütternd entgegentritt an diesem Gewaltigen: Je höher er steigt, desto gefährdeter ist er durch die Kräfte. Die Lösung der Gewalt bewirkt immer nur, daß das Unheimliche wächst, das Verborgene.

Er holt die Gattin selbst an das andere Ufer – das hätte er gleich tun sollen! Wir dürfen nicht hinüber, ohne nicht alles, was uns von der Gottheit gegeben ist, mitzunehmen. Jetzt, da er seine Gattin herüberholt, ist das Unheimliche schon geschehen. Wieder hat er einen Mord begangen, der Sühne verlangt.

Es kommt zu einer Auseinandersetzung. Herakles geht weg. Er wird Sieger im Kampf und schickt die Beute seines Sieges, eine Jungfrau, zurück zu seiner Gattin. Angesichts der Schönheit dieses

Mädchens kommt ihr der Gedanke, daß dies wohl die neue Geliebte sei. Sie erinnert sich des Rates des Nessos, taucht ein Hemd in diese Blutflüssigkeit und schickt es durch einen Boten an ihren Gemahl als eine Art Siegesgeschenk. Er zieht es über, während er das Dankopfer zurichtet. Und siehe, das Hemd schmiegt sich ganz eng an den Leib an, immer enger und enger. Es ist, wie wenn ein Gift in die Haut eindränge und ein glühender Brand den ganzen Körper ergriffe. Herakles versucht, das Hemd vom Körper wegzureißen, aber zugleich löst sich die Haut. Der Schmerz ist furchtbar. Und furchtbar ist das Gebrüll des Heros, daß die Berge erbeben und die Flüsse überschäumen. Bis er ruhiger wird und befiehlt, daß ein Scheiterhaufen aufgerichtet werde, den er besteigt. In dem Augenblick, da er entzündet wird, kommt ein Gewitter, und in Blitz und Donner entschwebt er dem Dasein – ein Tod in vielfachen Flammen.

Herakles, der von der höchsten Gottheit Gezeugte, der zur höchsten Gottheit Berufene, der im Brand Sterbende! Der Kuß der Götter ist ein Funke. Irgendwann wird er zum Brand, und jeder, der dazugehört, wird von ihm verzehrt. Vom Opfer der Götterlieblinge lebt die Menschheit. Die wunderbare Kette der herrlichen Opfer ersteht vor unserem Auge, und wir wissen, daß wir staunend vor ihrem Leben stehen, es kaum ahnend, weniger begreifend; daß wir aber alle davon leben.

Götter in uns

Über diesen Betrachtungen steht ein Name: »Immanuel«. Es ist der Name, der im Zusammenhang mit der Geburt des Jesus von Nazareth auftaucht als eine Bezeichnung für dieses Wesen, das damals das Licht der Welt erblickt hat. Das Wort »Immanuel« heißt in einer Art von Doppelsinn: »Gott mit uns« und »Gott in uns«. In der alten Vorstellung ist offensichtlich das »Gott mit uns« immer als ein »Gott in uns« gedacht worden.

Die Mutter – Demeter

Wir leben in einer Zeit der großen Umbrüche. Durch die Art unseres Verstehens werden wir gezwungen zu glauben, es seien vor allem die Umbrüche der äußeren Schicksale und Gestaltungen. Dabei vernehmen wir, derartig noch taub oder ungehorsam gegenüber dem Wort der Götter, nicht das, was in den wesentlicheren Regionen des Daseins sich abspielt, die wir die Tiefen nennen, und verschieben so die Gewichte mit einer Willkür, die uns letztlich innerhalb unseres Bewußtseins nur zum Nachteil ausschlägt.

Wir eilen und rasen durch den Raum unseres Daseins, nur um zuletzt nicht von den wirklichen Mächten gefragt zu werden, von ihnen gestellt zu werden und ihnen antworten zu müssen. Wenn irgendwo auf der Erde ein Vulkan ausbricht, so raffen die Menschen alles zusammen und fliehen. Nicht anders verhält sich der Mensch den inneren Ausbrüchen gegenüber, die in einer Zeit stattfinden: Er rafft seine Habe zusammen und flüchtet.

Aber es gehört zu den Gesetzen dieses Daseins, daß alle Kraft sich erschöpft, auch die Kraft der Flucht; und es kommen die Augenblicke, da wir gezwungen werden zu stehen, gezwungen werden, uns zu stellen. Unser Widerstand ist nur schwach und kraftlos, weil wir innerlich längst davon überzeugt sind, daß das Gericht über uns kommen muß. Dann stehen wir für Augenblicke vor solchen Zeichen und Symbolen wie denen des weihnachtlichen Geschehens und übertönen das, was im Inneren vor sich geht, durch lautes äußeres Geräusch, durch die Fackeln der Freude, die wir entzünden, und die Lichter der Lust, in denen wir uns bewegen, und durch die Beschwörung der Genüsse, die uns das Dasein bietet. Und jeder derartige Sturz in das Sinnliche macht erst die Verfolgung durch das Übersinnliche deutlich.

So überleben wir diese Tage des Gestelltseins. Zum Teil sind wir befriedigt, daß wir wenig von ihnen verstanden haben; zum Teil muten uns die Hieroglyphen, die wir gesehen haben, seltsam an und machen uns nachdenklich und zwingen uns, mit ihnen umzugehen wie mit großen Fragezeichen.

Im Mittelpunkt dieser weihnachtlichen Zeit* steht – nicht allein, aber doch wesentlich betont – die Gestalt der jungfräulichen Mutter, der *Maria*.

Wer sie ist und was sie ist – wer könnte es sagen in der heutigen Zeit, es sei denn, er hätte die Möglichkeit des Rückgriffes auf irgendein Dogma in der Kirche? Für einen Augenblick muß man sich vergegenwärtigen, in welcher Paradoxie das Christentum seit Jahrhunderten lebt: Repräsentanten des rein männlichen Geistes – denn die Mischung von Römertum und Hellenismus, die das Zeitalter der Kirchenväter beherrschte, ist eine rein männliche Prägung – schaffen die Dogmen über die jungfräuliche Mutter, freilich noch lange nicht kirchlich sanktioniert; aber gerade durch ihre Leistung wird die kirchliche Sanktionierung vorbereitet. Welch ein Unsinn!

Damit wird die Gestalt dem entscheidenden Bereich entrissen und entzogen durch eine sogenannte Aufhebung in einen anderen Bereich, in dem das eigentliche Problem keine Gültigkeit mehr besitzt. Darum bleibt keine andere Möglichkeit, als Bilder zu malen, die immer zweidimensional flächenhaft und damit ohne Tiefe sind. An ihnen entzündet sich das künstlerische Bewußtsein oder das Gemütsbewußtsein der Menschen und tastet sich daran entlang, ohne in die entscheidende Region zu kommen, die gar nicht mehr zu finden ist. Denn man kann die Gestalt nicht dem Boden entreißen, auch nicht unter der Vorgabe einer angeblichen Erhöhung, ohne nicht ihren eigentlichen Sinn vollständig zu zerstören.

Das Dogma von der Himmelfahrt der Maria, das ja ganz neu ist,

---

* Diese Vorträge wurden in der Weihnachtszeit 1961 gehalten (Anm. d. Hrsg.).

besiegelt endgültig den Untergang des patriarchalischen Zeitalters. Es ist eine Art geistiger Selbstmord, denn es offenbart die absolute Verständnislosigkeit der Kirche gegenüber dem, was mit dieser Gestalt gemeint ist. Das muß wohl so sein in der Entwicklung der Geschichte, und die Menschheit muß wohl durch diese Epoche hindurchschreiten. Die Erschließungen der wahren Bezüge erfolgen ja auch nicht innerhalb der kirchlichen Mauern, sondern außerhalb durch andere Kräfte unserer Zeit.

Es ist außerordentlich aufschlußreich, daß es in all diesen Zusammenhängen seit Jahrhunderten eine verschworene Gemeinschaft der Mütter gibt, einen Orden ohne äußere Regel, ohne Verabredung der Mitglieder untereinander und doch von einer unvorstellbaren Macht, vielleicht der einzigen, die es wirklich gibt.

Das Zeichen dieser verschworenen Gemeinschaft ist das *Schweigen*, das Schweigen über das Eigentliche. Denn über das Mysterium der Mutter wird nie gesprochen. Man redet sehr viel über die Dinge, die dazugehören, aber man redet immer nur das, was von den Männern kommt. Von dem Eigentlichen wird nicht gesprochen, ja vielleicht ist es nicht einmal im Bewußtsein der Mütter. Das Weib von heute will ja keine Kenntnis davon, daß das Muttertum oder die Mutterschaft *ein* Auftrag ist, *eine* Möglichkeit des Weiblichen, und daß die Persönlichkeit, die dieses Amt ergreift oder von diesem Amt ergriffen wird, daneben andere Ämter besitzt, die vielleicht nicht gleichgewichtig sind, aber doch gleichfalls Forderungen zu stellen haben. Auch das, was man die Persönlichkeit nennt – geschweige denn das, was man die Ichheit nennt –, kann sich niemals erschöpfen in der Mutterschaft, sondern überragt sie weit, ist viel umfassender und kann nur die Mutterschaft erfüllen.

Das Mysterium des Mütterlichen besteht wohl in erster Linie darin, daß plötzlich eine *Entmächtigung* stattfindet – eine Entmächtigung ganz anderer Art, als die Menschen, auch die Mütter und die werdenden Mütter, sie sonst erleben können. Es ereignet sich etwas ganz massiv Handgreifliches: Weltgeschehen vollzieht sich im Schoß, und das Bewußtsein, jene leuchtende Kugel, für die der Mensch unserer Epoche alles gibt und auf die allein er schwört, ist vollständig ausgeschaltet. Das Werden zur Mutter vollzieht sich jenseits des Bewußtseins. Wohl wird erlebt, gefühlt, aber nicht gewußt.

Warum? – Weil die Mutterschaft nicht etwas ist, worüber der Mensch bestimmt, sondern einzig und allein das Weltall oder die Schöpfung.

Gewiß, der mütterliche Leib liefert das Gewebe, das Material zu diesem Gewebe. Aber wer ist die Macht, die webt?

Für viele Frauen ist es im Zustand der Schwangerschaft das Schwierige, daß sie die träge Passivität erleiden müssen. Das ist eine Reflexion im seelischen Bereich; die Wirklichkeit mag eine ganz andere sein, aber es wird von dem Menschen so erlebt. Eine überpersönliche, ja mehr noch, eine übermenschliche Macht greift ein. Daß es eine kosmische Macht ist, eine Macht, die dem Weltall angehört, ist ganz fraglos.

Alles wird in diesem Zustand von den Räumen des Bewußtseins weggelenkt. An die Stelle des Bewußtseins tritt als Dominante das Fühlen, vielleicht ist es richtiger zu sagen, das Gespür. Das Gespür wird zu einer Art neuem Organ entwickelt, und aller Anspruch, der aus den Räumen des Bewußtseins kommt und zu den Räumen des Bewußtseins gehört, verwandelt sich in eine beinahe demütige Bereitschaft zu dienen, dem werdenden Leben zu dienen. Das Selbst gründet nicht mehr auf dem Bewußtsein, sondern gründet auf diesem Sich-fühlen in dem Mit-fühlen.

Jede Frau, die Mutter wird, weiß davon, daß ihr eigentliches, faßbares personales Menschentum ausgelöscht ist, in der Zeit der Schwangerschaft überhaupt keine Bedeutung besitzt. Mitunter mag wohl in Träumen oder inneren Gesichten deutlich werden, wie aus fernen Höhen der kosmischen Welten sich eine Macht des Leibes der werdenden Mutter bemächtigt und an ihm bildet, an ihm webt. Diese Macht muß in irgendeiner Weise dem entsprechen, was als Bild im Menschenbereich entsteht. Wir nennen sie mit dem Griechentum

Demeter, und das heißt: die götterglänzende Mutter.

In der Zeit der mythologischen kräftebildenden Geister konnte man noch dahin gelangen, wozu uns heute das Selbstbewußtsein des Menschen den Zugang versperrt. Denn wenn auch in dem einzelnen Fall die wirkenden Kräfte durchaus erkannt und anerkannt werden – in dem Augenblick, da wir öffentlich uns darauf einigen würden, wäre der Selbstherrlichkeits-Anspruch des Menschen, auf dem ja gerade das Selbstbewußtsein basiert, bedeutend reduziert. Auch darum schweigen die Mütter über das Eigentliche, denn auch sie sind froh, wenn nach der Geburt der Bann der höheren Mächte aufgehoben wird und sie wieder in das Eigene entlassen werden können.

Diese Macht, von der ich spreche, ist nicht etwa nur bezogen auf Erde und Mensch, sondern ist eine *Allmacht*. Das letzte Buch der Bibel, die Apokalypse des Johannes, prägt ihr Bild in das Bewußtsein der Menschheit: das Weib, mit der Sonne bekleidet, den Mond unter ihren Füßen und auf ihrem Haupt eine Krone von zwölf Sternen. Sie will gebären und wird dabei bedroht von dem schrecklichen Tier, dem großen Drachen.

Das ist die Macht, von der ich spreche: das Weib, mit der Sonne bekleidet, den Mond unter ihren Füßen und auf ihrem Haupt eine Krone von zwölf Sternen. Sie ist der Hintergrund jeder Menschwerdung. Jede Menschenmutter besteht nur dadurch, daß sie in den Machtbereich dieser Geistgestalt gerät. Es gibt keine autochthone Mutterschaft, sondern nur eine Auftragsmutterschaft, die ausgeht von dieser Geistgestalt.

Freilich, für den Erdenmenschen bleibt sie zunächst etwas mehr Erdenmütterliches, denn der Mensch versteht die Dinge von seiner Welt aus. Mancher wissend religiöse oder künstlerische Mensch aber ist, wenn der Weg zur Mutterschaft von ihm angetreten wurde und die Versenkung in der richtigen Art erfolgte, dem Wesen dieser Gestalt – nicht ihrem Bild – begegnet. Und wo immer es geschieht, daß das Weib, das Mutter geworden ist, in der Versenkung in diese Nähe gelangt, da ereignet sich der Durchbruch zum geistig-schöpferischen Akt in einer seltsam überquellenden Fruchtbarkeit. Es ist wie der Segen, der von dieser Gestalt ausgeht.

Die Mütter unserer Zeit, selbst eingesponnen von der Selbstvorstellung des Menschen und damit in dem Selbstbeschluß befangen und ohne reale Bezüge zu dem Rückwärts oder zu der Umwelt, glauben jeweils an die Eigenprägung der Schicksale, die im Zusammenhang mit der Mutterschaft entstehen, und man übersieht das Generelle, den Typus, der zu dem Ganzen gehört. Dieser Typus ist die Schicksalsgeschichte der Demeter.

Dieses geistige Weltwesen muß das Schicksal aller Nachfolgenden vorleben, vorzeichnen, die Spur einprägen, auf der alle Menschenmütter dann gehen müssen. Diese Spur hat der griechische Geist im Mythos erschaut und niedergelegt.

Obwohl jedes Kind, das auf Erden geboren wird, dieser Weltmutter – dem Weib, mit der Sonne bekleidet, den Mond unter ihren Füßen und auf ihrem Haupt eine Krone von zwölf Sternen – ganz nahe, unmittelbar am Herzen liegt, wird doch im Mythos ein Wesen hervorgehoben vor anderen und lebt prototypisch das Schicksal dar: *Persephone*.

Von Anfang an wird deutlich, daß irgendwo im Hintergrund der Demeter eine andere Urmutter steht, und die hat die Gestalt einer *Spinne*. Sie spinnt und spinnt das Gewebe. Was in dem Leib der Mutter vor sich geht, ist dieses Spinnen eines Gewebes, und für das Wesen, das damit gemeint ist, ist es der Bau eines Gefängnisses. Verkörperung ist ein vielschillernder Vorgang.

Persephone als Geistwesen erschrickt, als sie die Leiblichkeit erblickt, die im Schoße der Demeter für sie bereitet wird, und versucht zu fliehen. Die Mutter wendet Mittel der sanften und der gewalttätigen Überredung und Überwältigung an; und so kommt es zu der Leibannahme. Persephone σὰρξ ἐγένετο – das Kind wurde Fleisch.

Wie gut, daß wir vergessen, wo immer wir unsere Haut berühren oder unser Fleisch fühlen, daß es Gewebe, Gespinst ist, daß wir

Gefangene sind. Irgendwo in der Ecke eines Hauses sitzt eine Spinne; die Fliege fliegt in das Netz, und die Spinne beginnt zu spinnen – Abbild unserer eigenen Existenz. Auch das gehört zum Weiblichen, zum Mütterlichen und darum auch das Spinnrad.

Aber das ist nur die eine Seite. Der Gefangenen erschließt sich dieses wunderbare Dasein, ein einziger Raum der Betörung durch die Farbe, durch die Gestalt, durch den Duft. Immerzu muß Persephone stehenbleiben und den Duft des Daseins einatmen.

Den großen seltsamen Gegenspielern und doch Mitgenossen und Gefährten des Weltschicksals, an dem Demeter teilhat, gefällt das nicht. Es ist nicht eine irdische Rivalität banaler Spießer, sondern es ist die Verantwortung der Götter für die Weltbewegung, für die Weltwaage. In diesem Rausch des Mädchens liegt eine Gefahr für das Dasein, für die Welt.

Die männlichen Gegenspieler der Göttin Demeter müssen versuchen, die Waage wieder in das Gleichgewicht zu bringen. Da ist der oberste Gott der Helligkeit und des Lichtes, Zeus, und der Gott der tiefen Finsternis, und wie immer in der Welt sind der Gott und der Dämon Brüder. Sie wirken zusammen, und sie wissen, daß sie nicht dadurch, daß sie dem rauschhaften, leichtsinnigen Verlangen des Mädchens entgegentreten, führen können, sondern nur dadurch, daß sie das Verlangen bis zu der Spitze treiben.

Der Leichtsinn ist immer eine Folge der Schönheit des Daseins, des Glanzes, der wunderbaren Formen und des Duftes. Aber es liegt das Verführerische darin.

Wer immer sich verliert in dem ästhetischen Genießen des Daseins, der endet bei dem Selbstgenuß, an jener gefährlichen Stelle, da es nichts Betörenderes gibt als das Ertasten der eigenen Körperlichkeit. So erschaffen Gott und Dämon zusammen die Narzisse, jene Blüte, in der alles gefährliche, giftige Selbstbespiegeln zur Gegenständlichkeit erhoben ist. In dem Augenblick, da dieser Duft sich in die frühlingshafte Blütenmeer-Verschwommenheit hineinmischt, wird das Bewußtsein des Mädchens zum ersten Mal wirklich gedämpft, dieses kosmische Allbewußtsein, Sternenbewußtsein, das es besaß von seiner Mutter her. Wie in einer Narkose senken sich die Schatten der Dämmerung auf das Bewußtsein, und das, was zuvor noch wie ein Schwebendes über den Dingen war, versinkt nun in den Anblick, in die Form und den Duft dieser gefährlichen Blüte. Die Abgründe des tödlichen Daseins öffnen sich, der Herr der Unterwelt kommt mit seinen schwarzen Rossen und mit seinem Feuerwagen heraufgefahren und raubt Persephone.

Die Antwort des Weltschicksals auf ein Sichverlieren in dem genießerischen Dasein des eigenen Wesens ist immer die Erscheinung des Dämons und des Todes.

Durch die Welt geht ein Erzittern. Kaum ist die Tochter in die Tiefen verschwunden, da erfährt es die Mutter. Wehklagend irrt sie durch das Dasein; ihr Klageschrei ist so ungeheuer, daß selbst die Felsen vor ihr erschauern.

Persephone erlebt die Veränderung anders als die Mutter. Für sie war ja schon die Verkörperung auf der Stufe der Menschen, war schon der Menschenkörper ein Herabsinken, eine Einschränkung des Sternenweltbewußtseins in einen menschlich beschränkten Bewußtseinsraum; und die Fahrt in den Hades war nur eine weitere Stufe dieser schon begonnenen Verdunkelung. Auch die Erde war ihr schon Unterwelt; das Reich des Hades, des Todes, war nur eine Stufe mehr. Und es lockte dort das verborgene Geheimnis. Wer immer geraubt wird, ist auch bereit dazu, sich rauben zu lassen; das ist in der ganzen Welt so.

Endlich erfährt die Mutter, wo die Tochter ist, nachdem lange Zeit hindurch alle Götter und anderen Genien sich weigerten, ihr bei der Suche zu helfen, da sie selbst nicht wußten, um was es sich handelt.

Die Mutter versucht, die Tochter zurückzugewinnen. Sie ist ja nicht nur die Mutter dieser Tochter, sondern sie ist überhaupt die Weltmutter. Freilich sehnt sich die Tochter auch zurück, aber das ist nur ein Teil ihres Wesens.

Demeter ist die Weltenmutter. Und da sie nun ganz in ihren Schmerz versunken ist, breitet sich über das Dasein eine Wüstenhaftigkeit ohnegleichen aus. Die Menschheit gerät in eine große Not. Als ein altes, von Gram verzehrtes Weib wandert Demeter durch die Reiche der Menschen, bis sie nach Eleusis kommt, wo sie klagend und weinend am Brunnen sitzend von den Töchtern des Königs gefunden wird, die sie mit viel Liebenswürdigkeit und Charme auffordern, in den Palast zu kommen. Von ihrer göttlichen Kraft geht eine Magie aus, die alle in dem Palast Anwesenden sofort erschauern läßt. Es ist die Magie der Mutterschaft und die Magie des Mutterleides.

Angesichts der Menschen, die gut zu ihr sind, kann sie den Fluch, den sie über das Dasein ausbreitet, nicht halten; das heißt, sie wird aus ihrer Verschlossenheit herausgelockt und muß zum ersten Mal wieder einen Schritt nach außen tun. In dem Augenblick entsteht um Eleusis herum eine Oase – der Segen, der der dortigen Landschaft für immer verblieben ist. Derartig herausgelockt, überschüttet sie das Haus, in dem sie aufgenommen worden ist, mit den wunderbaren Gaben ihrer Göttlichkeit. Aber es ändert nichts an dem großen Leid, das um sie liegt. Götter und Menschen kommen in die größte Not, bis es endlich gelingt, Demeter davon zu überzeugen, daß etwas anderes eintreten muß. Sie muß zu einer Anerkenntnis dessen gelangen, was durch die anderen Götter, durch Zeus und auch Hades, repräsentiert wird: daß alles Leben, das sich einmal von dem Mutterschoß entfernt hat, dorthin nur zurückkehren kann über den Tod.

Demeter strauchelt daran, daß sie Hades nicht anerkennt. Sie anerkennt weder die Dämonie des Daseins noch das Unterweltliche noch die Finsternis noch das Böse noch den Tod, und sie möchte, daß das Lebendige immer bleibt. Aber das Lebendige kann nicht bleiben, sondern muß weiter. Geburt ist Trennung!

Nun muß sie sich im Vertrag mit Zeus einigen. Ein Drittel des Jahres bleibt Persephone bei ihrem Gemahl, bei Hades, und zwei Drittel des Jahres darf sie an die Oberwelt und zu der Mutter zurückkehren. Aber es bleibt der Sog der Tiefe, denn Hades hat ihr dort vor dem

Abschied den süßen, betörenden Kern eines Granatapfels gereicht, und dieser Kern, den sie gegessen hat, bindet sie für alle Zeit an ihn.

In dem Augenblick, da das Kind zum ersten Mal eine andere Nahrung als die Muttermilch aufnimmt, ist es dem Tod verfallen; das ist das Gesetz der Welt.

Nun stehen sie sich gegenüber, die Gestalten: Demeter, die allem Wesen zur Verkörperung verhilft, auch zu dieser Gefangenschaft, zu dem Herausstürzen aus dem wesenhaften All, der allhaften Wesenhaftigkeit in die Vereinzelung des Zersplittertseins und damit in die Welten der unstillbaren Sehnsucht; und auf der anderen Seite der Gott, der das Körpersein aufhebt und der die Befreiung bringt, der Tod. Das ist die Tragik der Demeter, die Tragik der Mutterschaft: Jedes Kind, das geboren wird, ist von vorneherein todgeweiht. Die unaufhebbare Paradoxie der Mutterschaft: daß der Sinn in dem Augenblick, da er sich erfüllt, nichtig wird.

Darum gibt es nicht *ein* Bild in der Welt, das eine Muttergottheit lachend zeigt. Es ist nur ein schmerzvolles Lächeln möglich, hinter dem sich das ganze Wesen verschließt, so daß nur ein kleines Tor sich in diesem Lächeln nach außen öffnet. Darum steht innerhalb unserer mythologischen Welt das erschütternde Bild des Pietà fortwährend neben der Krippe von Bethlehem. Unaufhebbar ist die Tragik aller Mutterschaft.

Das Weib weiß um diese Tragik.

Die Mutter, die ein Teil des Weibes ist, will nur die Verkörperung. Doch dann löst sich die Frucht des Leibes von dem Leibe, das Kind von der Mutter, denn es muß weg. Der Verlust ist der Grundakkord des Schicksals. Aber das Ungeheure ist, daß das Organ des Mitspürens, Mitfühlens nie mehr erstirbt: Wohin auch immer das Kind wandert, Demeter wandert mit. Unzerstörbar ist dieses Organ und untrüglich das, was es dem weiblichen Wesen, der Mutter ist, mitteilt.

Immer näher und näher kommt das Leben, das sie geschenkt hat, dem Tod. Die Madonna ist immer leiderfüllt, vom ersten Augenblick an, denn sie weiß, was mit dem Sohn geschieht.

So erlebt sie alles Werdeleben, das ihr untersteht. Die ganze Vegetation in ihrem wunderbaren Aufbau des Keimens, des Blühens, des Fruchtens mit dem letzten Akt des Ausstreuens des Samens – alles ist von vorneherein für den Hades bestimmt, für den großen Gegenspieler, durch den hindurch allein es eine Wiederkehr gibt. Die Trägerin des Lebens muß den Tod anerkennen, ohne das gibt es keine Rückkehr; und das Zeichen der Rückkehr ist das Versenktwerden in das Grab.

Das Weib mit der Sonne bekleidet steht auf dem Mond. Auch der Mond verkörpert diese Tragik: Immer wieder füllt er sich, um immer wieder entleert zu werden. Man sage nicht, daß in dem Entleertsein die wunderbare Gewißheit und die Hoffnung der Fülle liege, das ist eine typisch männliche Gedankenkonstruktion. Es bleibt, daß die Fülle die Leere nicht zu bezwingen vermag. Ich spreche von der Mutter. Für die *Mutter* gibt es nur das Geborenwerden und das Leben, der Tod ist die unduldbare Antinomie des Mütterlichen. Nur das *intellektuelle Weib* unserer Zeit kann der Mutter Ausreden ins Ohr flüstern, die ihr von anderen Göttern eingegeben werden. Wo aber das Weib der Demeter geweiht ist, da bleibt nur die wilde Wut zum Leben und der heilige Zorn gegen den Tod. Unnatürlich im höchsten kosmischen Sinne ist es, wenn das Mütterliche im Weib den Tod anerkennt.

Die Mutter wird zu dieser Anerkenntnis dadurch gezwungen, daß das Kind mit traumwandlerischer Sicherheit dorthin wandert, verführt und verlockt durch die Genüsse des Daseins. Noch einmal: Der erste Bissen dieser Welt macht den Menschen vertragshörig gegenüber dem Tod. Darum versuchten die Heiligen immer, sich durch Fasten dem Zugriff des Tödlichen zu entziehen.

Der Mond ist eine kahle, kalte Landschaft, seit alter Zeit der Ort der Toten. Dort geistern sie. Die Feste von Eleusis fanden immer nur im Mondschein statt. Demeter gehört dazu; wohl hat sie den Mond unter ihre Füße gebracht, aber er ist die *Basis*, auf der sie steht. Was darunter ist, ist das, was *unter*-hält. Scheinbare Überwindung und doch großartigste Abhängigkeit, aufragend in die Sonne, aufragend in die Sterne: kosmisches Weltbewußtsein.

Es ist etwas Wunderbares um diese Gestalt, die nur in der Fülle und aus der Fülle heraus leben kann. Der männliche Geist ist es, der über diese Völligkeit reflektiert, ihr mißtraut und sie bezweifelt. Das Mütterliche kann gar nicht anders, als aus der Fülle und in der Fülle leben – Demeter hat tausend Brüste. Aber darin liegt die Gefahr eines Wucherns, eines Überfließens. Der Unterleibskrebs unserer Zeit ist die Auswirkung dieses Überwucherns oder auf seelischem Gebiet dann die Affenliebe gegenüber den Kindern, dieses Haltenwollen um jeden Preis und damit die Vertragsbrüchigkeit, die seit alter Zeit über dem Menschengeschlechte liegt.

Die Größe der *Jungfrau von Nazareth* besteht darin, daß sie von Anfang an weiß, daß der Sohn todgeweiht ist, und immer dieses kommende Bild vor Augen hat. Dadurch, daß sie ihn entläßt in dieses Dasein, gibt sie ihm die Kraft, daß er den Tod überwindet. Todüberwindung heißt nicht etwa: den Tod aufheben in seinem Vollzug, sondern ist eine Bewußtseinsverwandlung.

Noch lebt die Mehrzahl der Menschen auf der Erde mit einem Bewußtsein, das schwindet, wenn es in die Tiefe der Nacht oder des Todes geht. Wer das Bewußtsein zu halten vermag, durchwandert die Räume des Todes wie die Räume der Oberwelt, die Räume der Toten wie die der Lebendigen, er ist überall. Er ist ein Abbild des Wesens, das mit der Sonne bekleidet ist, die am Tage leuchtet, die Sterne auf dem Haupte trägt und den Mond unter den Füßen hat. Tag und Nacht sind in eines verschmolzen, Frühling und Herbst. Der Mensch überwindet durch das Bewußtsein. Jesus von Nazareth fährt nach der Legende in die Hölle hinunter und bringt dorthin sein Licht, und damit schwindet das Licht des Hades.

Dies sind die großen Antipoden: das überquellend überströmende vegetative Dasein des mütterlichen Wesens und der Gott *Kronos*, der Gott der Zeit. Ihm muß sich die Mutter unterwerfen, wenn sie nicht in die Süchtigkeit verfließen will; aber er allein ohne sie wird zu dem kalten, tödlichen Skelett; nur mit ihr entsteht Fruchtbarkeit in der Zeit.

Die *Zeit* ist die Grundlage des männlichen Denkens geworden. Wohl hat Demeter in Maria durch Jesus von Nazareth ihren Anspruch aufgegeben und an den Vater übergeben, aber nur dadurch, daß der Vater zugleich das Mütterliche anerkannt und in sich aufgenommen hat. Das Gesetz der Individuation, das waltet in der Welt, wird überspielt durch die wunderbaren Ströme der Fruchtbarkeit, die von dem Mütterlichen kommen. Sohn und Mutter bleiben in eines verschlungen: »Weib, siehe dein Sohn; Sohn, siehe deine Mutter!« Und unter dem Zeichen des Todes, im Kreuz, wird die Trennung, die auf einer Ebene immer bleibt, überwunden durch eine Vereinigung auf einer höheren Ebene.

Alles das spielt nicht nur in dem Weiblichen und um das Weibliche, sondern spielt in jedem von uns, da jeder von uns an beidem beteiligt ist. Es gibt ein männliches Schicksal, in dem die Mütterlichkeit als ein innerer Prozeß sich zu vollziehen hat, und es gibt das weibliche Schicksal, in dem der mütterliche Prozeß im Äußeren sich abspielt. So oder so, die Schicksalserfahrung ist ein und dieselbe.

In diesen Tagen steht das Bild der Mutter mahnend und erinnernd vor uns, und es kommt darauf an, wie wir uns zu unseren eigenen Wesenstiefen stellen: ob wir in eine fruchtbare Begegnung mit diesem Bilde kommen, oder ob wir daran vorübergehen und unberührt davon den Schritt in das neue Jahr als in eine unfruchtbare Zeit des Kronos tun.

Der Sohn – Apollon

Es soll in diesen Betrachtungen versucht werden, eine Beziehung zu den Göttervorstellungen der alten Zeit, zu ihren Mythen herzustellen und aufzuzeigen, wie die Linien, die wir dabei entdecken, als solche erscheinen, die unser eigenes Leben bestimmen.

Es ist offensichtlich, daß in dem Übergang vom mythischen zum rationalen Zeitalter die Göttersagen wie die Götterbilder aufgesogen worden und damit verschwunden sind, wohl einfach darum, weil der Mensch sie sich im Laufe der Zeit einverleibt hatte. Seither lebt das, was etwa für die Griechen oder die Germanen noch ein Außerhalb war, in uns.

Dieser Akt der Assimilierung ist außerordentlich interessant, weil er sich nicht so vollzog, wie man es sich eigentlich vorstellt: daß sozusagen eine Gottheit um die andere allmählich verschwindet. Sondern plötzlich – einige Jahrhunderte nach dem Erscheinen des Jesus von Nazareth – fallen alle diese Götterbilder. Die Menschheit hat kein Interesse mehr daran. Und die schwierige Theologie, die sich um Jesus von Nazareth herumgruppiert, wird von den Völkern ergriffen. Noch erstaunlicher ist es, daß der Islam, der bezüglich der Theologie noch stärkere Anforderungen stellt, in späterer Zeit ebenso erfolgreich in die Welt eintritt, indem er das wohl gefühlte Vakuum mit sehr großer Klugheit ausfüllt. Auf dem Gebiet des Wortes geschieht dies durch die üppige Bilderwelt der arabischen Märchen und auf dem Gebiet der bildenden Kunst durch die Erfindung der Arabeske, eines künstlerischen Betätigungsvorgangs, der den Menschen unendlich beschäftigt und wiederum seinen Niederschlag findet in dem auch von modernen Menschen hochgeschätzten Perserteppich.

Wenn wir heute den Mythen gegenübertreten, so kommen wir

ganz anders zu ihnen als die Menschen jener Zeit, in der sie entstanden sind. Eine lange Wanderfahrt hat uns von dem einstigen Erlebnis getrennt. Wir haben uns von dem Zwang, der von den Bildern ausging, befreit und haben irgendeine Vollmacht erlangt, aufgrund derer wir darüber verfügen können. So werden wir weit mehr zu Gefährten der Gestalten, die darin auftauchen, zu Brüdern dieser Götterbilder, und es entsteht etwas viel Verwandteres, als es einst war. Zugleich gewinnen wir eine Art von Leitlinie durch unser Inneres hindurch, und es gelingt uns, widersprechende Kräfte in uns auf diese Leitlinie zu einigen und damit eine gewisse Ordnung, Harmonie und auch einen Frieden in unser Inneres hereinzutragen.

Es war zuvor im Zusammenhang mit dem Demeter-Mythos von dem Wesen des Mütterlichen die Rede. Ich darf grundsätzlich betonen, daß man die Dinge nur versteht, wenn man in erster Linie den *Menschen* ins Auge faßt und nicht den Träger eines Geschlechts. Denn Mann und Frau sind Regionen, die weit unterhalb des Mythos stehen, Ausbildungen, die zu der kreatürlichen Erscheinung des Menschen gehören, aber nicht zu seiner geistigen. Wohl erhalten auf dem Schauplatz der Leiber die Mythen ihren Akzent durch die männliche oder die weibliche Gestalt, aber nur den Akzent, die Betonung, nicht mehr. Der Mythos ist sich darüber im klaren, daß jeder Mensch männlich und weiblich zugleich, eben Mensch ist und daß die nach außen tretende Gestalt nur eine vergängliche Zufälligkeit darstellt. Es ist in keiner Weise das Eigentliche und Wesentliche, sondern nur das zufällige Attribut. Daher arbeitet der Mythos immer mit den Motiven, die für den Menschen gelten, nicht für das Männliche oder das Weibliche, und gerade der Umgang der Psychoanalyse mit den Mythen zeigt auf das deutlichste, wie schief das Ganze wird, wenn man es auf die Ausprägung des Mannes oder der Frau bezieht.

Mutterschaft in dem äußeren, leiblichen Sinn ist wohl etwas leicht zu Fassendes und als Bild einfach zu Deutendes; aber die Mutterschaft, an der etwa ein Goethe oder ein Hölderlin teilhat, ist etwas ungleich Höheres, ungleich Wesentlicheres und ungleich Differenzierteres als jede leibliche Mutterschaft. Doch um dieses Höhere geht es; nur als geistige haben diese Dinge einen Sinn innerhalb einer solchen Betrachtung.

Unser Thema ist der *Sohn*.

Das mythologische Schicksal des Sohnes kann etwa auf diese Formel gebracht werden: Der Mensch reißt sich los von der mütterlichen Wärme, er stürzt nach außen, von einer Urbestimmung dazu getrieben, und unterwirft sich dem, was ihn nach außen wirft, während zugleich in den geheimen Tiefen seines Wesens eine unaufhörliche Sehnsucht nach dem Untergang bleibt. Der Drang nach außen übertönt alles, aber der Klang dieser Sehnsucht ist da, auch wenn er ständig übertönt wird.

Nach außen! – Wohin?

Die etwas banale Denkart der modernen Psychologie gibt eine einfache Antwort: zum Du. Aber wenn man es so benennt, dann beschränkt und begrenzt man den Menschen auf das schmerzlichste. Denn es ist bei dem Knaben in gar keiner Weise das Du, wonach er strebt – dazu bedarf es eines ganz weiten Entwicklungsweges bis hinein in das Jünglingsalter –, sondern es ist der *Gegenstand*. Alles, was als Gegenstand auftritt, muß ergriffen werden. Leider sind die inneren Sinne von uns Erwachsenen viel zu stumpf, unsere Erinnerungen viel zu unkultiviert, und so wissen wir gar nicht mehr, wie das war, als wir die Welt der Dinge und der Gegenstände entdeckten.

Es gibt gewisse Malzeichen, die in diesen Bereich hineingehören. Man lebt ja mit der Fülle eines Daseins zusammen; für das Kind ist es eine unsagbare Fülle. Eines Tages wird es plötzlich gewahr, daß es einen Gegenstand, mit dem es immer gelebt hat, noch nie wahrgenommen hat. Wie wunderbar ist die Entdeckung des Geheimnisses einer Gabel! Der Moralismus unserer puritanischen Einschränkungsmethoden machte wohl den Vers: »Messer, Gabel, Schere, Licht paßt für kleine Kinder nicht!« Aber für den Menschen, der sich entwickelt, sind sie von entscheidender Bedeutung, und er *muß* sie erfahren, als Gegenstände erfahren, und die kleinen Finger müssen danach greifen und danach tasten, sich verbrennen, sich schneiden, sich stechen, das gehört zum Entdecken dazu.

Die problematischen Kinder, die sogenannten Lausbuben, die die Eltern aus einer behäbigen Trägheit dauernd zur Lebendigkeit anzustacheln vermögen, diese Lausbuben wiederholen diese Erfahrung hinter dem Rücken der Erwachsenen fortwährend, weil da etwas ist, was außerordentlich lockt – selbst bis zu der Katastrophe, die entgegen der Auffassung der Erwachsenen gar keine ist, sondern nur eine Bestätigung und einen Ansporn für die Begegnung bedeutet.

Schon das kleine Kind spielt in der Weise mit seiner Klapper in seinem Bett, betrachtet das Ding mit großen Augen; die *Wahrnehmung* setzt ein. Der Knabe braucht das nächste. Wer kennt nicht aus seiner Vergangenheit den Moment, wo die Schere den Bauch des Teddybären aufschneidet. Man muß wissen, was darin ist! Der Erwachsene meint: Wie schade! – denn es ist ja nur Holzwolle darin. Für das Kind ist das ganz belanglos. Das Kind sucht nicht nach Därmen und Leber und Milz und Magen, sondern es sucht einfach nach dem, was darin ist, das genügt vollkommen zur *Erforschung*. Jetzt weiß man etwas, und man ist zum ersten Mal dem Hintergrund begegnet.

Auf einer weiteren Stufe erfolgt die *Bearbeitung* des Materials. Man erfährt sich als fähig, an dem Gegenstand zu arbeiten, und ist glücklich, daß man ihm irgend etwas aufprägen kann von dem eigenen Wesen.

Und wiederum wird es kritisch für die Erwachsenen, für die Eltern und die Erzieher, wenn versucht wird, den Gegenstand, etwa eine Uhr, umzuformen zu etwas anderem; denn die Zahnräder kann man geschickt brauchen für irgend etwas anderes, eine Feder läßt sich für alles mögliche hernehmen, und der Ring, der am Ende bleibt, paßt vorzüglich für irgendeinen Stab. Dieses Erlebnis, daß man *umbilden* kann, gehört in die Begegnung mit dem Gegenstand.

Die Erwachsenen verändern sich in diesem kindlichen Gebaren nicht wesentlich, sondern es bleibt letztlich bei dieser Tendenz zu dem Gegenständlichen. Bis dann am Ende eines langen Weges die Gesetzmäßigkeit, das Lebensgesetz eines Gegenstandes, und der Begriff steht.

Alle diese Dinge und Gedankengänge kennen wir und finden nichts Unbegreifliches dabei. Gleichwohl ist das Entscheidende ein vollkommen Unbegreifliches und wird von den Menschen fortwährend übersehen, nämlich die Frage nach dem *Gegenstandsbewußtsein*. Mythologisch ausgedrückt: Welche Macht wird wirksam im Menschen, daß er das Umliegende oder Umstehende als Gegenstand wahrnimmt? So selbstverständlich der ganze Vorgang erscheint, wenn wir die Lebensläufe der Menschen verfolgen, das Biographische, so wenig selbstverständlich ist das Ereignis als solches. Es ist ein absolutes Wunder und kann nur verstanden werden, wenn man sieht, daß der Mensch es nicht nur aus sich selbst heraus entwickelt, sondern daß ihm eine *Macht* begegnet.

Diese Macht ist für den Griechen verkörpert im *Sonnenwesen*. Dieses Sonnenwesen erlebt er als ein Doppeltes: auf der einen Seite als *Helios* und auf der anderen als *Apollon*. Es gab Zeiten, in denen sie auseinandergerissen wurden, aber im Grundzug des Sonnenmythos sind sie untrennbar miteinander verknüpft, die zwei mythologischen Aspekte *einer* Welterscheinung.

Wie betrachtet nun der Mythos das Grundwesen der Sonne? – Genauso, wie wir jetzt den Sohn geschildert haben: Aus den geheimnisvollen Welturgründen reißt sich das Sonnenwesen los, stürzt nach außen und wird gehalten von dieser merkwürdigen Sehnsucht nach dem Ursprung. Der Sturz nach außen kann nicht vollendet werden, ein geheimnisvolles Band hält das gigantische Wesen, das hier zur Trennung ausholt. Die geheime Sehnsucht als eine verborgene Kraft zwingt dieses Wesen in eine Bahn, die, wohl immer wieder ausholend, sich zum Ausgangspunkt zurückwendet. Alle Geschwister, die in diesen Vorgang mit hineingerissen werden, die Planeten, werden zu einer gleichen Bahn gezwungen. Alle sind sie dem Gesetz der Ellipse unterworfen; es ist kein anderer Weg, es ist kein Kreis, sondern die Ellipse, ein Gebilde mit zwei Mittelpunkten. Man nennt sie »Brennpunkte«, aber in diesem mythologischen Zusammenhang spreche ich von »Mittelpunkten«. Diese beiden Mittelpunkte werden im Mythos verkörpert durch Helios und Apollon.

Der Gegenstand lockt heraus, reißt nach außen, weg von den Schößen des Entstehens. Man weiß, wie stark gerade dieses Motiv von dem Parzival-Mythos aufgegriffen worden ist, wie der junge Parzival von dem glitzernden Gegenstand der Ritterrüstung so fasziniert ist, daß er bedenkenlos die Mutter tötet, nur um der Lockung des Gegenständlichen zu folgen.

Zu dem Gegenständlichen gehört allmählich dann auch der andere Mensch, er wird wahrgenommen und erforscht.

Und kein Mensch entgeht der dritten Stufe: der Lust der Bearbeitung. Wenn die dämonischen oder liebeerfüllten Träume weitergehen, dann gelüstet den Menschen auch nach der Umformung. Wahrnehmung und Erforschung sind die spontanen Reaktionen des Menschen in der Begegnung mit dem anderen. Alles soll auf das Grundgesetz und auf den Begriff gebracht werden.

Von da aus führt der Weg weiter, dahin, wo der Mensch sich sagt: Auch du selbst bis ein Mensch. So kommt es zu der apollinischen Weisheit, die in Delphi stand: »Erkenne dich selbst!« Der weite Weg in die Räume des Gegenständlichen endet bei dem eigenen Wesen als Gegenstand.

Es zeigt sich sehr bald – schon bei diesem berühmten »Messer, Gabel, Schere, Licht« –, daß das Gegenständliche sich wohl unserer Wahrnehmung absolut unterwirft, aber auf der Stufe der Erforschung sich zu widersetzen beginnt. Es kommt zum Widerstand des Gegenstandes.

Die Antwort, die der Mensch auf diesen Widerstand findet, kann eine doppelte sein: Entweder er bezieht das Ereignis auf den Gegenstand allein und ist beleidigt, verwundet oder gekränkt; dann ist die Welt des Gegenständlichen das *Böse*. Oder er bezieht den Vorgang auf sich selbst, und dann versucht er, in dem Arsenal seiner Möglichkeiten das zu finden, was ihn fähig macht, doch zu der Erforschung zu gelangen; es kommt zu dem *Kampf*, der Sohn wird Kämpfer. Jede Erforschung ist letztlich ein Ringen mit etwas, ein Kampf, und am Ende jedes Kampfes steht das ins Auge gefaßte Ziel der Einordnung in das Gesetz und in den Begriff.

Schon das Kind erfährt aber die merkwürdige Wahrheit, daß man an das Ziel seiner diesbezüglichen Wünsche nur gelangt, wenn man das Spielzeug kaputt macht. Nicht anders ergeht es dem Erwachsenen: Am Ende des Kampfes steht die *Tötung*.

Das Zeitalter, das erfüllt ist von diesem Mythos, zeigt uns den Menschen ganz bestimmt von diesen Erlebnissen. Es ist das Zeitalter, in dem die Waffen erfunden werden, das Schwert, die Lanze – beide nachgebildet dem Strahl der Sonne; denn der Strahl der Sonne zerspaltet die Finsternis und ist zugleich etwas, das trifft wie die Lanze. Bogen und Pfeil kommen dazu als etwas differenziertere Ausdrücke des Sonnenerlebnisses – der Sonnenbogen und der Sonnenpfeil.

Daraus entwickelt sich dann in einem anderen Bereich oder auf einer anderen Stufe alles das, was zum Werkzeug führt. In der Mitte steht das Messer, aber auch der Hammer und vorzüglich der Pflug gehören dazu.

Des weiteren erlebt der Mensch in der Begegnung mit der Sonne, seinem Sohneszeichen, die Glut des Mittags, die glühenden Pfeile des Apoll; und um die Waffen herzustellen, bedarf es eines Elementes, das dem entspricht. Das ist das *Feuer*.

Das Feuer wird bekanntlich nach dem Prometheus-Mythos von der Sonne heruntergeholt. *Prometheus* ist ein richtiger Sonnensohn, der diesen Vorgang in der Menschheit vollbringt. Jeder Kampf will und – im Mythos – muß siegreich beendet werden. Im Mythos gibt es keine Niederlage; dort gibt es nur den Sieg. Am Ende dieses Entwicklungsweges, den wir gegangen sind, steht der Held: Apoll ist der schimmernde Held der Sonne.

Eine lange Reihe der Erfahrungen führt zu der Erkenntnis, daß jeder Wahrnehmungsprozeß ein Tötungsprozeß ist, daß alles, was in Begriffe verwandelt wird, tot ist, daß alles, was auf ein Gesetz zurückgeführt wird, tot ist. Der Mensch erlebt sich als Sieger, aber er muß erkennen, daß das eigentliche Erreichnis zu Ende ist, Vergangenheit.

Die Bibel berichtet uns, wie am Anfang der Menschheit diese Schicksale vorgezeichnet werden.

Eva, als sie mit Kain schwanger geht, erlebt so stark das Grundwesen des Mütterlichen – das Erspüren, das Weltgefühl –, daß das Organ, das ihr dabei zuteil wird, selbst die Gottheit umschließt. Der innere Raum, in dem sie sich befindet, weitet sich so, daß er das Göttliche einbezieht. So stark ist in dieser Urmutter des Lebens dieses Mutterlebensgefühl.

Aber *Kain*, ihr Sohn, geht einen ganz anderen Weg. Auf ihm herrschen der Neid und die Eifersucht, die Mächte, die die Wahrnehmung des Menschen herausfordern. Das Mysterium Abels wird nicht erkannt sein, bevor nicht der Weg zum Ende gegangen ist. Kain wird herausgerissen durch die Dämonie des Zentrifugalen seines Wesens – das ist Helios – und wird bis an die Peripherie der Spannungsmöglichkeiten gebracht, wo er den im Wege, im Wege zu Gott stehenden Gegenstand erschlägt: Abel. Es ist die urtypische Tat des Sohnes.

Danach bricht er zusammen in einer tiefen Reue. Das Pendel schwingt zurück in das Innere, die mütterliche Welt wird lebendig, die Sehnsucht wird stark. Auf dem Leichenfeld des erforschten Gegenständlichen erlischt für einen Augenblick die drängende, triebhafte Neugier des Menschen. Diese Welt hält für einen Augenblick den Atem an, die Posaunen des Lockenden schweigen, und aus einer nie beachteten, ungekannten Tiefe kommen die Melodien der mütterlichen Welt. In dem Augenblick wird Kain überfallen von dem Entsetzen über seine Tat.

Das ist die ewige Tragik des Sohnes, deren Sinnbild die Bahn der Planeten ist: Immer wandern sie auf Ellipsen, immer sind zwei Mittelpunkte, und damit ist immer ein Zwiespalt da, eine Aufgerissenheit, eine Gespaltenheit und eine Zwietracht.

Kain flieht. »Unstet und flüchtig sollst du sein!« Warum? Vor was kann er fliehen?

Die Situation hat sich vollkommen verwandelt. Nicht mehr von einem Trieb nach dem Gegenständlichen wird er gejagt, sondern plötzlich ist der Raum des Gegenständlichen ganz ausgefüllt von seinem eigenen Selbst. Immerwährend lockt dieses Selbst seinen Blick auf sich, und er kann dieses Wesen nicht ertragen und flieht vor ihm. Kain, einstens in die Welt stürmend, um der Dinge der Welt willen, um der Eroberung der Welt willen, sieht die Welt nicht mehr, sondern flieht nur vor sich selbst.

Dies ist der Augenblick der *Umkehr*. Der einzige Gegenstand, der, wenn die Verhältnisse in der Ordnung bleiben, nicht begriffen und nicht bis zum letzten erforscht und nicht getötet werden kann, ist das eigene Wesen. Es bleibt immer fremd, unerforscht, es bleibt immer unbegreiflich – auch wenn manche so tun, als ob sie es begriffen hätten –, und man kann sich nicht töten. Hier endet dieser Weg an einer vollständig anderen Gesetzlichkeit.

Nun sind aber die Kräfte entwickelt, die Kräfte des Kämpfers, des Helden, und müssen angewandt werden. Das, was einst sich nach außen wandte, wendet sich nach innen. Schon das Werkzeug kennzeichnet eine Stufe, die in das Innere gehört, in den heimischen Bereich. Und vom Werkzeug zum Musikinstrument ist es nur noch ein Schritt: zur Leier und Flöte, zur *Kunst*.

Zum Gesang. Denn die ganze Körperlichkeit, der Raum der Inkarnation, wird jetzt als ein Instrument erkannt und in der Begegnung mit den Gegenständen deutlich erlebt. Auch die Kehle wird nun für die Darstellung des Erreichten benützt, und auf einer weiteren Stufe wird das ganze körperliche Wesen zum Instrument gemacht. Apoll ist die Gottheit der Künste, und diese vollenden sich in der Schauspielkunst. In dem Umgang mit dem körperlichen Wesen und in der Gestaltungsmöglichkeit in diesem körperlichen Wesen erfährt diese Rückwendung ihre Vollendung. Es entsteht eine Art von Befriedigung. Das eigene Wesen wird faßbar, wenn auch nicht begreifbar, und der Reichtum der Gegenständlichkeiten im eigenen Inneren läßt vergessen, daß man sich einst nach außen gewandt hat. Der Knabe stürmte nach außen, der Mann bleibt in der Besinnung des Inneren.

Der Held, der auf diese Stufe hinüberwandelt, lebt nun in diesem gestärkten Selbstbewußtsein, das der eine Mittelpunkt der Ellipse ist – der Gegenstand ist der andere Mittelpunkt. Er lebt in dem Selbstbewußtsein, das erfüllt ist von dem Stolz. Kommt das Negativum zu stark zum Ausdruck, dann wird das eitle Bramarbasieren am Stammtisch daraus, ist aber das richtige Maß da, so ist es ein würdiger Stolz, der den Menschen erfüllt.

Kain sieht vor seinem inneren Auge fortwährend das Blut aus den Wunden des Bruders strömen. Das Schwert, das verwundet, das Messer, das zerschneidet, drängt in der Linie umittelbar zum Skalpell, zu dem Messer, das heilt. Die polare Entsprechung des zerstörerischen Triebes nach außen ist der Arzt. Asklepios gehört in den Apollon-Mythos hinein, und sein Zeichen ist eine Schlange, die um den aufgerichteten Stab gewunden ist.

Es war Apollon, der einstens das Drachenungeheuer der Tiefe bezwang, den Python. Alle Sonnenhelden kämpfen mit diesem Drachen. Das ist der Drache, den Kain entdeckt, nachdem er Abel erschlagen hat; es ist der Drache der gegenständlichen Welt, die aber zu einer widerständigen, bösen Welt geworden ist. *Siegfried* schmiedet sich sein Schwert als ein richtiger Apolliner selbst und tötet mit diesem Schwert den Drachen und badet sich in seinem Blut. Er ist ein schon in das Christliche hinübergewanderter Erlöser, denn er übernimmt die Wesenheit des Drachen, trägt sie auf seinen sonnenhaften Schultern und verwandelt sich damit. Aber damit ist er zugleich von demselben Schicksal bedroht, das er dem Untier beschieden hat: von dem Tod.

Wer einmal die Kräfte der Tiefe überwunden hat und das Geheimnis des dämonisierten Blutes erkannt hat, der wird *Seher* und *Weiser* zugleich. Der apollinische Weg führt zu der Weisheit. Vom Stolz geht der Weg zu der Ehre und zu der Beherztheit, und die andere Linie führt über die Schau zu der Weisheit.

Die Tragik dieses ganzen Schicksals tritt uns in der Gestalt des *Ödipus* entgegen. Seine Vaterstadt Theben wird von einer Sphinx beherrscht, die ein grausiges Regiment ausübt. Diese Sphinx gibt allen Menschen ein Rätsel auf, und wer dieses Rätsel nicht lösen kann, ist verloren. Ödipus löst dieses Rätsel. Die Sphinx stürzt sich in den Abgrund. Ödipus tritt der Sphinx gegenüber mit der Weisheit, die er sich aufgrund seines eigenartigen vorgängigen Schicksals erringt.

Die Sphinx ist nichts anderes als das Drachenungeheuer. Selbstverständlich kann man in der Begegnung mit dem Ungeheuerlichen des Daseins in die Diskussion eintreten, man kann darauf hereinfallen, daß die Sphinx eine Rätselfrage stellt, und kann die Plattform, die sie anbietet, betreten. Der wirkliche apollinische Held wird darauf nicht hereinfallen, sondern er wird das Schwert zücken. Denn der Sphinx darf nicht mit der Weisheit entgegengetreten werden; sie hat kein Recht, Fragen zu stellen, sondern sie muß getötet werden.

Aber das Herrschergeschlecht Thebens ist dekadent geworden, der Mut zu diesem Kampf ist nicht mehr vorhanden, die Grundstufe des Apollinischen wird nicht mehr beachtet. Die Pervertierung der Verhältnisse setzt ein: Wie Kain seinen Bruder, erschlägt Ödipus – unbewußt – seinen Vater und fühlt sich in diesem Augenblick als Kämpfer und als Held. Aber wer seinen Vater erschlägt, bringt die Basis um, auf der er steht, entwurzelt sich selbst und bringt sich selbst ins Wanken.

Da er in verkehrten Verhältnissen lebt, erkennt er auch nicht, was weiterhin geschieht. Er meint, daß nun der andere Pol, das Weibliche zu der richtigen Gestaltung der Verhältnisse führe. Aber das Weibliche, das ihm begegnet, ist seine Mutter. Wiederum überwältigt ihn die Vergangenheit, aus der er kommt.

Ödipus merkt gar nicht, daß die Sehnsucht nach dem Mütterlichen ihn überfällt und er da, wo er den Schritt nach vorne tun müßte, den

Schritt zurück tut. Er kommt sich als Löser des Rätsels der Sphinx weise vor; aber wer die ersten Stufen des Apollinischen nicht beachtet, ist trotzdem ein Tor. Er, der sich sehend glaubt, wird erst angesichts der Katastrophe, die er erzeugt hat, sehend und blendet sich selbst. Denn das Licht der Augen, das ihm bis dahin schien, war ein Irrtumslicht; jetzt, da er blind ist, ist er sehend.

So erfüllt sich dieses tragische Schicksal, das ein typisches Schicksal des Abendländers ist. Wir stehen heute in einer Situation, in der die Menschen die primäre apollinische Forderung des Kampfes scheuen. Der durch alles hindurchgehende Pazifismus bewirkt die Degeneration Thebens – sprich Europas. Man darf den Kampf nicht scheuen. Man kann den Krieg verachten, aber man darf den Kampf nicht scheuen. Heute läßt man sich in eine Diskussion mit dem Bösen ein und ist stolz darauf, wenn man die gescheiten Fragen der Dämonen beantworten kann, anstatt das einzige zu tun, was notwendig ist: *sie zu töten!*

Das Christentum bringt den Apollon-Mythos herüber in dem Sankt-Georgs-Mythos. Sankt Georg ist niemand anderes als der verwandelte Apoll, der den Drachen tötet. Und wie es bei Siegfried geschieht: Wenn der Drache getötet ist, dann kann man aus den Dämpfen seines Blutes die Weisheit beziehen, wie auch in Delphi das Orakel aus diesen Dämpfen entstand.

Aber man muß wissen, was das Sohnes-Schicksal ist. Jedes Zaudern, jedes Zurückweichen ist der Verrat des Sohnes. Der verlorene Sohn im Neuen Testament kommt nicht zur Mutter, sondern zum Vater. Wir müssen weiter. Ödipus stürzt in das Leere, denn er kann nicht zum Vater kommen, er hat ihn getötet.

Apollon, der Sanfte, der Erfinder der Musik, die Gottheit der Künste, des Arzttums – wie sehr zieht er uns an. Aber Apollon entsteht erst da, wo der Weg des Helios, des wagenden Stürmens zurückgelegt ist. Man kann sich den Frieden nicht erringen, ohne gekämpft zu haben!

Die Jungfrau – Athene/Hermes

Wenn der Sinn dieser Betrachtungen richtig verstanden werden soll, dann ist es wichtig, sich bei dem Blick auf eine der mythologischen Gestalten und ihre Eigenarten daran zu erinnern, daß sie nur *eine* Erscheinungsform ist unter vielen anderen und daß die Auswirkung der jeweiligen Gestalt mitbestimmt wird durch die anderen wirkenden Kräfte und Mächte. Man sollte also jeweils die schon dargestellten mythologischen Erscheinungen wenigstens stimmungsmäßig mitschwingen lassen; auch die, von denen noch nicht die Rede war und die in diesem Rahmen nur zu einem Teil besprochen werden können.

Wenn es gelingt, durch diese Betrachtungen in das unbestimmte Chaos der menschlichen Seelenmöglichkeiten einige Orientierungslinien zu bringen, dann ist der Sinn dieser Arbeit erfüllt. Freilich bleibt dazwischen ein weites Gelände, so wie zwischen den verschiedenen Straßen und Wegen das Gelände bleibt, und es bedürfte einer langen Zeit, wollte man das ganze Gelände klären. Gerade das aber kann gar nicht gewollt und auch nicht gewünscht werden; denn immer, wenn der Mensch versucht, die innere Landschaft derart total zu durchdringen, gerät er in die größten Irrtümer.

Dieses Halbschwebende, das einer solchen Arbeit anhaftet, ist ihr wesentlich, denn es ist nur eine große Linie, die aufgezeigt wird. Es besteht nicht die Absicht, das Gelände total im menschlichen Sinn zu bewältigen, sondern immer nur so weit, daß die Götter nicht beleidigt und verletzt werden.

Wir haben von dem Mutter-Mythos gesprochen und von dem Sohnes-Mythos. Wir müssen heute eine Region des menschlichen Wesens ins Auge fassen, die weit differenzierter und schwieriger zu begreifen ist als die beiden ersten Gestalten, Demeter und Apoll. Wir haben dafür eigentlich auch keine eindeutige konkrete mythologische Figur, sondern eine rätselhafte Mischung, die aber etwas außerordentlich Faszinierendes besitzt, und wir werden bei der Betrachtung dieser Eigenart weit mehr auf das unmittelbar Menschliche selbst verweisen als auf mythologische Leitbilder.

Hierzu muß ich etwas weiter ausholen. – Wir betrachten den Menschen zunächst einmal als ein fleischlich-körperliches Wesen, eine Körperform, die aus den Elementen des Materiellen gebildet wird und das tragende Gefäß seines irdischen Lebens darstellt.

Da alle Dinge dieser Welt beseelt sind und es nichts Unbeseeltes gibt, so entsteht in der Komposition jeder Körperlichkeit eine Seelenhaftigkeit aufgrund dessen, was die materiellen Elemente als seelischen Beitrag leisten. Jedes einzelne Element der Körperlichkeit bringt also eine bestimmte Seelennuance mit sich. Daraus entsteht eine ganz bestimmte Mischung, die sich vorzüglich innerhalb des menschlichen Lebens in der betonten Temperamentform zur Darstellung bringt. Der Mensch nimmt an allen Temperamenten teil, aber eines erfährt zumeist während des Lebens eine ganz bestimmte betontere Ausgestaltung und ist vorzüglich der Schauplatz dieser *Körper*seelenhaftigkeit.

Aufgrund jenes Aktes, der im Alten Testament als die Einhauchung des göttlichen Geistes mythologisch dargestellt wird, erfährt nun der Mensch eine Hinzufügung, und zwar wird dieses Seelenwesen ergriffen von einem geistigen Wesen, es dient diesem geistigen Wesen als Basis und wird von diesem geistigen Wesen umgestaltet.

Man kann sagen, daß in allen Menschen diese Umbildung erfolgt, da sie alle in irgendeiner Weise an der kulturellen Geistigkeit teilnehmen. Bis in die Welt der Primitiven hinein kann man deutlich anhand der religiösen Riten und Bräuche feststellen, daß ein derartiges Ergriffenwerden der körperlich bedingten Seelenveranlagung durch den Geist erfolgt.

So entwickelt sich in dem Zusammenspiel zwischen Geist und Körperseelenhaftigkeit die eigentliche menschliche Seele, deren

Charakteristika vor allen Dingen Denken, Fühlen und Wollen sind. Denken, Fühlen und Wollen sind an sich noch keine geistigen Fähigkeiten, sondern seelische Fähigkeiten. Erst was der Mensch aus der Fähigkeit macht, offenbart seine Geistigkeit.

Was derartig vom Geist ergriffen und verwandelt wird, ist etwas ganz Besonderes. Wenn ich es in einem Bilde ausdrücken soll: Wir haben irgendeine trübe Flüssigkeit und bringen sie in ein Destillationsgefäß, und allmählich scheidet sich das Ursprüngliche, und es perlen wunderbare klare Tropfen heraus. So perlt aus dem körperlich-seelischen Zusammenhang unter der Einwirkung des Geistes etwas wunderbar Klares heraus, die Grundlage der *Geistes*seele des Menschen.

Aufgrund der Schicksale, aufgrund der Vererbung oder wie man das nennen will, bekommt jeder Mensch schon bei seiner Geburt ein Körbchen dieser Geistesseele mit. Mit diesem Seelenwesen verbindet sich für den Menschen ein ganz bestimmtes Erlebnis. Denn dieses Seelenwesen hat einen Weg hinter sich, eine Läuterung. Dieser Teil der Seele, diese Grundlage der Geistesseele hat den Schöpfungsvorgang durchgemacht, die Gebundenheit an die Schöpfungselemente und die Herauslösung der Form in dem Destillationsprozeß – mit Hilfe des menschlichen Geistes und, um ihm zu dienen.

Aus diesem Wesen, das der Mensch in sich trägt, entsteht eine ganz bestimmte Erlebnisform, und aus dieser Erlebnisform entstehen Vorstellungsbilder und Vorstellungsbegriffe. Dazu gehört die Vorstellung der Reinheit, der Lauterkeit, der Unberührbarkeit, der Heiligkeit und der Keuschheit.

Alles das, was hinter diesen Begriffen steht, ist gerade nichts Natürliches, sondern etwas absolut *Unnatürliches*, etwas typisch *Menschliches*; und da es gewissermaßen zu den Grundbegriffen oder Grundkonzeptionen des menschlichen Wesens gehört, so muß es etwas Urmenschliches sein und wird in der geschilderten Weise in den Menschen hineingebracht. Dieses Seelenwesen ist zuerst im Zusammenhang mit der natürlichen Schöpfung entstanden, mit dem jeweiligen Urchaos, das immer irgendwo besteht und aus dem heraus immer durch die Weltschöpfung geschaffen wird. Dieses Wesen ist sodann gebunden an ganz bestimmte Formen des natürlichen Daseins, an einen Baum oder an eine Wurzel oder an eine Quelle oder an irgend etwas anderes. Und wenn es sich da hindurchgearbeitet hat, hindurchgeläutert hat – obwohl es da gar nichts zu läutern gibt, aber so wird es empfunden –, dann fühlt sich dieses Wesen danach, durch die geistige Macht des Menschen angesogen und angezogen, in einem wunderbar schwebenden Zustand. Diesen Zustand nennen wir die *Jungfräulichkeit*. Sie ist in irgendeiner Weise in jedem Menschen vorhanden, mitunter sehr stark, mitunter weniger stark in Erscheinung tretend. Wir wollen uns hier die verschiedenen Metamorphosen vor Augen führen.

Das Schicksal oder das Grundgesetz dieser Geistesseele des Menschen, dieser Jungfräulichkeit im Menschen ist es, verführt zu werden durch das, was die Erde bietet. Der eigenartige Prozeß des Lebens besteht darin, erst enthoben zu werden und dann in dieser gewonnenen Freiheit einen Rückweg anzutreten. Zuvor war die Seele im Dienste des Materiellen, jetzt ist sie im Dienste des Geistes. Einst war sie geborgen in den materiellen Gesetzen; nun, da sie sich von ihnen befreit hat und dem Geiste zugetan ist, hat sie, vom Geiste gewissermaßen getragen, auf eine ganz neue Art in diese Welt einzudringen. Es ist eine Umkehrung des ursprünglichen Weges.

Es spielt von vornherein ein geheimnisvoll Webendes zwischen dieser menschlichen Seele und dem materiellen Dasein: Urerinnerungen, Urverflochtenheiten, ein Kennen und doch wieder ein Nichtkennen. Nähe und Fremdheit, Vertrautheit und Unheimlichkeit, alles spielt ineinander und umwebt das Ganze mit einem höchst geheimnisvollen Schleier, der ja das Zeichen der Jungfrau ist.

Wie lebt nun die jungfräuliche menschliche Seele in der Welt?

Wir sprachen zuvor von der Begegnung zwischen dem Menschen und dem Gegenstand. In dieser tieferen Schicht nun, von der wir jetzt sprechen, geht es dem Menschen auf, daß die Dinge seiner Welt nicht nur eine Beziehung zu ihm haben.

Interessanterweise bleiben gerade Frauen häufig verfangen in der Vorstellung, daß die Dinge nur einen Bezug auf *sie* haben. Daher stammt ihr leichtes Gekränkt- und Beleidigtsein und die Angst, mißverstanden zu werden, und ähnliches. Das bedeutet eine Zurückgebliebenheit in der Entwicklung. Denn man muß über diese etwas primitive sohnhafte Vorstellung hinauskommen und erleben – und zwar bewußt erleben –, daß die Gegenstände, die Dinge unter sich verwoben sind. Ich möchte soweit gehen zu sagen, daß nur derjenige zu einem Schicksalsbegriff vorstoßen kann, der ein sehr, sehr waches Auge für dieses Verwobensein der Dinge untereinander besitzt.

Das Organ für diese Verwobenheit der Dinge untereinander tritt am schönsten in Erscheinung, wenn eine Frau jungfräulich ist und in ihrem Haus diese wunderbare Ordnung herstellt, die niemals rational bewirkt werden kann, sondern nur dadurch, daß man ein Gefühl der Verwobenheit der Dinge miteinander hat.

Alle die Jungfrauen, die in den Mythen und Märchen auftreten und auf die lichte Seite des Daseins gehören, haben diese Eigenschaften; immer ist das Stübchen blitzblank, oder wie es heißen mag. Dazu gehört dieses Gefühl der Verwobenheit der Dinge untereinander, und dadurch entsteht überhaupt erst das *Umweltgefühl*.

Man täusche sich nicht: Das Sohnhafte, das Apoll und Helios zugehört, geht immer nur auf den einzelnen Gegenstand aus. Es macht den Forscher, den Gelehrten aus, in dessen Stube oder Labor ja immer ein unbeschreiblicher Wust sein muß, wenn es echt sein soll. Da sind keine Umweltbezüge, sondern da ist das *forschende Raubtier*, das sich auf ein Problem, auf einen Gegenstand stürzt, und die Umwelt hat zu schweigen, meist auch die familiäre Umwelt.

Solange sich der Mensch vom Gegenständlichen angezogen fühlt, sich dem Gegenständlichen nähert und sich des Gegenständlichen bemächtigt, solange gibt es im großen gesehen wenig Probleme in der Beziehung zu dem dinghaften Gegenständlichen. Ganz anders, wenn das Umwelterlebnis da ist.

Alles Umweltgefühl ist abhängig von dem Ausmaß der im Menschen vorhandenen Jungfräulichkeit, ohne sie kommt kein Mensch zu einem Umweltgefühl. Sobald er sich in die Umwelt einläßt, ist der Mensch genötigt, das Gebilde, dem er sich gegenübersieht, in seiner Eigenart anzuerkennen. Im Erahnen oder Erfühlen dessen, was man das Webende nennt, wird deutlich, daß Genien oder Götter im Hintergrund das Zusammenspiel weben.

Der Mensch steht in einer problematischen Beziehung zu dieser Welt. Gerade das Geheimnisvolle ist verlockend, aber zugleich auch wieder bedrohlich. Diese Welt hat ihre eigenen Gesetzmäßigkeiten. Am Tage ist sie hell und freundlich und verlockt zum Spaziergang. In der Nacht ist sie bedrohlich – dieselbe Welt! – und scheucht den Menschen zurück in die menschliche Gemeinschaft, wo er sich mit anderen zusammenschart, um eine Abwehrmöglichkeit zu haben gegen die webenden Geister der Nacht, die er gefährlich überlegen irgendwo lachen hört oder durch die Räume und die Hallen seiner Häuser huschen fühlt. Diese Welt ist frühlingshaft-sommerlich blühend, warm, schön, freundlich einladend; und sie ist herbstlich-winterlich kalt und zurückscheuchend. Sie erlaubt dem Menschen in den südlichen Breiten, nackt und hüllenlos in ihr zu verweilen, und sie zwingt ihn in der winterlichen Kälte, sich einzuhüllen, die Höhlen aufzusuchen oder die Häuser. Anziehung und Abstoßung, Neigung und Fluchttendenz halten sich ungefähr die Waage.

Allmählich entwickelt sich im Menschen das Bedürfnis, auf diese Welt Einfluß zu nehmen. Damit wird es notwendig, daß der Mensch sich mit den Mächten dieser Welt auseinandersetzt – dieser Welt, auf die er ja einen Einfluß gewinnen will. Das menschliche Wesen, die Seele überprüft also, was nun geschehen kann. Es fühlt sich angelockt von der Welt und fühlt doch zugleich, wie es sich in dem Augenblick, da es sich in diese Welt hineinbegibt, in ihr verfängt.

Schon die allerersten Beziehungnahmen in der Jugendzeit machen deutlich, wie man verstrickt wird. Für den jungen Menschen gehört es wohl zu dem Allerschwierigsten zu erleben, wie er sich plötzlich in gefährlichen und riskanten Situationen befindet, die er nie geahnt und nie gewollt hat, wie er schuldig wird durch unheimliche Zusammenhänge und wie er rings um sich das Gelächter irgendwelcher Dämonen hört, denen es auf diese Weise gelungen ist, ihn hereinzuziehen, ihn zu verstricken.

Da steht nun die menschliche Seele in ihrer dreifachen Welt. Sie ist verknüpft mit dem Geist, mit dem Himmel, mit einer vierdimensionalen Welt großer, freier Bewegung. Sie hat ihr Bild in der Welt der Gestirne und alles dessen, was dazugehört in diesem wunderbaren Weben, das uns deutlich wird am nächtlichen Himmel, der zwischen den Gestirnen waltet. Dann kommt die dreidimensionale Erde und der Verlust einer Dimension, sobald man in sie eintritt. Und dann ist die noch tiefere Welt des Todes da, in der die Seele zum Schatten degeneriert, zu einem zweidimensionalen Wesen.

Tritt man heraus aus der astralen Höhe geistiger Welten in die irdische Welt, so fühlt man den Verlust, die Einschränkung. Jede Einschränkung ist zugleich Berührtwerden. Die Unberührbarkeit geht dahin, die Heiligkeit verschwindet, die Keuschheit wird verloren, die Befleckung erfolgt, die Unreinheit wird Gesetz. Dem folgt das Untertauchen in die nächtigen Tiefen, der Verlust jedes eigenen Leuchtens; und zuletzt der Tod, der Verfall in die Verwesung, ungefähr der Gegenpol zu dem, was sich die jungfräuliche Seele vorstellt.

Und doch ist über dem Menschen dieser Zwang zur Inkarnation, der Zwang zur Weltbildung. Aber der Mensch bleibt in dieser seltsamen Vertikalen, die durch diese drei Reiche hindurchreicht und seine Gestalt bestimmt. Er muß emporschauen zu dem Himmel, staunend, bewundernd, sehnsüchtig; er muß sich umschauen in seiner Welt; und er ahnt das Unheimliche der Tiefen jeglicher Art.

Bekommt er den Zusammenhang mit dieser Umwelt, dann entsteht das, was wir die *Landschaft* nennen. Die Landschaft ist die von der jungfräulichen Seele entwickelte Umwelt. Es gehört zu der frühen mythologischen Zeit, daß der Mensch einer unberührten Umwelt begegnet. Heute ist das etwas beinahe Unmögliches; überall stoßen wir auf die Spuren der Berührtheit. Die Nymphen, die Najaden, die Dryaden, die Quellgeister, die Baumgeister, die findet man nur da, wo die Unberührtheit waltet. Die jungfräuliche Seele des Menschen braucht diese Unberührtheit, dann sprechen diese Gestalten aus Wald, aus Hain, aus Quelle, aus Fluß, aus dem Meer, auch aus der Wolke heraus und locken und verführen. Wo immer diese Gestalten auftauchen vor dem inneren Auge des Menschen, da findet er das Spiegelbild seines jungfräulichen Wesens.

Dieser Zauber kann nur gefühlt werden. Man kann den Zauber dieser Landschaft und dieser Wesen nur fühlen. Es sind viele Gesichter von wunderbaren jungfräulichen Wesen, die einem aus all diesen Gebieten der Landschaft entgegenleuchten. Man kann diese Welt nicht ergreifen und begreifen. In dem Augenblick, da man sie ergreift, schwindet die Jungfrau, und der Mensch steht dem Weib gegenüber. Das Jungfräuliche kann nie ergriffen und nie begriffen werden, sondern ist gebunden an das tiefe Lebens- und Weltgefühl.

Diesem Jungfräulichen ist alles Unberührte in der Welt, in der Natur geweiht. Das spielt in unsere Märchen herein: Die Feen, die Elfen, die Prinzessinnen und die Prinzen, sie alle tragen das Gepräge des Jungfräulichen. Und den Menschen, der davon bestimmt ist, erleben wir ebenfalls in dieser Art. Wenn das weibliche Wesen in den Zustand des Jungfräulichen übergeht, dann kommt diese eigenartige, wunderbare und manchmal auch bizarre kurze Periode, da es sich eine märchenhafte Umwelt zu gestalten versucht. Das kleine Zimmer wird zu einer Märchenwelt ausgebaut.

Diese Ebene des menschlichen Wesens verführt dazu, die Dinge aus den Zusammenhängen herauszulösen und in andere Zusammenhänge zu bringen, da eine Elfe wegzunehmen und dort mit einer Nymphe zusammenzubringen, hier diese Gestalt herauszulösen und mit jener zu verquicken. Plötzlich offenbart sich, daß der Mensch über diese Umwelt verfügen kann, und er schafft sich eine von der Wirklichkeit losgelöste Traumwelt, die oft sehr rasch zugrunde geht.

Da der Mensch entdeckt, daß er nicht nur in die Landschaft hineingehen kann, sondern wie das Riesenfräulein, von der Burg heruntersteigend, die Gebilde in den Schurz zusammennehmen und droben auf der väterlichen Burg wieder neu aufbauen kann, so geht er dazu über, dieses innerlich erlebte Bild der Burg auch selbst darzustellen. Es entsteht in einer ganz bestimmten Zeit, ungefähr um das Jahr dreizehntausend vor Jesus von Nazareth, die Tendenz zur Stadtbildung.

Auch zu diesem Bild gibt es ganz bestimmte Urvorstellungen. In der mittelalterlichen Zeit gewinnen diese eine ideale Ausprägung, die dem menschlichen Vorstellungswesen entspricht. Wenn man in diesen Wesensbereich vorstößt, so kommt man auf die Mauer, die eine Wohngemeinschaft umgibt, auf Türme, von denen aus die Umwelt betrachtet werden kann, auf Tore, die geschlossen werden können und das Leben der Einwohner sichern, wenn die Umwelt da draußen in ihr gefährliches Stadium gerät.

Es ist sicherlich kein Zufall, daß sich die prominenteste Stadt der abendländischen Bildung eine Jungfrau zur Göttin ausgewählt hat. Sie nannte sich Athen nach der jungfräulichen Göttin *Athene*.

An Athene entdecken wir nun einen anderen Zug, den wir vielleicht gar nicht ohne weiteres wahrgenommen hätten, wenn wir nur bei dem einfachen Bild geblieben wären: die *Klugheit*.

Das Jungfräuliche geht mit der Klugheit Hand in Hand; der Mensch, der in der Lage ist, die geheimnisvollen Fäden der Verbindung zu fühlen, der ist auch in der Lage, die Auswirkungen dieser Verbindungen zu ahnen und vorauszuahnen und diesbezüglich Ratschläge zu erteilen oder Maßnahmen zu ergreifen, die das für ihn Günstige oder Ungünstige gestalten. Das ist die Klugheit.

Da der jungfräuliche Mensch in sich diese Fähigkeit des Webens, des Verwebens und Verbindens als eine Entsprechung zu dem entdeckt, was ihm draußen begegnet, versucht er es nun auf seine Weise, und es entsteht zum ersten Mal die Tendenz, eine Maschine zu entwickeln.

Die Grundlage der Maschine ist das *Rad*. Das Rad ist das Zeichen der Jungfrau: in der Mitte eine Achse, darum herum die Speichen als die Wege in und durch die Umwelt, und das Ganze umfaßt von dem haltenden Band, das das Rad vollendet und das die haltenden, gestaltenden Kräfte der Umwelt zur Darstellung bringt.

Damit ist etwas Neues entstanden. Dieses magische Zeichen zeigt den Göttern der Umweltgestaltung, den Göttern des Schicksalswebens, daß man ihr Gesetz versteht, ihresgleichen ist und damit gleichberechtigt. Aufgrund dieses Vorgangs kann man es wagen, sich in einer viel souveräneren Art in die Welt hineinzubegeben, nämlich auf dem Wagen. Es beginnt die große Zeit der *Bewegung* – man könnte auch sagen: der »Bewagung«.

Wie stark doch diese Dinge bis zum heutigen Tage wirken. Athene, die Göttin der Jungfräulichkeit und die Inauguratorin der maschinellen und handwerklichen Kunstfertigkeit, bewirkt, daß bis in unsere Zeit herein der Handwerksbursche die mystische Notwendigkeit empfand zu wandern, und zwar eben zu diesem Zweck, ein Umweltgefühl zu erwerben oder, anders ausgedrückt, das Jungfräuliche in sich zu entwickeln und damit seiner Gottheit, der Athene, wohlgefällig zu sein.

Es zeigt sich bei der Betrachtung dieses Wesens, daß man nicht sagen kann, die Gestalt müsse männlich oder weiblich sein; sondern sie ist ambivalent, männlich *und* weiblich. Denn Athene entspricht auf der männlichen Seite *Hermes* oder *Merkur*, der Gott der Erfindungen. Vor allem aber ist es die Aufgabe des Hermes, die Seelen in die Unterwelt zu geleiten.

Kann man also der weiblichen Erscheinungsform des Jungfräulichen zuschreiben, daß sie das Gewebe der Umwelt und der Überwelt ins Auge faßt, so ist es die männliche Spiegelung dieses Wesens, die in die Tiefe führt. Merkur-Hermes oder der ägyptische Thot sind ein und dieselbe Erscheinung und führen in diese Tiefe.

Es ist der Weg des Lebens schlechthin, nicht etwa nur der Weg in den Tod. Der Tod ist nur eine Auffassung des Menschen, der das Leben mißversteht. Es ist der Weg in die Tiefen, vor dem die Menschen im allgemeinen zurückscheuen und darum dem Tod die Macht über sich geben. Der Tod ist vor allen Dingen ein innerer Vorgang und nicht ein leiblicher.

Dergestalt wird Hermes zu dem Gott der Wege und der Straßen überhaupt. Der jungfräuliche Jüngling geleitet den Menschen und geleitet ihn auf den vielen Umwegen des Lebens doch zuletzt zu der Tiefe. Wer aber die Wege und die Straßen führt, der verkörpert schlechthin die Beweglichkeit. Und Beweglichkeit entwickelt die Geschicklichkeit. So ist er zugleich der Gott des Geschicklichkeitswesens – das Männlich-Jungfräuliche.

Es ist wichtig, sich zu vergegenwärtigen, wie sehr Beweglichkeit und Geschicklichkeit zusammenhängen und wie sehr beides mit dem Jungfräulichen zu tun hat.

Durch ihn, der derart die Umwelt zu ordnen vermag, kommt Maß, Zahl und Gewicht, die Kunst des Rechnens in die Welt. Zuletzt also erlebt das, was man den Verkehr nennt, und das Kaufmännische seine Institution durch diesen Gott.

Auch das Zusammenfügen der Laute, die Erfindung der Buchstabenschrift gehört zu ihm. Zuvor konnte man die Laute nicht ablösen von den Gegenständen. Sie standen in den Räumen, und wenn man lesen wollte, mußte man durch die Welt gehen. Jetzt werden sie abgelöst durch dieses jungfräulich-spielerische Umweltbewußtsein und können herausgenommen und auf eine neue Art zusammengestellt werden. Im Gegensatz zu Apollo, der der Gott der Dichter und der Sänger ist, tritt nun ein anderes Element auf, das Element der Prosa, die Rede und die Schrift, und damit auch die Schattenbildung dieses Wesens, das Prosaische. Warum?

Die Dinge, losgelöst von dem alten Standort, den ihnen das Schicksal zugewiesen hat, sind in der Hand des jungfräulich-spielerischen, märchenhaft-träumerischen Menschen nun diesem untertan. Das Tier, das, aus seiner natürlichen Umwelt herausgelöst, zum Haustier geworden ist, ist ganz abhängig vom Menschen. Alle Dinge, die herausgelöst werden, werden so untertan. In dem Augenblick, da dieses Untertänige in Erscheinung tritt, erlischt allmählich das wunderbare Gefühl für das Mysterium. Das Geheimnisvolle verschwindet, das Prosaische, Zählbare, Meßbare, Wägbare, Berechenbare tritt in den Vordergrund, die Welt wird ernüchtert.

Da man allmählich immer mehr Dinge herauslösen und immer neue Kombinationen machen kann, die Maschinen immer komplizierter und vielfältiger werden, wird der Mensch in seinem jungfräulichen Wesen verführt zu der Vielgeschäftigkeit. Die Vielgeschäftigkeit führt zu dem Bedürfnis, überall zu sein, überall Geschäfte zu machen, und dieses Überall-sein erzeugt in unserer Zeit das Flugwesen. Schon lange vor dem trug Hermes oder Merkur die Flügel. Auch das Rad ist am Flugzeug immer noch im Propeller vorhanden. Hier erlebt vielleicht diese Entwicklung ihre letzte Kulmination.

In dem Augenblick, da diese Objektivierung der Umwelt vollzogen ist, hat das Erfühlen keinen Sinn mehr, weil alles gewußt werden kann. Man hat einen Fahrplan, wo man nachlesen kann, wie die Züge fahren; man weiß genau, wie die Eisenbahn verläuft; man kann erfahren, wann die Trambahn fährt, und was dergleichen Dinge mehr sind. Ja man weiß sogar immer ganz genau, »wieviel Uhr« es ist; obwohl es, seit wir die Uhr haben, immer nur ein »wie-wenig Uhr« geben kann, denn der Mensch, der eine Uhr besitzt, hat nie viel Uhr, sondern immer zu wenig Uhr. Er ist immer in der Prosa und damit in der Empfindungslosigkeit, in der Ernüchterung und ohne das Geheimnis. Alles das, was sich nun vollzieht, bringt den Schieber in die Welt. Die Dinge werden dauernd verschoben. Und in dem Maß, als sie verschoben werden, werden die Dinge überhaupt in eine andere Ordnung, in eine Unordnung gebracht.

Athene bringt zunächst ihren Stadtbürgern noch den Ölbaum als eine besondere Segensgabe. Sie ist noch ganz verbunden mit dem Natürlichen und verweist die Menschen auf das Natürliche. Aber zugleich bringt sie die Kriegskunst. Die Kämpfe finden nun nicht mehr auf der Basis der elementaren Kraftentfaltung statt, sondern die neue Kriegsführung gipfelt in dem Trojanischen Krieg, wo die schauerlich raffinierte List der von Athene inspirierten Griechen über die alten großen Helden von Troja siegt. Athene, die Jungfrau, bringt den Ölbaum, aber sie bringt auch die List, das Raffinierte.

Und so geht es weiter. Die Gottheiten, die hierher gehören, sind zugleich die Gottheiten der Verbrecher, denn niemand verschiebt ja die Dinge geschickter als der Dieb. Die Kaufleute und die Diebe stehen unter einer Gottheit.

Wie die Dinge auf dieser Ebene verschoben werden, so werden sie auf geistigem Gebiet verschoben. Hier entsteht die Lüge. Wenn es sich nicht in der richtigen Art inkarniert, degeneriert gerade dieses jungfräuliche Wesen in die Lüge, in Phantastereien oder in Klatsch.

So erleben wir die verschiedenen Stufen dieses Wesens. Die erste Stufe ist dieses Jungfräuliche, das ganz in der wunderbaren Aufgeschlossenheit die Umwelt erlebt, sie bestehen läßt und sich nur mit dem Geheimnis befaßt. Die dazu polare Stufe ist die, in der alles losgelöst und der Mensch Herr des Umweltgeheimnisses geworden ist, sich selbst eine Umwelt zu bilden vermag, die einstige verwobene Welt objektiviert, sie verschiebt, entwurzelt, denaturalisiert, und zuletzt in das Verbrechen und in die Lüge gerät.

Dazwischen steht die Stufe, die wir in der Märchenwelt aufbewahrt haben. Auch da ist schon manche Loslösung geschehen, aber die Gestalten – die Elfen und Feen und wie sie alle heißen – bleiben doch immer noch in diese Umwelt hineinverwoben, in dieses ganz Geheimnisvolle. Auch wenn sie in einzelnen Zügen herausgelöst und vom Menschen verwertet werden – es ist das zarte und behutsame Spiel der jungfräulichen Seele, die aber aus der Erfahrung ihrer eigenen Unberührtheit die Unberührtheit des anderen zuletzt doch unangetastet läßt.

Aber das Märchen als Erziehungsmittel – vorzüglich ja deutschen Geistes – stellt unerbittlich das Gesetz auf, das für die jungfräuliche Seele gilt. Das *Schneewittchen* muß sterben, muß in den Abgrund hinunter. Der Sarg ist ein gläserner, denn die innewohnende Macht zu der Wirklichkeit, zu dem Schicksalsgehorsam und die Bezogenheit zu dem Allverbindenden einer unverbrüchlichen Liebe bewirken, daß das körperliche Gefängnis transparent ist, daß es ein durchsichtiger Sarg ist. Wohl muß der Apfel vom Baum der Erkenntnis gegessen und damit der Tod geschmeckt werden; aber der Tod hat nur ein Anrecht auf ein Stück des Weges, nur so weit, daß er dem Wesen die Erfahrungsmöglichkeit bietet; dann wird der Apfel ausgestoßen, und das Leben kehrt zurück.

So ist es mit *Dornröschen*, das gerade in dem Raum seiner Jungfräulichkeit, mit dem fünfzehnten Lebensjahr, in den tiefen Schlaf verfallen muß, um dann aus der Tiefe zu erwachen in ein vollkommen neues Leben, nämlich in einen neuen Äon – das bedeuten die hundert Jahre, die dann verstrichen sind. So muß *Aschenputtel* fortwährend wieder zurück in die Küche, und die Küche vertritt immer die Unterwelt.

Wir müssen in die Tiefe. Man kann nicht aus der Unantastbarkeit, Unberührbarkeit und Heiligkeit des menschlichen Seelenwesens das Anrecht ableiten, sich um die Gefahren der Verkörperung drücken zu dürfen. Wer seiner Jungfräulichkeit nicht so bewußt ist, daß er in der Kühnheit des Merkur oder Hermes alle Wege in die Tiefe gehen kann in dem Wissen darum, daß der innere Kern vollständig unangetastet bleibt, daß alle Dunkelheit sich nur in einen gläsernen Sarg verwandelt, der hat schon nicht mehr die rechte Beziehung zu dieser eigenen Jungfräulichkeit – obwohl dieses Angezogensein und Zurückfliehen ja zu dem Grundgesetz des Jungfräulichen gehört. Aber zuletzt muß die Fluchttendenz überwunden werden. Denn die Jungfrau, die sich in ihr Dachstübchen zurückzieht und keinen Umgang mehr pflegt, weil alle Männer so böse sind, verdorrt zu einer Hexe und wird darum in einer Pervertierung der Jungfräulichkeit doch zuletzt zu dem, was zu werden sie nicht bereit war. Sie gelangt in die Dämonie anstatt in die Transparenz.

Dieses Schicksal ist weithin schon vorgezeichnet in dem Leben der Urmutter *Eva*. Gewiß, von einem bestimmten Aspekt aus kann man sie als die Erzverführerin betrachten, aber sie wird ja erst in dem Augenblick die Verführerin, da sie selbst schon die Verführte ist. Infolge der Verführung erlebt sie den Sturz aus dem Paradies und die großen Schicksale, die aus ihr eine Mutter machen.

Ihr entspricht im mythologischen Raum die Jungfrau *Maria von Nazareth*. Sie wird durch einen höheren Auftrag in die Verführung geleitet. Die Verführung kommt nicht aus der Umwelt auf sie zu, sondern durch den Engel, der zu ihr in das Gemach tritt und sie beauftragt. Sie, die sich in ihrer Jungfräulichkeit ganz und gar behütet hat und der höheren vierdimensionalen Welt zugetan war, sie wird von dieser Welt beauftragt, das Leiden der Erniedrigung auf sich zu nehmen – bis zu der letzten Tiefe. Sie verfällt wirklich der Charakterisierung, die ganz aus dieser Tiefe kommt: eine Dirne zu sein. Sie muß diesen Weg bis zu der letzten Tiefe auskosten, und aus ihr heraus entfaltet sie dann die Möglichkeit, die sie anwendet auf den Sohn, den sie gebiert.

Das Motiv taucht im Neuen Testament auch noch an anderer Stelle auf, etwa in dem Gleichnis von den fünf klugen und den fünf törichten Jungfrauen. Da haben wir das Motiv der Klugheit, die eben da entsteht, wo das Jungfräuliche in einer sinnvollen Weise mit der Umwelt zusammenspielt.

Der König des Mythos auf diesem Gebiet ist bekanntlich *Odysseus*, der – unmittelbar beschützt von Athene – auf jeder Strecke seines Lebensweges die Charakteristika des Jungfräulichen im männlichen Wesen offenbart. Was gar nicht bedeutet, daß man fortwährend in Sympathie zu ihm entbrennen würde. Der Mythos ist jenseits von Gut und Böse, er schildert nicht, wie das Leben sein *soll*, sondern wie die Lebenswirklichkeiten *sind*.

Zum Schluß muß noch darauf hingewiesen werden, wie stark gerade das deutsche Wesen dieser Jungfrau-Romantik verhaftet ist. In der romantischen Zeit ist alles durchzittert von diesem Suchen der bedeutenden Geister nach einer Repräsentanz dieses Jungfräulichen. Man könnte sich die romantische Dichtung und Kunst nicht vorstellen, ohne daß alle diese Menschen – zum größten Teil ja Männer –, die nach der Repräsentanz des Jungfräulichen suchten, selbst vollkommen davon erfüllt wären. Man denke etwa an eine derartig feenhafte Erscheinung wie Novalis, der ganz und gar vom Jungfräulichen bestimmt ist; ebenso die anderen Gestalten, deren Antlitze uns gerade darum immer wieder erschüttern, weil sie davon geprägt sind. An ihrer Spitze zuletzt Hölderlin, der dieser Vorstellung in dem Diotima-Mythos den vollendetsten Ausdruck zu geben vermochte.

In unserem Nachbarland drüben ist es die *Jungfrau von Orleans*, die dieses Ereignis verkörpert. Auch sie empfängt den Auftrag nicht etwa aus ihrer geschichtlichen Umwelt, sondern unmittelbar aus den geistigen Höhen; die Umwelt ist für sie nur irgendeine ferne Staffage. Die Heiligen, mit denen sie umgeht, sind die Märchenfiguren, mit denen sie sich umstellt. Lange Zeit bezieht sie ihre Kraft aus dieser starken jungfräulichen Phantasie, bis dann der Augenblick der Versuchung sie bricht und manifestiert, daß der Anspruch, der zuvor da war, zuletzt doch bestätigt werden muß mit dem Opfer der Persönlichkeit, und das heißt in diesem Falle, da die Persönlichkeit bewußtseinsschwach ist, mit dem Tod.

Das ist eine kleine »Landschaftskunde« von diesem außerordentlich problematischen Wesen, das wir in uns tragen, das von unserer Trägheit und Stumpfheit zumeist gar nicht sehr beachtet wird, das aber dann, wenn es nicht beachtet wird, unter Umständen zuletzt zu einer höchst gefährlichen und bösen Hexe entartet.

Die Erkenntnis – Aphrodite

Diese Betrachtungen gehen von einer Grundkonzeption aus, nämlich der Beziehung des Menschen zu seiner Schicksalswelt. Da es unendlich viele Spielarten des Wesens Mensch gibt, so gibt es auch unendlich viele Spielarten der Beziehung zu dieser Umwelt. Viele dieser Spielarten lassen sich wiederum in bestimmte Gruppen zusammenfassen, die auf einen gewissen Hauptnenner gebracht, auf einen Mythos zurückgeführt werden können.

In dieser Welt sieht sich der Mensch einer unfaßlichen Fülle von Gegenständlichem gegenüber. Wir erleben auf den einfacheren Kulturstufen der Menschheit, wie sich der Mensch gerne dieser Übermacht unterwirft in einer Bangnis und Furcht und im Erlebnis einer gewissen Schwäche, oder wie er versucht, mit den übergewaltigen Mächten in einen Akkord zu kommen. Es entsteht das mannigfaltige Opferwesen innerhalb der Kulturen, durch das diese Mächte, die sehr rasch und mühelos zu Göttern gemacht werden, gnädig oder günstig gestimmt werden sollen.

Über der Beziehung des Menschen zu seiner Umwelt liegt das Bange, Unheimlichmachende, Erschreckende. Man vergegenwärtige sich, wie der nordische Mensch in der vorweihnachtlichen Zeit, wenn die Stürme durch die Nächte brausen, in der Vorstellung des wilden Heeres lebt und nach dem Mythos nur bestehen kann, wenn er sich zur Erde wirft und seine Augen nicht nach jenen Bewegungen wendet, die in den Lüften vor sich gehen. Das ist ein sprechender Ausdruck für die Beziehung des Menschen zu dieser Umwelt.

Immer wieder wird der Mensch in einem großartig bewegten Erlebnis erschüttert, erschreckt, aufgewühlt, wozu auch der Begriff des *Auffallens* gehört: Alles fällt ihm auf, fällt auf ihn und wird zu etwas Bedrückendem, zu einer Last. Eine Last ist wohl zugleich

Zeichen eines Reichtums, aber letztendlich doch etwas Bedrückendes. Die Fähigkeiten des Menschen, die wir seither betrachtet haben, gaben ihm die Möglichkeit, dieses gewaltige Umwelterlebnis zu haben.

Man kann sich durchaus vorstellen, daß der Mensch, nur diesen Mythen und Gottheiten ausgesetzt, diesen Mächten unterworfen, im Laufe der Zeit auch zu dem gelangt wäre, zu dem er gelangen sollte, aber vielleicht doch auf eine schwere und mühselige Art und nur dadurch, daß Unzählige Opfer der Bedrückung geworden wären.

Nun wird dem Menschen eine neue Gottheit zugesellt, eine neue geistige Macht. Wenn ich im Rahmen dieser Betrachtungen sage: »eine neue Gottheit«, so mit einer ganz bestimmten Absicht. Der heutige Mensch neigt aus den Verhältnissen seiner Zeit und seiner Bildung heraus leicht zu der Vorstellung, daß all das Vielfältige, das er in sich vorfindet und das sich dann zusammenschließt zu einem einheitlichen Instrument für die Weltbegegnung, letzlich in ihm wurzelt und Resultat seines Wesens ist.

Der Mythos und das, was wir durch ihn an Einsicht gewinnen können, macht uns diesbezüglich vorsichtiger und demütiger. Denn man kann durch den Mythos und die Sicht, die er einem vermittelt, wahrnehmen, daß es durchaus nicht nur das im Menschen Seiende gibt, sondern daß, damit die Dinge im Menschen in dieser Weise in Erscheinung treten, die Mitwirkung einer übermenschlichen und außermenschlichen Macht notwendig ist.

In der mythologischen Zeit war es für die Menschen einfach. Sie waren bedeutend weniger verbildet als wir. Es ging ihnen nicht darum, alles auf *einen* Gott zurückzuführen; sondern so verschiedenartig sich die Kräfte in ihnen zur Darstellung brachten, so verschiedenartig erlebten sie auch die Gottheiten. Ihr Gottesbereich, ihr Himmel war erfüllt mit den verschiedensten Gestalten.

Man kann dies im Vergleich zu allen monotheistischen Bemühungen einen primitiven Standpunkt nennen. Eines ist sicher: daß der Monotheismus uns den Mythos geraubt hat. Die größere Dürftigkeit, die größere Mühsal liefert uns bestimmt der Monotheismus, den größeren Reichtum und die größere Farbigkeit die Vielgötterwelt der Alten. Jeder mag sich dazu stellen, wie er will; es handelt sich hier nicht darum, Werturteile zu fällen, sondern die Verhältnisse darzustellen.

Wir haben es heute viel schwerer, wenn wir in dieser Weise von den menschlichen Kräften sprechen. Sofern wir religiös bestimmt sind, haben wir vielleicht auch ein Gefühl dafür, daß die Gnade – wie das Christentum es nennt – mitwirken muß, damit etwas in uns zur Entfaltung kommt. Aber was für ein dürrer Begriff ist die Gnade, was für ein dürftiges Wesen gegenüber der Fülle der Gottheiten, die für den Griechen die Gnade ausmachten: die Chariten, jungfräuliche Wesen, die voll Anmut und Lieblichkeit zum Menschen herniederschwebten und ihn umgaben! Aber lassen wir das dahingestellt. Jedenfalls haben auch wir ein Gefühl dafür, daß der Mensch nicht nur aus sich und durch sich wird, sondern durch die Mitwirkung der höheren Kräfte, der geistigen Kräfte, die von irgendeinem geistigen Raum herströmen.

So wird im Menschen die Fähigkeit entwickelt – eine Art von geistiger Macht –, an verschiedenen Gegenständen seiner Welt *Gleichartiges* wahrzunehmen. Die Dinge treten in bunter Vielfalt vor ihn hin, aber er hat nun eine Fähigkeit, durch dieses Vielfältige hindurchzusehen und ein einfacheres Grundschema darin zu erkennen, das an dem nächsten Gegenstand in der gleichen Weise wahrgenommen werden kann. Aus den verschiedenen Erscheinungsformen, die er so wahrnimmt, entsteht die Möglichkeit, zum Beispiel das Wesen des Baumes zu erkennen. Das ist die Fähigkeit des Menschen, zu einem Begriff zu kommen.

Wir glauben etwa, daß man grundsätzlich, wenn man dieser Erscheinungsform gegenübersteht, zu dem Begriff »der Baum« kommt. Das ist in gar keiner Weise der Fall, denn mit den seither geschilderten Fähigkeiten sieht der Mensch nur immer wieder die verschiedenen Erscheinungsformen des Baumes, aber jede einzelne steht für sich, wenn nicht diese andere Fähigkeit dazukommt, das

Differenzierende gleichsam wegzusehen, wegzustreichen und das Einheitliche zu erkennen, das dann zu dem Begriff führt. Es ist also die Macht der *Erkenntnis*, die dem Menschen hier gegeben wird.

Diese Macht der Erkenntnis wird dem Menschen nicht etwa nur mitgeteilt, wenn er erwachsen und in die Schule gegangen ist, sondern sie ist eine Grundanlage, und geübt wird sie schon in der frühesten Kindheit, schon in dem Säuglingsalter, wenn auch erst in einer Vorstufe.

Als erstes Begriffsbild, dem der Mensch begegnet, erscheint ihm das *Geschlecht*, die großen repräsentativen Gestalten des Vaters, der Mutter, dann der Brüder und Schwestern, die sich dazugesellen und nun den Raum um dieses kleine menschliche Wesen ausfüllen.

Dieser visuelle Eindruck ist für den jungen Menschen so entscheidend, wie es sich der Erwachsene gar nicht mehr vorstellen kann. Das Auge des Kindes gleitet an den verschiedenen Gestalten entlang und versucht sie aufzusaugen. Lange ruht das Erkenntnis-Erlebnis auf dem Grunde der kindlichen Seele; aber in dem Augenblick, da das Kind mit der Geschlechtsreife selbst in den Raum des Geschlechtes eintritt, verfügt es plötzlich und spontan über die Macht des Begriffes, der derart von Jugend auf gewachsen ist. In jedem weiblichen Wesen wird das Weib erkannt, in jedem männlichen Wesen der Mann. Das ist die Urbegriffswelt, die der Mensch in sich vorfindet. Und da er es lange, lange geübt hat – denn das Kind hat lange Zeit, sich ganz ausschließlich mit diesem Begriffsproblem zu beschäftigen, es vorzubereiten, bis daraus wirklich der Begriff wird –, so steht ihm nun eine Art Technik zur Verfügung, die bei dem einen stärker, bei dem anderen geringer entwickelt ist. Nachdem schon diese Vielfältigkeit der Gesichter auf bestimmte Grundnenner zurückgeführt werden kann, ist er nun in der Lage, auch mit der übrigen Welt derart zu verfahren. Die Übermacht der Umwelt wird bezwungen durch die Begriffsbildung.

Es gehört zu den großen Versäumnissen unseres Lebens, daß wir nicht viel mehr darüber nachdenken, was wir ohne Begriffe tun würden. Man würde dann überhaupt erst entdecken, daß der

Mensch nur durch die Begriffsmöglichkeit in der Lage ist, in ein harmonisches Verhältnis zur Welt zu gelangen. Solange wir keinen Begriff haben, stürzen die Dinge, die Verhältnisse und Umstände auf uns und erschlagen uns – wie wir zu sagen pflegen. Erst durch den Begriff gelingt es, *sich* zu behaupten gegenüber dieser Übermacht. Aber nicht nur das, sondern alles Erkannte verliert seine Gefährlichkeit. Die Dinge verlieren das Dämonische, Beeindruckende; sie treten zurück, und es entsteht ein *Abstand*. Das ist die Macht der Erkenntnis.

Wenn ich vorher gesagt habe, daß der Grundbegriff für den Menschen das Geschlecht ist, so kann ich das nun etwas verständlicher machen durch die Erinnerung daran, daß der Mensch aller Regionen und Zeiten das Bedürfnis, den Zwang empfindet, jeden Begriff einem Geschlecht zuzuordnen. Man sagt eben: *der* Tisch, *die* Türe; und da, wo der Mensch die Entscheidung nicht treffen kann oder andere mythologische Hintergründe walten, wird nach dem Mischwesen, dem Neutrum »*das*« gegriffen, wobei offensichtlich einer Zukunft die Entscheidung überlassen wird, wohin das Entsprechende gerückt werden soll, ob auf die männliche oder die weibliche Seite, oder ob beides in einer gleichartigen Weise mitwirkt.

Was wir als Menschen machen würden, wenn wir die Begriffe nicht hätten, läßt sich gar nicht sagen. Man kann es nur erahnen, wenn man sich in die Vergangenheit versetzt und sich deutlich macht, in welch einer Angst, einem Schrecken, einer Furcht die Menschen gelebt haben. Noch in meiner Jugendzeit auf dem Land hatte etwa die Nacht alle diese Schrecken für die Menschen, und niemand ging ohne Notwendigkeit in der Nacht aus dem Haus. Die Dinge reichen also noch bis in unsere Zeit herein. Obwohl es den Begriff der Nacht gab, war und ist dieser Begriff nicht mächtig genug, die Gewalt der Nacht zu entmächtigen.

Fraglos empfindet der Mensch, der diese Macht der Erkenntnis handhabt, wie die Welt, in der er lebt, in ein viel ruhigeres Maß gerät. Die Furchtbarkeit schwindet, und an ihre Stelle tritt etwas anderes, was wunderbar ist, aber zugleich eine große Gefahr darstellt: die Sorglosigkeit und auch bis zu einem gewissen Grade der Leichtsinn. Wir erleben in unserer Zeit die Krise dieser Konsequenz.

Der heutige Mensch hat keine Furcht mehr vor den Bergen, er besteigt sie und bezwingt sie. Und nicht nur der wirkliche Bergsteiger bezwingt sie, sondern die *Masse* der Menschen bezwingt die Berge mit den Bahnen. Dann baut man Staumauern, und die Stauseen werden erzeugt, und die Kraftgewinnung wird eingeleitet, und was dergleichen mehr ist. Mit einer Sorglosigkeit ohnegleichen greift man nach der Welt, die einst durch die Furchtbarkeit vor diesem Zugriff geschützt war, und man verwüstet sie dabei. Das technische Bewußtsein ist ein Bewußtsein des Leichtsinns, denn der Mensch gerät in die Überheblichkeit und damit in die Fahrlässigkeit.

Der einzelne ist jedoch nicht zu solchen Haltungen genötigt, sondern kann in dem Raum, der ihm bleibt, ganz ruhig die Erkenntnis wirksam werden lassen. Dann geschieht das Schöne, daß man fühlt, wie durch die Erkenntnis zwischen Mensch und Welt der Ausgleich geschaffen, Harmonie erzeugt wird. Und nicht nur in dieser Beziehung entsteht die Harmonie, sondern der Mensch ist auch in der Lage, zwischen den Dingen diesen Ausgleich herzustellen.

Wenn man in der Lage ist, die wesentlichen Merkmale irgendeiner Erscheinung zu erkennen und ebenso die wesentlichen Merkmale anderer, in der Nähe befindlicher Erscheinungen, dann besitzt man die Fähigkeit, die Dinge und die Verhältnisse in eine harmonische Situation zueinander zu bringen, dem einzelnen einen Platz anzuweisen, der ihm entspricht und sich zugleich in der Harmonie zu der Umwelt befindet. Dadurch kann alles ins Gleichgewicht gebracht werden.

Wir wissen, wie wichtig diese Fähigkeit ist, wo es sich um Menschengruppen handelt. Denn nur wenn diese Erkenntnisfähigkeit bei den Maßgebenden vorliegt, kann man beruhigt sein darüber, daß es zu einer harmonischen Gestaltung des Gesamten kommen wird.

Die Erkenntnis als Gefährt des Lebens oder als Gefährte des Lebens hat etwas Wunderbares an sich: Sie macht den Dingen geneigt. Man hat das Bedürfnis, bei den Dingen und an den Dingen zu bleiben. Das Gegenständliche, das ja nicht nur erforscht und wahrgenommen, sondern in einer viel tieferen Weise erkannt werden will, ist wie ein Raum, in dem man sich gerne befindet und verweilt. Man lebt nicht nur in den Dingen, die erkannt werden wollen, sondern auch um sie und mit ihnen. Das eigene Wesen ist in einer Art von innerem Gleichgewicht, und das überträgt sich auf diese Umwelt.

Man kann diese Fähigkeit mitnehmen in die Reiche der Himmel; man kann sie da ausüben, wo man sie zunächst erlernt: im Bereich des Irdischen, im Bereich der Menschen; man kann mit ihr in den Bereich der Dämonen eindringen; überall wird man erleben, wie die Erkenntnis Frieden stiftet, Harmonie bewirkt. Weder die Götter noch die Dämonen können der Erkenntnis etwas anhaben. Immer wird derjenige, der die Erkenntnis ausübt, und der Gegenstand der Erkenntnis in ein Gleichgewicht zueinander kommen. Anders ist es nicht möglich. Darum ist für den Erkennenden weder der Himmel noch die Hölle irgendein bestürzendes, erschreckendes Ereignis, ein bestürzender und erschreckender Raum, sondern immer bleibt jeweils der Raum ein Ort zur Ausübung der Erkenntnis. Es gibt kaum eine Macht, die derartig in der Lage ist, Stille, Ruhe und Frieden zu verbreiten.

Die weniger wunderbare Seite sieht so aus, daß der Mensch mit einer gewissen Siegessicherheit in die Welten eindringt und wohl Erkenntnis übt, aber gar nicht spürt, daß die Dinge sich vor ihm verschließen und er letztlich nur als Gewalthaber auftritt, aber nicht als ein wahrhaft Erkennender. Die Erkenntnis ist etwas außerordentlich Behutsames. Nicht umsonst begegnet der Mensch der Erkenntnisbetätigung zuerst in den Räumen des Geschlechtlichen. Denn wenn in den Vorbildern, die ihm da entgegentreten, das Wirkliche und Wahrhaftige lebt und blüht, dann wird der Mensch das für den Erkenntnisvorgang grundsätzlich Entscheidende gelernt haben, nämlich Anerkennung, Rücksicht, Behutsamkeit und Duldsamkeit.

Wenn ich von Gefahren spreche, so nur insofern, als ein Mensch vielleicht in diese Fähigkeit hineinstolpert, ohne sich ihrer bewußt zu sein. Wer auf dem Pfade der Erkenntnis unter Anspannung all seiner Kräfte ringt, entgeht dieser Gefahr, denn er weiß, daß jeder Erkenntnisvorgang eine Kommunion bedeutet. Der erkennende Geist tritt in eine Verschmelzung ein mit dem erkannten Wesen, mit dem erkannten Geist. Es gibt keine innigere Begegnung als die auf dem Boden der Erkenntnis, es ist die höchste Umarmung, die möglich ist. Weit, weit unterhalb, in den peripheren Räumen des Menschseins, ist die geschlechtliche Vereinigung nur das letzte Abbild dieser höchsten Vereinigung, die dem Menschen möglich ist. Vollzieht sich die Erkenntnis in dieser Weise als eine Art ἱερὸς γάμος, »heilige Hochzeit«, dann wird sie in der richtigen Art vollzogen.

In der Ausübung der Erkenntnis hat auch der Kampf keinen Raum mehr. Die Ära des Kampfes ist einfach vorüber, denn die Erkenntnis ist das schlechthin Verbindende. Es gibt nichts anderes in einer wahren Ausübung der Erkenntnis als die Verbindung.

Es ist unvermeidlich, daß im Verfolg der Erkenntnis auch die *Selbst*erkenntnis einsetzt. Jede wahre Selbsterkenntnis führt gerade nicht dahin, wohin die moralische Selbsterkenntnis nach allgemeiner Meinung führt: zur Erkenntnis der Fehler und der Schwächen und ähnlicher Dinge. Das ist gerade kein Erkenntnisakt, sondern ein intellektueller Zersetzungsakt. Sondern die wahre Selbsterkenntnis führt zu einer Wahrnehmung des geistigen Wesens, das meine Bestimmung ist und das mich bestimmt. Dieses geistige Wesen ist, jenseits von Gut und Böse, eine unabdingbare Notwendigkeit des Weltgeschehens.

Jeder wahrhafte Akt der Selbsterkenntnis ist zugleich eine neu gewonnene Menschenerkenntnis; und da ja durch diese Erkenntnisfähigkeit die Möglichkeit besteht, den Dingen den rechten Raum anzuweisen, so kann auch im Zusammenspiel der Menschen jedem Gerechtigkeit zuteil werden. Es entsteht durch eine richtig angewandte Erkenntnis das Grundmittel zu einer heilvollen sozialen Gemeinschaft, es baut sich die Gesellschaft auf.

Die Erkenntnisfähigkeit waltete in der Vergangenheit auch da, wo die Stadtstaaten entstanden. Diese sind dadurch gekennzeichnet, daß in ihnen der Bürger den ihm gemäßen Platz einzunehmen vermochte und dieser Platz auch durch die Gemeinsamkeit gesichert wurde. Die Beziehungen waren vollkommen geregelte. Ist das Gemeinwesen eines solches Staates in Ordnung, so ergibt sich ohne weiteres auch die Ordnung der Beziehung zu den anderen Staaten. Die Erkenntnis in der geschilderten Art ist die wahrhaftige Grundlage jeder Politik und jeder Diplomatie; ohne diese Fähigkeit, die Umwelt harmonisch und sinnvoll zu gestalten, muß jede derartige Unternehmung scheitern.

Nur diese Art des Lebens führt in die Fülle und in eine hintergründige, metaphysische Freude. Aus dieser Fülle des Lebens – denn nie sind das Glück und die Fülle so groß, wie wenn es gelingt, die Umwelt harmonisch zu gestalten – entsteht nun auch das Bedürfnis, diese Umwelt zu verschönen. Man kann es nicht mehr dabei belassen, daß die Dinge nur zweckmäßig sind, sondern sie müssen auch zugleich die Schönheit ausatmen als Ausdruck der Sinnerfülltheit ihres Daseins dadurch, daß sie an dem richtigen Platz stehen. Aus dieser Quelle entstehen die ersten Zeichnungen und Malereien, später die Kunst im großen, die Architektur und die Bildhauerei.

Der Erkenntnisvorgang fällt auch auf den Menschen zurück; auch das eigene Erscheinungsbild soll der öden Zweckmäßigkeit enthoben werden und das Glück des Friedens und der erfüllten Ordnung ausstrahlen. Die Kunst greift nach der Gewandung, nach der Haut, nach dem Haar. Es entsteht das Bedürfnis, sich zu schmücken, und damit die Schmuckhandwerkerei. Alles das gehört dazu, um dem Erkenntnisvorgang den lebendigen und realen Ausdruck zu geben.

Zuletzt möchte der Mensch das verkörpern, was in ihm lebt: Es kommt zu der Erscheinung der *Anmut*.

Es sollte spürbar werden, wie auf dieser Stufe, die wir jetzt betrachten, der Mensch sich nicht nur seiner Welt zuwendet, sondern wie er sich auch zu sich selbst zurückwendet. Das beginnt freilich schon damit, daß der Mensch seinen eigenen Körper wahrnimmt. Aber auf der jetzt dargestellten Stufe ist die Rückwendung eine ganz andere, eine intensivere, eine von geistiger Bildekraft getragene.

Es ist längst eine allgemein menschliche Entscheidung, daß für uns die Fähigkeit zur Bildung der Begriffe weit mehr gilt als irgendeine andere Betätigung innerhalb der Menschheit. Wenn auch die eifersüchtigen Fakultäten immer versuchen, die seit uralter Zeit gefestigte Priorität der Philosophie umzustoßen – es ist die höchste Kunst des Menschen, aus Erkenntnis heraus Begriffe zu bilden. Das bedeutet mehr als die Wahrnehmung von Tatsachen, mehr als die Gestaltung der Umwelt, und zwar nicht etwa nur darum, weil der Mensch dadurch mit der Welt besser fertig würde, sondern darum, weil er sein eigenes Wesen dadurch mehr und mehr entwickelt.

In dem Erkenntnisvorgang schwingt der Mensch zwischen Innen und Außen in einer gewissen Ausgewogenheit.

Dadurch entsteht natürlich auch das Spannungswesen im Bewußtsein. In dem Maße, wie ich mich als ein geistiges Wesen erkenne, erkenne ich mich zugleich auch als ein leibliches Wesen, und die Leiblichkeit behauptet sich ja im Menschen vor allen Dingen durch das Geschlechtliche. In diesem Spannungsbogen steht der Mensch, und er muß sich damit auseinandersetzen, daß diese Spannweite reicht von Körper zu Geist, von Leib zu Seele. Nur dann, wenn der Erkenntnisvorgang gleichmäßig auf das Äußere wie auf das Innere angesetzt wird, wird der Bogen aufgelöst, und es entsteht der Waagebalken. An diesem Balken hängen die Schalen gleichberechtigt, und der Mensch steht in der Verfügungsgewalt, jeweils den Ausgleich herzustellen durch ein Mehr für das eine oder für das andere, je nach den Erfordernissen, die gerade vorliegen.

In der Erfahrung dieser Fähigkeit wird der Mensch weiterhin zu dem Wissen gelangen, daß die Macht der an der sinnlichen Anschauung gewonnenen Erkenntnis durch ihre unmittelbar einleuchtende

Kraft über jede physische Gewalt siegt, und zwar nicht durch eine Bekämpfung – denn Kampf ist nicht im Raume der Erkenntnis –, sondern durch eine Überführung der physischen Gewalt in die rechte Bahn.

Darum ist die Erkenntnis dasjenige, was auf das Antlitz des Menschen das Lächeln der Überlegenheit zaubert, das eigentliche Zeichen der Anmut. Der grobschlächtige Mensch lacht laut und lärmend, der Weise lächelt. Nirgends ist im Erkenntnisvorgang die Bedrückung durch die Vergangenheit noch die Sorge um eine Zukunft. Der erkennende Weise steht lächelnd in der Gegenwart und ist von der Aufgabe, die sie an ihn stellt, erfüllt, und sie erfüllt ihn mit dem Glück, das aus ihr kommt. Da ist nichts mehr frei zu einem Schielen nach der Vergangenheit oder nach der Zukunft. Aus der Fülle der Gegenwart erwächst die wahre Sorglosigkeit.

Was nun das Mythologische anbelangt, so stellt sich zuletzt noch die Frage, welche Gottheit über der Erkenntnis steht. Es ist wohl die zauberhafteste in dem Götterhimmel: *Aphrodite*. Sie geht an unserem Himmel als Morgen- und als Abendstern auf, dem Morgen wie der Nacht gleicherweise zugetan. Sie ist diejenige, die über alle Götter siegt durch ihre Anmut. So stark ist ihre Kraft, daß sie selbstverständlich bis zu der Tiefe hinuntersteigen und sich mit dem Abscheulichsten der Götter vermählen kann, mit Hephaistos, dem Gott der Schmiede und des dunklen Feuers, weil ihre strahlende Kraft so gewaltig ist, daß alles, was in ihre Nähe kommt, von ihrem Zauber ergriffen und verwandelt wird. Sie stürzt in die Tiefen des Meeres und taucht in verwandelter Schönheit wieder auf.

Die wunderbare Kraft der Erkenntnis, die dem Menschen gegeben ist, ist die höchste Gottheit, und sie bezwingt alles durch die heitere Gelassenheit ihres Wesens und durch die Kraft der Harmonie, die von ihr ausgeht.

Der Schatten – Hades

Wenn wir uns für einen Augenblick unsere Sicht vom Menschen vergegenwärtigen und sie vergleichen mit der Sicht des Mythos, dann kann uns ein tiefes, befremdendes Erstaunen darüber befallen, daß wir so arm geworden sind.

Sprechen wir etwa davon, daß der Mensch Leib, Seele und Geist ist, sprechen wir davon, daß sein seelisches Wesen aus Denken, Fühlen und Wollen zusammengesetzt ist, so erschließen sich uns mit diesen Begriffen keinerlei zugängliche Anschauungen, sondern wir werden von einem unfaßlichen Allgemeinen in ein ebenso unfaßliches Allgemeines verwiesen. Wohl verbinden wir damit irgend etwas, aber zu dem Erlebnis, einen sicheren, tragenden Grund zu besitzen, gelangen wir dabei nie. Und zuletzt zerfließt uns das menschliche Wesen, das eigene und das der anderen, in etwas Unfaßliches und Unbestimmtes, eine Nebellandschaft ohne entschiedene Konturen.

Begegnen wir nun etwa den alten Götterbildern, dann ist etwas vollkommen anderes da, eine ganz konkrete Anschauung von den Mächten, die an dem Bestand des Menschen mitwirken und ihren ganz bestimmten Beitrag leisten. An den Gestalten und an der Geschichte dieser Gottheiten kann der Mensch seine eigene Gestaltung und seine eigene Geschichte erfahren.

Diese Welt geht im Zusammenhang mit dem und durch das Christentum unter. Klare Anschauungen verschwinden, helle deutende Bilder versinken, diese ganze Landschaft wird von dem grauen Nebel des neuzeitlichen Denkens überzogen, und einzig und allein die geschichtlich-mythologische Gestalt des Jesus von Nazareth leuchtet darüber, so als hätte er wie mit einem Tuch alle diese Gestalten und Bilder weggewischt, um der Menschheit zu sagen:

Jetzt bin ich allein euer Leitbild. Vielleicht wächst einmal die Menschheit dahin, sein Leben in einer ganz anderen Weise, als wir es kennen, als einen Mythos zu erleben und sich vollständig darin zu erkennen.

Greifen wir auf jene einzelnen Bilder zurück, so hebt sich mit ihnen zugleich ein Stück unserer eigenen inneren Wesenheit, und wir lernen uns selbst und andere verstehen. Was wir dabei sehen, ist nicht immer angenehm, sondern oft bestürzend, oft auch erschreckend.

Die Begegnung, die uns jetzt bevorsteht, führt uns mit dem Gott der Unterwelt zusammen, mit *Aides*, dem unsichtbaren, unwahrnehmbaren, dunklen Schattengebilde.

Die Griechen verhielten und entschieden sich ihm gegenüber in einer ganz bestimmten Art. Sie verehrten ihn als den Spender wunderbarer Früchte. Denn die Gottheit, die in den Tiefen wohnt, versorgt das Leben der Pflanzenwelt auf dem Umweg über die Wurzel. Die Frucht als das Äußerste des Baumes entspricht dem Äußersten der Tiefe, der Wurzel.

Die Griechen verehrten diese Gottheit als einen gerechten Herrscher im Reiche der Toten, aber sie wandten sich ihr nie zu, mehr noch, sie lebten immer in der Abwendung von ihr, und sie erkannten ihr nie den Rang einer eigentlichen Gottheit zu. Aides oder Hades hat nie zu den zwölf Auserwählten im Olymp gehört. Da verläuft eine scharfe Trennungslinie, die für den griechischen Geist charakteristisch ist. Diese Welt wird wohl genommen, hingenommen, aber nicht anerkannt.

Folgten wir nun ganz genau diesem mythologischen Leitbild und dächten wir daran, daß wir die Kinder von Hellas sind, daß Griechenland am Beginn der abendländischen Kultur steht, dann könnten wir uns sorglos und unbeschwert mit dem befassen, was zu diesem Wesen und seinem Reich gehört. Aber da ist das andere: ein Mißtrauen in uns gegenüber der griechischen Haltung und zugleich ein Blick auf unsere Welt.

Spürt man diesem Mißtrauen etwas nach, so erinnert man sich vielleicht daran, daß Jesus von Nazareth nach seinem Tode die Höllenfahrt angetreten, das Reich des Hades aufgesucht und dort – nach dem Mythos – Entbindungen und Entfesselungen vorgenommen haben soll. Er hat ganz bestimmt das Tor nach diesem Reich nicht mehr zugemacht, denn sonst hätte sein Hinunterstieg keinen Sinn gehabt. Dadurch wurde der Gottheit, die dort unten regiert, die Gerechtigkeit zuteil, die das Griechentum ihr versagt hat. Aus dem Zur-Kenntnisnehmen wird eine Anerkennung. Im Stil des griechischen Denkens müßte gesagt werden, daß Hades zu einer der Gottheiten wurde.

Was damit aus den Tiefen heraufgestiegen ist, nennt man mit einem präzisen und auch scharfen Begriff das Verbrechen. Dabei denke ich nicht an das grobe und sinnfällige Verbrechen, das sich irgendwo abspielt, sondern an die geistige Gestalt des Verbrechens als einer Verletzung der menschlichen Maße. Das Verbrechen wird hier also viel subtiler gefaßt und beginnt in der nächsten Nähe zu unserem eigenen Inneren, zu unserem eigenen Verhalten.

Auch in der griechischen Zeit spielt Hades seine Rolle und wirkte mit, nur eben im Vergleich zu heute nicht anerkannt und darum nicht in der vollen Stärke zur Entfaltung kommend wie seither.

Was lehrt er den Menschen – heute noch?

Wir haben betrachtet, wie der Mensch den Gegenständen begegnet, wie er der Welt begegnet, in der diese Gegenstände leben, die diese Gegenstände umgibt, und wie er zu der Erkenntnis kommt. In jeder dieser Stufen entwickelt der Mensch eine innere Kraft zur Auseinandersetzung mit seiner Umwelt, aber immer können wir auf diesen Stufen das Gefühl haben, daß der Mensch gut ist. Es geht um das Gleichgewicht der Kräfte, und der Mensch und die Mächte, die ihn belehren, sind darauf bedacht, dieses Gleichgewicht nicht zu stören.

Nun lehrt diese Gottheit den Menschen ein Weiteres, nämlich daß man die Begriffe von den zugrunde liegenden realen Anschauungen *ablösen* kann und daß dieses derartig Abgelöste allein – ohne einen weiteren Zusammenhang – im geistigen Vermögen des Menschen bewegt werden kann.

Es ist zunächst etwas Wunderbares, was dem Menschen damit gegeben ist. Wenn er heute »Papier« sagt, so ist das kein konkreter Begriff mehr, sondern es kann ein Vertrag sein, es kann ein Wertpapier sein, es kann genausogut ein Schulheft sein, irgend etwas Unbestimmtes steht dahinter. Wenn wir den Weg von dem Papyros der Ägypter und den Umgang mit diesem damals sehr kostbaren Gut bis zu der heutigen Zeit verfolgen, dann wissen wir, wie sehr alles bis zum dem Augenblick, da Mephisto den Faust ein Papier unterschreiben läßt, ins Gleiten gekommen ist. Papier ist ein losgelöster, ein schwebender Begriff geworden und darum längst in das Reich des Hades eingegangen.

Wenn der Ägypter das Wort gebrauchte, so sah er die lebendige Staude vor sich, erlebte noch einmal die Begegnung mit ihr in ihrer Umwelt am Nil und erinnerte sich an den Weg, wie es zu einer Erkenntnisbildung kam und zu einer Namengebung. Alles war in einem wunderbaren Ring zusammengeschmiedet: der geistige Akt des Menschen und die sinnliche Wahrnehmung und der sinnliche Gegenstand und der Mensch. Nun geistert das Papier durch die Welt und hat wohl viele, viele Bezüge, aber dadurch letztlich keinen Bezug mehr.

Es sind nicht etwa nur die Sammelbegriffe, die der Mensch so bearbeitet, sondern er zerlegte auch die Grundbegriffe. Die einzelnen Merkmale treten zutage und können in ihrer Weise genauso von ihrer eigenen Wirklichkeit im Begriff losgelöst werden. Die Frivolität steigert sich soweit, daß in der Rokokozeit die Bäume nach geometrischen Figuren zurechtgeschnitten werden. Wie weit ist in diesem Augenblick der im Menschen vorhandene Begriff des Baumes von der Wirklichkeit entfernt, über den Raum der geometrischen Abstraktion hinweggeführt, ganz und gar *entlebt*.

Der Mensch erlebt dadurch eine Steigerung eines Selbstgefühls, eines Überlegenheitsgefühls gegenüber den ihn sonst umstellenden

Kräften. Auf diese Weise steigert sich der Mensch in das Ungemessene. Nur aufgrund dieses Vorgangs, des Einflusses dieser Macht, gelangt der Mensch zu der Meinung, er sei eine das Irdische überragende Macht.

Vergleichen wir etwa das, was man heute unter »Strom« versteht, mit dem, was man früher darunter verstand: Jetzt sind alle die geheimnisvollen und offenbaren elektrischen Ströme gemeint, ebenso die Flüsse und andere Strömungen in der Welt. Der Begriff ist losgelöst worden von seinem urtümlichen Bild und kann vom Menschen ganz nach Gutdünken nun verwandt werden. Oder was ist etwa ein Wald heute im Vergleich zu einer früheren Zeit, in der die Erkenntnisbegriffe noch ganz dicht bei den Erscheinungswirklichkeiten waren?

Oder wenn wir das berühmte und ominöse Wort »Reich« erwähnen dürfen – was ist das Reich heute im Vergleich zu früher? Damals wurde das Reich repräsentiert durch eine menschliche Gestalt, durch einen Fürsten, einen König oder Kaiser, je nachdem. Welch ein Weg bis zu der Vorstellung des »Dritten Reiches«! Diese Formel wurde geschaffen in der »Schule der Weisheit« des Kayserling-Kreises und wurde dort angewandt auf einen geistigen Akt des Menschen im Rahmen seiner inneren Entwicklung; von dort wurde dieses Wort dann von den Nationalsozialisten gestohlen und in ihre Terminologie eingesetzt.

Was ist das Reich? – Wollte man sich darüber unterhalten, würde man spüren, daß dieser Begriff wirklich ohne irgendein konkretes Leben aus der Schattenwelt des Hades kommt. Das Dritte Reich sollte zuletzt dann auch ein Reich maßloser Unterdrückung und unmeßbarer Raubzüge sein.

Was ist das Reich? – Wer fühlt nicht, wie in diesem Wort der Dämon der Unterwelt lebendig ist?

Sobald wir einem derartigen Vorgang begegnen, erleben wir, wie alles in das Gleiten und das Stürzen kommt. Das Gleichgewicht der Dinge untereinander ist zerstört, und die Begriffe werden zu *Schatten*.

Es ist in einer Zeit wie der unsrigen sehr schwierig, diese Dinge deutlich genug darzustellen, weil der Mensch geneigt ist, sich sofort zur Wehr zu setzen. Aber wenn man nur ein wenig Selbstkritik aufzubringen in der Lage ist und die Wirklichkeit beobachten kann, dann muß es einem doch überall auffallen, daß die Begriffe, die die Menschen gebrauchen, schattenhaft sind, gespenstisch und dämonisch. Daß darin eine Zerstörung liegt, ein Bruch und damit ein Verbrechertum, ist für die Menschen schwer anzunehmen. Jeder Begriff, der sich nicht im Gleichgewicht zu der realen Anschauung befindet, entstammt dem Verbrechen und fördert das Verbrechen.

Hades ist gleichwohl eine Gottheit, und die von ihm aufgerichtete Herrschaft auf Erden ist eine göttliche Herrschaft. Aber die Menschen, die unter dieser Herrschaft stehen, leben eben in einer Unterwelt, in einer Schattenwelt. Es ist eine der Welten, in denen man leben kann; aber das menschliche Geschlecht liebt diesen Aufenthalt nicht. Und eben diese Gestalt hat nun von der Erde Besitz ergriffen und ihre Herrschaft hier ausgebreitet.

Wie weit die Trennung von Begriff und Wirklichkeit geht, soll an einem kleinen alltäglichen, aber leicht verständlichen Beispiel dargestellt werden. Dabei muß in erster Linie in Betracht gezogen werden, daß die *Wirklichkeit* im *Erleben* des Menschen liegt. Wenn ich vom Baum spreche, so meine ich nicht den Baum, wie ihn der heutige Mensch sieht als ein abstraktes Gebilde der Natur, sondern ich meine den Baum als Erlebnisinhalt des Menschen. Dieses Erleben ist die reale Grundlage für den Erkenntnisbegriff.

Nun also zum Beispiel: In einer kleinen Gemeinschaft von Menschen, einer Siedlung, einem kleinen Dorf bricht in irgendeinem Gehöft ein Brand aus. Vor einigen Jahrzehnten war es auf dem Land überall erlebbar, daß jeder Mensch, der Anspruch auf Anständigkeit stellte, zu dem Brandplatz eilte und half. Und in der Hilfe war immer der ganze Einsatz beschlossen bis zu der Lebensgefahr. Man vergleiche damit, wie die Menschen heute an einem Unfall möglichst rasch vorüberfahren, um ja nicht mit hereingezogen zu werden.

Nun kommt Hades, der Gott der Unterwelt, und nicht mehr die

anständige Gesinnung der Vorgötter waltet, sondern die Schattengesinnung. In jeder Dorfgemeinschaft gibt es Menschen, denen eine solche Hilfeleistung unangenehm und lästig ist. Man muß aufstehen bei Nacht, man verbrennt sich vielleicht die Kleider, man beschmutzt sich, so daß für einige Tage der Ruß nicht mehr weggeht, und außerdem ist es gefährlich. Es setzt nun eine Reflexion ein, die das Wunderbare des ersten Vorgangs verschattet.

Es kam zu der Bildung der »Freiwilligen Feuerwehr«. Nun konnte der normale Bürger, der nicht bei dieser Freiwilligen Feuerwehr war, ganz ruhig schlafen, wenn die Sturmglocke ertönte. Der Hilfsstrom der Gemeinschaft war abgewürgt. In den Städten wurde dann gar die Berufs-Feuerwehr geschaffen. Damit wurde der einzelne überhaupt nicht mehr von der Frage der Hilfeleistung betroffen, sondern da waren Heloten, die das erledigten, bezahlte Heloten – Beamten heißt man sie –, wo früher die wunderbare Hilfsbereitschaft der Gemeinschaft war. Feuerwehr – was bedeutet das jetzt noch? Dann geht es einen Schritt weiter, und es kommt die Feuerversicherung, und die Dämonie wird offenbar, denn an die Stelle dieser wunderbaren ersten Hilfsbereitschaft tritt nun die Frage der Gehälter und der Tantiemen und der Dividenden. So verwandelt sich ein Begriff im Bereiche der Menschheit in eine schattenhafte Dämonie.

Die Vorteile, die diese Dinge haben, kennt jeder, und selbstverständlich sind alle Erscheinungen ambivalent. Hier wird die Seite herausgeholt, die das Wirken des Hades im Menschen deutlich machen soll. Gott sei Dank gibt es ja die anderen Götter auch, und man muß immer wissen, daß Hades nur ein Drittel der Zeit die Herrschaft bekommt: Zwei Drittel der Macht werden ihm also nie gegeben – so in dem alten Mythos –, nur ein Drittel Jahr ist Persephone bei ihm. Aber dieses Drittel muß in einer solchen Betrachtung herausgearbeitet werden, auch wenn über die weiteren zwei Drittel die anderen Götter herrschen.

Die ungeheure Gefahr, die in dem Ganzen liegt, wird in dem Augenblick deutlich, wo sich eben das Subversive, Infernalische des

Menschen dieser Fähigkeit bemächtigt, wie etwa in der Gründung der Freiwilligen Feuerwehr. Freilich werden bei den Gründungen dieser Freiwilligen Feuerwehr große Reden geschwungen, und Pfarrer und Schultheiß und Lehrer und alle sind dabei, und es geht ornamental gesehen großartig zu; aber in Wirklichkeit ist der Hintergrund die Trägheit des menschlichen Herzens.

Die gerissenen Menschen wittern die Möglichkeiten dieser Fähigkeit und sind bereit, die Abstraktionskraft dazu zu benützen, daß sie sämtliche Hemmungen damit beseitigen und sämtliche Verpflichtungen übersehen und nur noch darauf bedacht sind, hemmungslos ihre eigene Triebhaftigkeit auszuleben.

Kürzlich stand in *Reader's Digest* ein Artikel eines Verbrechers, der dreizehn Jahre in Amerika in einem Zuchthaus saß. Er ist außerordentlich aufschlußreich. Der Mann beschäftigt sich in diesem Artikel damit, warum die Menschen, die in den Gefängnissen und Zuchthäusern sitzen, immer wieder dorthin zurückkehren, und was eigentlich der Hintergrund dieser seltsamen Verhaltensweise ist. Er kommt darauf, daß die Begriffswelt dieser Menschen vollkommen abstrakt ist und keinerlei Zusammenhang mehr mit der menschlichen Gesellschaft besitzt, also mit der Erlebniswirklichkeit, und die Menschen darum fortwährend scheitern müssen.

So kommt es zu dieser Erscheinung, daß der egoistische Mensch sich der Dinge bemächtigt und alle Bindungen zerbricht und sich damit entweder das Verbrechertum oder der Irrsinn in der menschlichen Gesellschaft ausbreitet. Es muß gar nicht sein, daß ein Mensch total besessen wird, sondern das Gefährliche ist, daß der durchschnittliche Mensch immer dann und wann dieser Dämonie zugänglich ist.

Die große allgemeine Gefahr für das Abendland entwickelte sich durch die *Wissenschaftlichkeit* und ihren Machtanspruch. Die Erscheinungen des Daseins werden von der Wissenschaftlichkeit in ein Netz von Begriffen eingefangen, und das Erlebnis des Menschen wird ganz bewußt als irrelevant bezeichnet. Das Erlebnis wird getötet, erstirbt, und in dem Zusammenhang der Wissenschaftlichkeit geht alles darauf aus, zuletzt auf einen Mechanismus zu stoßen, den man jeweils schon in Vorstufen findet. Man macht ihn selbständig und führt ihn vor, immer in der Hoffnung, daß am Ende dieses Weges sich das ganze Dasein als ein Mechanismus erweisen werde. Derartig losgelöst von der Wirklichkeit findet der Mensch die Möglichkeit, die Maschine zusammenzusetzen und aus ihr eine selbständige Macht zu machen.

Man muß sich vergegenwärtigen, was für eine Entscheidung jeder von uns jeweils trifft, wenn er für seinen Anzug ein Gewebe kauft, das auf einer der großen Maschinen hergestellt ist, im Gegensatz zu der sittlichen Forderung, die vor ihm steht, auf einem Webstuhl selbst das herzustellen, was er trägt. Man sagt: Unmöglich! Das sagt der Dämon, das sind die Einflüsterungen des Dämonischen. Würde die Menschheit wirklich erkennen, welch eine Dämonie in der Spinn- und Webmaschine liegt, sie würde diese von daher dämonisierte Kultur vollkommen zum Einsturz bringen, und es wäre der Raum frei für eine nicht-dämonisierte Kultur.

Noch deutlicher ist der Weg vom Spinnrocken zu der Maschine hin. Ich erinnere mich noch gut des tiefen Eindrucks, den ich im Kriege hatte, als ich in einem Dorf in Rumänien sah, wie dort die Frauen mit ihren Spinnrocken abends spazierengingen und, während sie mit den Nachbarinnen sprachen, spannen. Wir in unseren Kulturbreitengraden kannten bestenfalls noch das Spinnrad, und das Spinnrad ist schon die erste Vermechanisierung auf diesem Gebiet.

Es wurde vor etwas mehr als hundert Jahren sehr deutlich – Goethe hat es in seinem *Wilhelm Meister* wunderbar dargestellt –, was an Gefahren dahinter lauert. In dem Augenblick, in dem der Mensch einbezogen wird in den durch die Abstraktion gegebenen Mechanismus und in die Maschinenwelt, verliert er den lebendigen Bezug zu seiner Wirklichkeit, und es spielen sich nur noch die ganz oberflächlichen Dinge in den Vordergrund. Zuletzt bleibt das Interesse nur noch haften an der Befriedigung des Hungers, des Geschlechtstriebs und des Machtstrebens. Die soziale Frage entsteht.

Sie entsteht aufgrund der Veroberflächlichung des Daseins aufgrund der inspirierenden Dämonie.

Es kann ein solcher abstrakter Begriff entstehen wie der Begriff der *Masse*. Wer von uns gebrauchte ihn nicht, und wer von uns würde nicht sofort mit diesem Wort dem Dämon opfern? Es gibt keine Masse, es gibt nur Menschen. Aber was sind die Menschen heute? Von ihren wahren Erlebnisbezügen losgelöste Wesen.

Wo und wann hätte im Raume des öffentlichen Zusammenlebens der Erlebnisbereich des einzelnen Menschen wirklich einen Raum? Unsere Zivilisation – Kultur ist es ja keine mehr – ist eine solche, daß die Dämonie den Auf- und Ausbruch des Erlebnisbereiches auf das schärfste bekämpfen würde. Das geht so weit, daß unsere jungen Menschen heute für ihre persönlichen Empfindungsregungen nur noch irgendwelche ganz saloppen Slangausdrücke haben, die der Erwachsene zum Teil gar nicht mehr versteht. Das ist der Vormarsch dieses Tödlichen, das in der Abstraktion liegt.

Die Folge davon ist die Entstehung der Massenpsychologie – welch ein schauerliches Wort! –, der Reklame und der Propaganda, die Entstehung der Götter, denen wir alle mehr oder weniger untertan sind und opfern. Alles wird der ganz persönlichen Beziehung und Verantwortung entkleidet und damit schattenhaft, flach.

Das, was der Mensch derartig erlangt, wendet er natürlich in der Rückwendung auch auf sich an. Es führt dazu, daß er auch sich selbst in die Abstraktion bringt, daß er die Erscheinungen seines Wesens loslöst von der Erlebnisebene. Es entsteht der ungeheure Raum des Gewissens und der Komplexe. Aus ihnen heraus kommen die Stimmungen, denn alles Stimmungsmäßige entsteht nur dadurch, daß die Abstraktion sich der Erlebnisebene bemächtigt hat und sie losgelöst hat von dem eigentlichen inneren Kern, von dem, was wir das Ich nennen.

Der Mensch entdeckt sich in diesem Zusammenhang als ein psychisches Wesen. Aber diese Psyche ist eine Schattenpsyche und lebt als eine dämonische Gestalt in der Unterwelt, absolut vom Ich getrennt. Das Ich wird als eine ferne Instanz erlebt, die der Mensch vielleicht irgendwie betrachtet, aber von der er glaubt, daß er zu ihr keinerlei Bezug hat. Man muß unter diesem Gesichtspunkt etwa die Psychoanalyse als eine reine Wissenschaft des Hades betrachten. Ihre Methoden und Auswirkungen machen den Menschen nur noch schattenhafter und oberflächlicher und verhindern den Erlebnisbezug zu seiner geistigen Wirklichkeit.

Wir haben in der Mythologie verschiedene Spiegelungen dieser Art; ihr Symptom ist auf einer bestimmten Ebene die *Einflüsterung*. Jeder Mensch könnte sich in diesen Bezügen entdecken, achtete er auf das, was dieser Geist ihm einflüstert. Die anderen Gottheiten kommen in strahlenden Lichtgewändern oder mit wunderbaren Tönen oder mit klaren Worten; die Hadesmacht ist die Macht der Einflüsterung. Ein Begriff wird vermittelt, denn mit Begriffen kann man alles machen; dieser Begriff enthüllt plötzlich eine neue, überraschende Sicht; und ehe man es sich versieht, wird, wenn man diesem Begriff folgt, die Ordnung verletzt. So beginnt es im Paradies.

Was flüstert die Schlange? Sie flüstert die Gottgleichheit in das Ohr der Eva. Ist sie nicht vorher von der Gottheit selbst verkündigt worden? Das Wort ist wahr, aber die Nuance, der Tonfall, das Zischen, das darin liegt, das bringt den Begriff, der zuvor göttlich war, in das Gleiten und in das Stürzen. Und Eva? Wunderbar erscheint ihr diese Einsicht, diese Aufklärung. Und schon stürzt sie. Denn das gehört zu den Einflüsterungen der Hadesmacht: Sie sind immer verlockend, eröffnen dem Menschen immer die seiner Triebwelt angenehme Sicht, und der Erfolg ist immer das Gestürztwerden, die Vernichtung.

Ein anderes Mal hören wir die Gestalt des Einflüsterers auf einem Berg: »Dies alles will ich dir geben, so du niederfällst und mich anbetest!« Da war es deutlich. Aber Jesus von Nazareth erkannte ihn und konnte ihn darum bekämpfen.

Goethes *Faust* ist eine Gestalt, die in einem ganz besonderen Sinne zu diesem Thema gehört.

Mephisto ist nichts anderes als das Schatten-Ich des Faust, das aus dieser Unterwelt kommt, und fortwährend flüstert er ihm das ein, was Faust auf den Weg bringt, den Mephisto will.

Wie verfällt Faust, dieser ganz durch die abstrakte Begriffswelt der Wissenschaft erzogene und gegangene Mensch, der schauerlichen Oberflächlichkeit, die ihn dazu bringt, daß er die Vernichtung einer ganzen Familie verschuldet und dann im zweiten Teil auftaucht, als wäre überhaupt nichts gewesen. Das Gewissen in keiner Weise belastet, die Gemütsart in keiner Weise verdunkelt, nachdem er doch vier Leichen auf seinem Gewissen hat. Das ist das Herosdrama der Deutschen! Welch eine schauerliche Nebelschicht des Hades, auf der dieser Mensch lebt.

Er erreicht dann auch das noch, was man immer damit erreicht, nämlich die schwarze Magie, und mit Hilfe dieser Magie vollbringt Faust das, was ich eingangs erwähnt habe und was die Dämonie der Abstraktion so deutlich macht wie kaum etwas anderes: Er verschafft dem Kaiser das Papiergeld. In diesem Fluch stehen wir ja heute alle.

Wie wunderbar war das in der gegenständlichen Weltzeit! Da wurde Ware gegen Ware getauscht, das Gegenständliche und das Umweltbewußtsein befanden sich in der vollständigsten Harmonie. Dann kam die zweite Epoche mit Gold und Silber. Hier war ein anschaulicher Begriff da, zwar schon der Beginn einer Abstraktion, aber durchaus im Sinne des Erkenntnisvorganges. Gold und Silber sind reale Wertbezüge, und von ihnen geht die Übertragung auf die Ware, die man damit erwirbt. Dann aber kommt die reine Abstraktion: das Papier; irgendeine Anweisung, ein Aufdruck, und jeder Mensch ist damit betrogen.

Und dann kommt das Phantom »Landgewinnung«. Wir kennen ja aus den gesegneten unseligen zwölf Jahren diese Dinge nur allzu deutlich. Wie macht man das mit der Landgewinnung? – Bodenenteignung! Der letzte Rest uralter mahnender Tradition, das alte Ehepaar Philemon und Baucis und ihre Hütte und ihr Baum – sie ragen aus der mythologischen Zeit in diesen abstrakten Unsinn des faustischen Zeitalters wie ein Mahnendes herein. Und mit einer Brutalität ohnegleichen geht dieser Faust darüber hinweg, zerstört das Häuschen und bringt die beiden dadurch um.

Es ist *der Deutsche*, der hier geschildert wird – der Deutsche, wie er in uns allen lebt: von diesem unheimlich dämonischen Drang in das Grenzenlose fortgetrieben. Durch diesen Drang ins Grenzenlose wird auch die zarte Grenze zwischen Gut und Böse nicht mehr beachtet, die ich nun die Grenze zwischen Olymp und Hadeswelt nennen möchte. Um der Begrifflichkeit willen schlagen sich bei uns die Menschen die Köpfe ein, und das Organisationstalent treibt die üppigsten Blüten: Alles muß in ein Schema gepreßt werden.

Kaum ein Volk ist so bedroht von diesem Geist wie das unsrige, und das heißt: jeder einzelne von uns. Überall flüstert Hades aus den Abgründen und verwandelt das blühende Leben in eine Schattenwelt. Sicherlich, wir brauchen diese Kraft, um das Bewußtsein des Menschen zu sichern und zu steigern. Aber man muß wissen, was durch diesen Gifthauch alles zerstört wird!

Die Überweltlichkeit – Artemis

Es ist für den jetzt zu behandelnden Zusammenhang von besonderer Notwendigkeit, sich dessen bewußt zu sein, daß wir wohl in einer solchen Erörterung eine Art von Typus herausarbeiten, daß dieser aber im Dasein der Menschen ganz selten als Typus auftritt. Denn im Typus liegt naturgemäß immer eine Einseitigkeit. Häufig bewundern die Menschen diese Einseitigkeit, denn sie verkörpert für sie etwas Vollkommenes, und der durchschnittliche Mensch fühlt in der Begegnung mit dem einseitigen Typus die Überlegenheit, die er verständlicherweise auch für sich anstreben möchte.

Aber derartige Typen sind nur Leitbilder, Denkmale, die der Menschheit gegeben werden. Sie haben an ihrem Vorzug, der zugleich immer eine Exponiertheit bedeutet, auch zu leiden. Der durchschnittliche Mensch unterschätzt den Vorzug der *Durchschnittlichkeit*, der gerade darin besteht, daß die Möglichkeiten des Menschen gemischt sind, ineinanderfließen und keine in einer besonders typischen Art in Erscheinung tritt. Dadurch entsteht etwas viel Ausgeglicheneres und Harmonischeres, wenn auch nicht in dem besagten Sinn Bedeutenderes. Aber es kommt nicht so sehr darauf an, daß der und jener einen Typus verkörpert und damit gewissermaßen in den Offiziersrang der Menschheit aufrückt, sondern daß das Wesen Mensch, wie es sich auf der Erde ausbreitet, als ein Ganzes mitgenommen und weitergeführt wird.

Die *Bruderschaft* der Menschheit ist immer das Entscheidende, nicht das *Führertum*. Das könnte nun als eine Abwertung des Führertums betrachtet werden; das ist es nicht, denn das Führertum ist die Angelegenheit einer ganz anderen Ordnung und Sicht, untersteht der Weisheit, die von oben kommt, unmittelbar und wird von ihr gestaltet und geleitet. Die Menschen selbst sollten sich dessen bewußt sein, daß sie auf diesem Gebiet ihre Weisheit von unten her beziehen, aus der Gemeinschaft des Menschlichen, und darum mit dem Durchschnittlichen nicht nur zufrieden sein, sondern es anerkennen als das eigentlich Gegebene. Die wohl unabsehbare Gefahr des Spezialistentums in unserer Zeit verkennt das. Es werden aus dem einzelnen bestimmte Spitzen herausgezogen und herausgefordert, und das eigentlich Menschliche, das Umfassende tritt in den Hintergrund.

Wir leben in einer Zeit, in der das Ethische, das Moralische und die Sitte fragwürdig und brüchig geworden sind – ob man das anerkennen will oder nicht, danach fragt kein Mensch und noch weniger die Weltenlenkung. Die Sitte hat entscheidend dabei mitgeholfen, daß der Mensch sein Wesen sozial entwickelte und daß das Spezialistentum vermieden wurde. Heute ist schwer etwas zu tun gegen diese Tendenz des Spezialistentums. Man kann nur in dem eigenen Leben beginnen, sich mit der umfassenden Aufgabe, die man als Mensch besitzt, vertrauter zu machen, und das heißt, mit den Göttern zu leben, mit ihrer Vielfalt, und nicht nur ein einzelner Typus zu werden.

Das ist ein Gesichtspunkt, dem ich im weiteren Verlauf des Vortrags widersprechen werde, und zwar darum, weil es noch andere Gesichtspunkte gibt, die auch berücksichtigt werden wollen. Gerade weil das Gegenteilige dem Vortrag entnommen werden könnte, wollte ich dies als das Grundsätzliche und Gültige an den Anfang stellen.

Die innere Leitgestalt der heutigen Betrachtung ist die Göttin *Artemis*. Sie ist eine Schwester des Helios-Apollon und eine Tochter des Zeus. In die mythologische Bildlichkeit ist sie eingegangen als ein Wesen, das die Wälder durchstreift, ausgerüstet mit Pfeil und Bogen, eine Schützin, und zugleich in einer wunderbaren Gebärde sich zuneigend dem heiligen Getier des Waldes, dem Hirsch, dem Reh.

Das Gestirn am Himmel, das ihr von den Alten zugedacht wurde, ist der Mond. Aber das ist ein Irrtum, wenigstens teilweise ein Irrtum, denn ihr Wesen und das, was sie uns zu sagen hat, wird nur verstanden, wenn man ihr die *Nacht* zugeordnet erlebt. Das ist das Entscheidende.

Im Menschen besteht immer eine Strömung, ein Verlangen, das grelle Licht des Irdischen, des Tages zu verdecken. Irgendwann einmal begegnet jeder Mensch dem Bedürfnis, nicht genau hinzusehen, sondern zu übersehen, und er ruft dabei diese Fähigkeit in sich auf, über das Gegenständliche des Tages den verhüllenden und verdunkelnden Schleier zu breiten.

Dabei entdeckt man sich selbst auf einer Stufe des inneren Werdens und Reifens. Man wird sich in solchen Augenblicken als einem Wesen begegnen, das letztlich doch gebunden ist an die Erscheinung des Tages, oder aber das frei geworden ist von diesen Erscheinungen des Tages.

Die Gebundenheit ist wiederum verknüpft mit dem, was die *Triebregion* des Menschen genannt werden kann. Bei dem Versuch, den Schleier oder die Hülle in einer ganz leichten, lockeren Form über das Irdische zu breiten, wird man gerade dieser Triebgebundenheit des Menschen begegnen. Ich meine das nicht in einer moralischen, sündhaften Art, sondern einfach im vitalen Sinne. Je mehr man in jene Sphäre strebt, um so stärker wird das Verlangen, sich der Triebgebundenheit zu entringen.

Artemis ist das jungfräuliche Wesen in diesem Sinne. Sie versucht, sich ganz frei zu machen von den irdischen Bildern. Nicht aus Furcht vor ihnen, sondern weil ein anderes ihr im Gemüte steht. Sie versucht, auch ihr eigenes Wesen ganz zu verbergen, denn mit jeder echten Triebbefreitheit um dieser Ziele willen verbindet sich das Bedürfnis, selbst im Verborgenen zu bleiben, nicht an die Öffentlichkeit zu kommen. Jedes Heraustretenmüssen ist von einer großen Qual erfüllt, und gerade darin liegt die Tragik dieses Schicksals.

Derjenige, der versucht, diese Göttin aus ihrer Verhülltheit, Verborgenheit und damit auch Jungfräulichkeit herauszuziehen, herauszureißen, muß mit einer furchtbaren, unbeschreiblichen Rache rechnen. Es gibt nichts, was den Menschen dann zu schützen vermag, er ist absolut verloren.

Zwischen der materiell gebundenen Welt und einer derartigen Einstellung entsteht eine tiefe Kluft. Sie muß zur Kenntnis genommen werden. Die Kraft, die im Menschen ruht und für diese Strömung entbunden wird, bemächtigt sich nun wiederum der Begriffe, aber auf eine ganz andere Weise als der Gegenspieler Hades.

Dem Wesen, von dem wir sprechen, ist alles Dasein Äußerung höchster Heiligkeit. Der Anspruch der Unberührbarkeit und Unantastbarkeit, der für das eigene Wesen erhoben wird, wird zwangsläufig auch auf alles andere übertragen und führt dazu, daß dem im Umgang mit den anderen entsprochen wird. Die Welt erscheint in ihrer Unberührbarkeit und Unantastbarkeit, und das Wesen will auch gar nichts anderes, als daß die Dinge und Wesen in diesem Licht erscheinen, eingehüllt in den Schleier des Bewahrenden. So nähert sich dieses Wesen im Menschen auch der begrifflichen Welt, und zwar in einer ganz andersartigen Weise als das Schattenwesen: Die Begriffe schweben wie Genien auf den Menschen zu, und er steht oder kniet vor ihnen in religiöser Verehrung und Demut.

Die Entstehung dieser Begriffe ist gleichgültig. Auch wenn das Fragwürdige und Dämonische dabei mitgewirkt hat – für dieses Wesen des Menschen spielt das keine Rolle. Denn was da auf ihn zukommt, sind *Worte*, wunderbare Worte. Und selbst wenn sie von allem Äußeren vollkommen losgelöst sind, so erlebt der Mensch, wie sie erfüllt sind von einer Wirklichkeit, und gibt sich diesem Wirkenden hin. Jeder Begriff, jedes Wort, auf diese Weise vom Menschen angenommen, offenbart letztlich dieselbe Welt: die Welt, von der Jesus von Nazareth in seinen Abschiedsreden spricht. Es ist die Welt des Logos, die ja nicht in erster Linie eine Wortwelt ist, sondern eine Welt, durch die alles Entstandene geworden ist. Das Gefäß der Worte ist nur das Gefährt, durch das diese Kraft in das Dasein hereinwirken kann. So kann es sein, daß ein und dasselbe Wort, ein und derselbe Begriff für den Menschen ganz verschiedene Bedeutung gewinnt, aber jede dieser Bedeutungen trägt das Licht des Logos in sich.

Die Laute, aus denen die Worte und Begriffe gebildet werden, sind wie Genien, die ihm entgegenschweben und ihm das Wort nahebringen. Niemals versteht er das Wort, wie Menschen es verstehen. Es ist für ihn belanglos, was Menschen darunter verstehen. Für ihn ist das Wort ein lebendiges Organ, das sich seinem Geiste zufügt und durch das hindurch er Einblick in die Welt des Geistes erlangt.

Zu einer immer größeren Lichthaftigkeit und Klarheit steigert sich dieses, bis der Mensch durch den Begriff, durch das Wort hindurch wie in ein geistiges Antlitz schaut. Es ist nicht *das* Antlitz Gottes, sondern es ist *ein* Antlitz Gottes, da ihm entgegenleuchtet. Dieses Antlitz nennt der Mensch in der griechischen Zeit »Idee« – was ja »Schau« heißt und nicht etwa Gedanke. Es ist eine reale Schau. Und in diesem Sinn muß gesagt werden: Ideen, die nicht geschaut werden vom Menschen, sind keine Ideen, sondern Gedankenblitze, Gedankenspielereien oder etwas Ähnliches. Aber die esoterische Gemeinschaft derer, die an den Ideen teilhaben, weiß, daß eine Idee nur dann eine Idee ist, wenn sie vom Menschen geschaut wird als ein Antlitz der Gottheit.

Die Begegnung, die hier stattfindet durch Wort und Begriff als Organen des menschlichen Geistes hindurch, wird *Intuition* genannt. Intuition bedeutet etwas, was von oben her nach unten zu dem Menschen dringt. Die Kraft von unten nach oben ist an ihr Ende gekommen, aber nicht aus einer Unfähigkeit oder weil die Kraft ermangeln würde. Sondern der Boden, der erreicht worden ist, ist ein solcher, daß der Mensch das Gefühl hat, hier verharren und niederknieen zu müssen und keinen Schritt mehr weitergehen zu dürfen, da in ihm alles auf dieses Lauschen und Schauen eingestellt ist.

Es ist Fichte, der in seiner Philosophie an diese Stelle kam. Von dem, was sich ihm auf diesem Wege weiter erschloß, hat er geschwiegen, denn es war in dem Rahmen der philosophischen Darstellung unaussprechlich.

Der Mensch ragt in dieser Weise in das hinein, was die Menschen in ihrer Sprache etwa die Sternenwelt nennen. Teilhabe an der Idee oder an den Ideen und damit irgendeine Art von Teilhabe am Logos bedeutet Teilhabe an seiner schöpferischen Kraft. Bin ich im Bereich des Werdens und des Werdenden, so versinkt das Gewordene ins Dunkel, in das Dunkel der Vergangenheit. Die gewordene Welt wird verhüllt und wird Nacht, und an dem Himmel, der sich über der nächtigen Welt ausbreitet, ziehen die Gestirne auf. Von weither, aus unendlichen Räumen – wie es dem Sterblichen erscheinen muß – kommt ihr Licht und scheint auf die Erde. Geheimnisvoll flutet dieses Licht herein in das Dasein des Dunkels und webt und wirkt.

Wer diesen Raum erreicht hat, der hat das Verlangen und das Bedürfnis, daß dieses Licht aus dem Werden in den Raum des Gewordenen sinkt. Jeder Mensch, dem es gelingt, die furchtbare, brutale Grellheit des Tages zu mildern durch den Schleier der Nacht, der erfährt, wie wunderbar groß und erhaben alles Irdische wird. Wer der Göttin der Nacht zugewandt ist und ihr zugehört, sieht die Dinge nie, wie sie wirklich sind, sondern wie sie in dem wunderbaren Licht der nächtigen Sterne erscheinen. Er erlebt an ihnen ihre Möglichkeit zum Großen, zum Ganzen, zum Erhabenen, zum Ernsten, zum Feierlichen, zum Würdigen und Gewaltigen.

Der Riß, der zwischen ihm und den Trieb- und Taggebundenen klafft, bringt es mit sich, daß diejenigen, die auf der anderen Seite stehen, für seine Lebenshaltung das Wort »Idealisierung« haben. Denn im Lichte des Tages schwinden die großen Maßstäbe, und das Kleinliche tritt zu Tage. Kleinliches tritt nie »zu Nacht«, sondern immer nur »zu Tage«. Die Wesen und die Erscheinungen unterliegen einem Schrumpfungsprozeß. Aber das ist die Welt des Gewordenen, der Vergangenheit, und das Licht, das in einem solchen Zustand über der Welt liegt, ist das Licht der Schuld, des Vergehens. Und damit ist schon alles in der Nähe des Todes.

Wer aus dem anderen Bereich kommt, aus dem Bereich des Werdens, der sieht die Zukunft, die Möglichkeit, die Bestimmung. Und da alle Wesen heimwärts streben, hin zu dem Ursprung des

Lebendigen, so tragen sie in dieser Sicht alle schon das wunderbare Licht der Gottheit. In der Nacht bekommt alles einen Heiligenschein.

Darum geht auch der Blick des Menschen nie nach unten, sondern ist wie sein ganzes Wesen nach oben gerichtet, dem uralten Gesetz folgend, das der Prolog des Johannes-Evangeliums ausspricht: πρὸςτὸν ϑεόν – Gott zugewandt.

Niemand erreicht diese Stufe, der nicht mit einer großen Gewalt die Gebundenheit in seinem Wesen hinter sich gebracht hat. Artemis ist neben der unbeschreiblichen Zartheit und Milde, die sie verbreitet, eine unerbittliche Gottheit. Nur der *Freie* und der *Entbundene* kann in ihr Gefolge eintreten.

Zu dem Freien und Entbundenen gehört, daß er seiner Umwelt als herb oder als streng erscheint. Aber dafür brennt auf der anderen Seite ein inneres Feuer. Artemis ist zugleich die große göttliche Priesterin, die das heilige Feuer der Vestalin entzündet und überwacht. Alles ist, wenn von der eigenen Welt die Rede ist, getragen von der Feurigkeit und mitreißend. Es ist nicht ein Darüberschweben über den Dingen, sondern es ist jeweils der große Sprung, der getan wird aus der Welt des Vergangenen und des Bindenden über den Bogen der Freiheit in den heiligen Raum der geistigen Zugewandtheit. Es ist nicht der fliegende Mensch, der hier erscheint, sondern der sich im Sprung jeweils losreißende Mensch, der mit dem Sprung seine Freiheit von der irdischen Bindung dokumentiert.

Im Auge des Menschen, der im Gefolge dieser Gottheit lebt, liegt eine unerreichbare Ferne. Die Unendlichkeit liegt in dem Auge. Es ist deutlich, wie dieser Blick von der Wirklichkeit abgezogen ist.

In dieser Lebenshaltung lebt einbeschlossen der Verzicht auf die Erfüllung des irdischen Lebens, ein Verzicht, der vielleicht gar nicht schwerfällt, weil die Erfüllung von der anderen Welt her vorhanden ist. Ja vielleicht ist sogar den Räumen des Irdischen gegenüber eine gewisse Gleichgültigkeit vorhanden, da von diesen Räumen her eine wirkliche Erfüllung gar nicht erwartet und darum diese Erwartung auch nicht an diese Räume herangetragen wird.

Dem scheint zu widersprechen, daß ein ungeheurer Wille zur *Darstellung* in dem Menschen lebt. Aber gerade das liegt ja in dem Geheimnis der Begegnung mit der Welt der Idee, mit der Welt des Logos. Der Logos ist das Werdenschaffende, das Gestaltbildende, und wer ihm begegnet, wird von diesem Werdestrom, der aus dem Logos kommt, ergriffen. Dieser aus dem Werdestrom kommende Logos zielt auf das irdische Dasein. Während also Blick und Wesen nach oben gewendet sind – πρὸς τὸν θεόν, »der Gottheit zu« –, wird zugleich der Mensch wie bestürmt von dem Strom, der auf ihn zufließt und ihn gleichsam nach rückwärts reißt, in die Welt hinein. Durch ihn hindurch will der Logos die Welt ergreifen und gestalten.

Aber es ist sehr schwer, den Anschluß an die gegebene Wirklichkeit zu finden, weil da der Bruch ist zwischen den Menschen in der Gebundenheit und denen in der geistigen Freiheit. Auch in dem entbundenen Menschen selbst wird ein Hindrängen zu den anderen und zu sichtbaren Formen spürbar, aber zuletzt bleibt es doch bei einem zögernden Verharren. Zu sehr ist das Erlebnis der Freiheit im Inneren verwurzelt, als daß darauf Verzicht geleistet werden könnte. Jede Form verlangt das Opfer der Freiheit. In diesem Konflikt steht der Mensch.

Artemis ist eine schmerzlich-tragische Gottheit. Sie ist fortwährend auf der Flucht vor den Zugriffen des Wirklichen. So kommt es dazu, daß der Mensch keine andere Möglichkeit sieht, dem Verwirklichungsdrang des Logos zu entsprechen, als mit großem Entschluß gegen die Formen der Welt anzutreten. Er wird aus dieser Erfülltheit seines Wesens heraus zum *Revolutionär*. Die große Französische Revolution steht ganz unter dem Zeichen solcher Menschen, die, im Jenseitigen des Geistigen wurzelnd, entschlossen sind, alle vorhandenen Formen zu zerstören, um die Möglichkeit zu erlangen, eine neue Welt zu schaffen. Das ist vollkommen anders als bei der Russischen Revolution 1917/18.

Es ist das Eigenartige, daß gerade die Gewalttat in diesem Sinne aus diesem Bereich entsteht. Die große Spannung zwischen dem

Werdenden und dem Gewordenen wird deutlich, eine ganz bestimmte Brücke fehlt, die dazugehört, nämlich die *Liebe*. Aber die Liebe ist etwas, was diesem Typus fremd ist. Artemis hat keinen Zugang zu ihr; denn was sie diesbezüglich besitzt, ist ganz zugewandt der höchsten Macht. Sie ist die einzige der Gottheiten, die aus dem Rahmen der üblichen hinausdrängt, und zwar darum, weil sie fortwährend der höchsten Idee zugewandt ist, dem Zeus – πρὸς τὸν θεόν.

Zeus wird erst in einer späteren Phase des mythologischen Zeitalters die Gottheit mit ganz bestimmten Konturen, wie man sie in der Götterlehre aufgezeichnet finden kann. Ursprünglich ist Zeus das, was etwa im indischen Mythos Brahman ist, einfach das schlechthin unfaßbare, unsichtbare, unaussprechbare, ursprüngliche, absolute Göttliche. Dieser höchsten Gottheit, die ja zugleich ihr Vater ist, ist Artemis ganz und gar zugewandt; dieser Gottheit gilt allein ihre Liebe. Darum besitzt sie auch die Fähigkeit, über die einzelnen Erscheinungen der anderen Götter hinweg immer dieses eine Licht zu erleben, dem sie zugewandt ist.

Aus dieser Einstellung heraus entsteht im Menschen ein universales Verständnis für alle religiösen Erscheinungen und zugleich ein Blick auf das Eigentliche, was hinter jeder religiösen Strömung steht; denn jede religiöse Strömung trägt ja irgendeine Spur des Zeus, des einen göttlichen Lichtes.

So wird Artemis, die die Gottheit der Revolutionäre ist, zugleich auch die Göttin des wahrhaftigen *Priestertums* – dieses Priestertums, das überall darauf bedacht ist, daß der göttliche Strom in die Gebilde der Welt einfließt.

Für einen Augenblick lassen wir unsere Gedanken von der Leitlinie des Themas abschweifen. Unser Blick fällt auf das Gespräch zwischen *Jesus von Nazareth* und Nikodemus, das die beiden im Schutze der Nacht, geradezu unter dem Zeichen der Artemis miteinander führen. Jesus von Nazareth ist der spätere Bruder der Artemis. Denn was in dem griechischen Zeitalter nur in den artemisischen

Mysterien der Menschheit mitgeteilt werden konnte, das wird durch Jesus von Nazareth in dem freien Wort der Rede mitgeteilt, nur daß das Mysterium des artemisischen Erlebnisses nun aus dem Weiblichen in das Männliche umgewandelt ist.

Jesus von Nazareth offenbart jene Gottheit, die Artemis im Verborgenen läßt und der sie im Verborgenen dient: Zeus, die Gottheit, die dieselbe ist wie jene, die spricht: »Ich bin der Ich bin« oder, in eine einfachere Formel gebracht: »Ich bin Ich.« Diese Gottheit ist für Jesus von Nazareth der Vater und der Mensch der Sohn. Das ist die ideale Beziehung artemisischer Art: der Sohn, ganz dem Vater zugewandt und vollkommen mit ihm verschlungen, und hinter ihm die Welt. Nur in einer bewußten Zuwendung zu ihr liegt die Welt *vor* ihm, aber dann immer mit dem fühlbaren und unaufhebbaren Bezug zu der väterlichen Macht.

Jesus von Nazareth ist die vollendete Verkörperung des artemisischen Typus, und ihn ereilt das Schicksal dieser Menschen: Von vornherein steht er getrennt von ihrer Begriffswelt, und das, was er bringt, wird nicht verstanden. Denn er spricht aus dem Wesen, und die anderen verstehen aus dem Schein heraus; er spricht aus der Wirklichkeit und die anderen aus dem Phantom. Die Sprache ist eine so verschiedene, daß das Mißverständnis walten muß.

Fortwährend geht von Jesus von Nazareth das Schöpferische aus, das Gestaltende; seine Partner versteifen sich auf das Gesetz und auf das Gewordene, auf die Vergangenheit, auf die Tradition. Der Mensch versteht nur dann, wenn er selbst in der Lage ist, den Schritt an das andere Ufer zu tun in diesen leibbefreiten Raum des Geistes. Dann erst versteht er die Worte, die da gesprochen werden, und dann entsteht die Verschmelzung, die Einigung mit dem Wesen dort.

Die Menschen werden diesen Typus in reiner Form, wie er etwa in Jesus von Nazareth auftritt, aber auch den Propheten generell niemals ertragen können, sie werden immer das Hereinbrechen dieser Welt mit der Zurückweisung beantworten. Denn das Werdende ist stets ein Vorwurf dem Gewordenen, das bleiben will in seiner Gewordenheit. Und das Werdende ist stets eine umwälzende Kraft für das Bestehende. Was in dem revolutionären Ereignis – wie abgelöst von dem Sonstigen – erschreckend deutlich erscheint, das ist immer anwesend, wo dieses artemisische Prinzip auftritt. Denn der Anspruch der Werdewandlung kommt von daher, der Anspruch, den Jesus von Nazareth formuliert mit dem Wort: μετανοεῖτε – »Werfet euer Denken um!«

Wenn die Gestaltungskraft, die in dem Menschen dieser Art lebt, und der Gestaltungswille in der richtigen Weise ein entsprechendes Medium finden, dann entsteht daraus der Dichter. Denn die Welt des Wortes ist das Material, das dieser Kraft und Strömung entspricht.

Es gibt zwei Gestalten in der Geschichte der Menschheit, die hier vieles deutlich machen.

Die eine Gestalt ist *Platon*. Platon ist ursprünglich Dichter, und erst unter dem Einfluß des Sokrates wendet er sich der Philosophie zu, denn die Philosophie ist der höhere Umgang mit der Welt der Ideen. Platon ist für das Abendland der Vater der Welt der Ideen, das heißt nicht der Gedanken, sondern der geschauten geistigen Wirklichkeit.

Der Übergang von dem Dichter zu dem Philosophen ist in diesem Leben das Entscheidende. Denn was bei dem Dichter wie schwebend bleibt, zwingt bei dem Philosophen zu einer Art Übertragung der Gesetze des Gewordenen in den Raum der Idee. Nicht wird die Idee hinübergetragen in die Wirklichkeit, sondern das Grundgesetz der Wirklichkeit wird hinübergetragen in den Raum der Idee. Das ist die höchste Kunstform: Das Irdische wird im Geistigen hinübergetragen in die Welt des Werdens, wo das Leben fortwährend blüht.

Platon zur Seite tritt eine spätere Gestalt, die den umgekehrten Weg geht. Es ist *Friedrich Schiller*, der erst Philosophie betreibt und dann zum Dichter wird, wenn es auch der Lebensweg umgekehrt andeuten mag. Aber er tritt ganz ein in die Dichtung, und der Philosoph tritt zurück. Wir erleben bei ihm, wie wohl die Ideenwelt wunderbar leuchtet und brennt und funkelt, wie aber dadurch, daß das Philosophische zurücktritt, diese Lichter, die er zu entzünden vermag, überall an ungemäßen Stellen brennen, und das Triviale fortwährend danach greift. So werden seine Dramen nicht zu diesen großartigen Verkündigungen wie etwa die des Aischylos oder Sophokles der damaligen griechischen Zeit. Durch sie wurde wirklich die Menschheit, der einzelne Mensch bis in die Tiefen umgewandelt, durch das erschütternde Erlebnis wurde die Türe zu der Ichheit aufgerissen, und plötzlich loderte aus den Menschen das Feuer des Zeus heraus. Die Kraft Schillers verflacht in den allzu bürgerlichen Vorstellungen, die er verwendet, und es bleibt dann zuletzt etwas Schmerzlich-Tragisches. Das große Feuer ist nicht mehr zu finden, sondern es ist nur noch wie ein revolutionäres Flackern.

Es gibt viele Gestalten, die in diesen Raum gehören, an ihrer Spitze steht wiederum Prometheus, wie schon des öfteren. Er ist ganz diesem hohen Licht und diesem Feuer zugewendet, und er besitzt die Kraft, die Dinge dieser Welt umzugestalten und einen neuen Äon einzuleiten. Auch er ein Revolutionär, aber ein solcher, der sofort das Umgeworfene ergreift und in eine neue Form gießt. Für ihn ist das dadurch leicht, daß er sich an das Stoffliche hält und nicht – wie etwa die Revolutionäre der Französischen Revolution – an abstrakte Ideen, wodurch dann der Untergang des Ganzen besiegelt ist.

Es ging mir darum, diese Strömung im Menschlichen so darzustellen, daß vorherrschend das Wunderbare an ihr erlebt wird, aber zugleich ein Fragwürdiges offenbleibt.

Denn auch im Leben des Jesus von Nazareth bleiben Fragwürdigkeiten übrig. Die eindeutige Zuwendung zu der Welt des Geistes zieht notwendigerweise einen Schattenwurf nach sich, der nicht aufhebbar ist. In diesem Schattenwurf steht eine solche Gestalt wie Judas oder auch bis zu einem gewissen Grade Petrus und steht vor allen Dingen die Entwicklung des Christentums nach Jesus von Nazareth bis in unsere Gegenwart.

Es ist klar, daß die Menschen sich weit eher mit diesem Schattenwurf befassen als mit dem eigentlichen Licht. Denn – noch einmal sei es gesagt –: Nur wer so ergriffen ist von der Freiheit des Geistes, daß er um ihretwillen auf alles verzichtet, nur der kann den Schritt in das geheimnisvolle Reich der Artemis voll und gültig tun!

Die Schwelle – Kronos

Die beinahe rätselhafte Attraktion, die der Gedanke an Silvester für die Menschen unserer Zeit hat, ist unmöglich aus der Tatsache zu erklären, daß ein Kalender das letzte Blatt zeigt und ein neuer darauf wartet, daß das erste Blatt abgenommen wird. Die Denkabläufe der Menschen sind allzu eifrig damit beschäftigt, den Gedanken eines alten und eines neuen Jahres zu betonen, als daß derjenige, der ein wenig versteht von der Psyche der Menschen, nicht gerade dadurch dieser Betonung gegenüber mißtrauisch werden müßte. Wir müssen nach viel tieferen Gründen für diese seltsame Anziehungskraft suchen, die der Gedanke dieses Tages oder dieser beiden Tage, Silvester und Neujahr, für die Menschen besitzt.

Es ist nicht so sehr ein zeitliches Fest, wie die Menschen meinen, sondern weit mehr ein räumliches Fest. Aus den Tiefen des Menschen erwächst das Bedürfnis, einmal im Jahr jenes Wesens zu gedenken, das wir »Schwelle« nennen. Einmal im Ablauf der Zeit drängt es den Menschen aus den Tiefen, sich vor dieses Gebilde zu stellen und, da er in seinem üblichen Denken keine *Gedanken* dazu findet, sich nur von dem *Bild* beeindrucken und die Tiefen des Bildes zu den Tiefen seines Wesens sprechen zu lassen – eine Art von stillem Opfer an eine tief dunkle und in dem Geraune unserer Tage unbekannte Macht.

Gerade das, was den ernster Denkenden in diesen Stunden vielfach abstößt, das – wie wir meinen – leichtfertige Getöse der Menschen draußen auf den Straßen und in den Ballsälen, ist gleichwohl ein Ausdruck der Berührtheit von dieser Macht. Denn wann anders und wo anders bedürfte der Mensch einer Betäubung als vor dem tiefernsten Antlitz der Schwelle. Darum sei die letzte mythologische Betrachtung diesem Wesen gewidmet.

Die Betrachtungen in dieser Reihe hatten eine ganz bestimmte Leitlinie: die Aufzeigung der Entwicklung des menschlichen Bewußtseins, so wie es sich mir in zeitlicher Abfolge darstellt, wie es aber, unabhängig von der Zeit, in jedem Menschen zu jeder Zeit auftreten und sich entwickeln kann.

Wir haben gestern von der wunderbaren Erscheinung des Idealistischen gesprochen und von dem, was dadurch im menschlichen Wesen, in seinem Geist und in seiner Seele erzeugt wird. Keiner, der an der Geistesgeschichte des Abendlandes innig Anteil nimmt, wird sich dem geheimen Zauber entziehen können, der von der Welt der Ideen ausgeht, und er wird die innere Bewegung erleben, die immer entsteht im Menschen, wenn er diesen Bereich streifen kann.

Es wäre nun für den, der einen solchen Zyklus darstellt, nichts beglückender, als wenn er damit enden und die Menschen mit dem Bewußtsein entlassen könnte, daß die Sphäre der Idee das Höchste und Letzte sei, in das der Mensch eintreten kann, und ihm derart also dieses zauberhafte Reich als Grenzsphäre seiner Entwicklung gewiß sei. Aber wir erfahren den Menschen anders, und wir erfahren damit auch uns selbst anders. Diese wunderbar geheimnisvolle, verhüllte, mitunter mondbeschienene Welt des traumhaft Phantastischen, das dabei zugleich auftritt, ist nicht das Letzte, was uns erwartet.

Vielleicht kann man spüren, daß für eine Begegnung mit der Welt der Ideen etwas im Menschen in einer Art jugendlicher Vollkraft sein muß. Wenn ein Mensch in diese Sphäre gerät, wird er jugendlich getauft. Was der Mensch in der Begegnung mit der Ideenwelt erfährt, ist ein Vorgang, den der Mythos vielleicht mit dem Begriff »heilige Hochzeit« bezeichnet hätte. Aber die Feuer sinken in sich zusammen, die festlichen Klänge verstummen, und eine große Stille senkt sich über den Menschen.

Es gehört im Rahmen geistiger Bemühung zu der ständig schmerzvoll sich wiederholenden Erfahrung, daß das, was uns heute im Ideellen bis in das letzte entzückt hat, morgen sich ganz anders zeigt. Dann suchen wir vergeblich nach dem Feuer, das am Tag zuvor brannte, suchen vergeblich nach der Glut, die uns entzündete, und wir zucken beinahe erschreckt zurück vor dem, was wir vorfinden.

Manch einer erlebt es in einer einfacheren Form, wenn er etwa einen Brief schreibt und ganz aufgeht in den Worten und Sätzen, die er niederlegt, und am nächsten Tag noch einmal danach greift, um es wieder zu lesen, und alles, was er geschrieben hat, leer und schal findet und die Blätter nimmt und verbrennt.

Ideen zu konzipieren, zu fassen und mit ihnen leben, ist etwas Wunderbares. Aber es drängt den Menschen, ihnen auch gegenüberzutreten. In dem Augenblick tritt er aus ihnen hinaus, wie man aus einem Haus hinaustritt. Solange man in ihm lebt, sieht man gar nicht, wie es augenblicks von außen her aussieht; erst jetzt, da man es verläßt, nimmt man seine äußere Gestalt wahr. So tritt der Mensch aus den Ideen, die ihn umlodert, erfüllt und entzündet haben, hinaus und ihnen gegenüber. Und indem er ihnen gegenübertritt, erwacht in ihm das Bedürfnis zu wägen, zu messen, zu richten, zu beurteilen.

Ganz gleichgültig, wie nun die Beurteilung ausfällt, in jeder Beurteilung liegt eine Bewertung. Anders ist es mit dem, was wir eine unmittelbare, spontane leidenschaftliche Bejahung nennen können. Eine solche Bejahung ist nur möglich, wenn man den Raum noch nicht verlassen hat, wenn man also noch in der Welt der Idee darinsteht, noch ganz von ihr umschlossen ist. In dem Augenblick, da man ihr gegenübertritt, kann die Bejahung nicht mehr eintreten, sondern die Bewertung ist da. Und so ungern wir es vielleicht hören: Jede Bewertung ist eine Abwertung. Sie kann so positiv sein, wie sie will, durch das Setzen der Wertzeichen erhebt sich der Mensch darüber – eine unabdingbare Notwendigkeit der geistigen Entwicklung.

Solange der Mensch in einer gewissen naiven Weise, noch erfüllt von seiner herkömmlichen Handhabung, in dem Wahn lebt, daß eine positive Bewertung etwas eben rein Positives wäre und nicht etwa eine Abwertung, solange kommt er nicht zum vollen Erfassen dieser neuen Stufe seines Bewußtseins. Erst wenn er noch einen

Schritt weitergekommen ist und die generelle Abwertung erkennt, die durch jede Beurteilung geschieht, durch jede Bewertung, wird er sich dessen bewußt, welch eine unheimliche Macht in ihm wirksam ist und die neue Bewußtseinsstufe herauführt. Denn die Konsequenz des Abwertens ist die *Verneinung*. Dieses neue Bewußtsein verneint.

Niemand würde das ohne weiteres ertragen können, würde nicht zugleich in der Tiefe des Wesens eine neue und tiefere Erlebnisschicht aufgebrochen werden. Das geht zumeist bei einer organischen Entwicklung Hand in Hand. Ich könnte so sagen: Der Erfahrung der Verneinung des neuen Bewußtseins entspricht in der Tiefe ein umfassendes *Mitleiden*.

In der Betätigung dieses Bewußtseins erfährt der Mensch, daß alles beurteilende und bewertende Denken *Kritik* ist und jede Kritik eine Art von Zerstörung bedeutet.

Das Johannes-Evangelium bringt dazu eine etwas ausführlichere Äußerung des Jesus von Nazareth, die besagt, daß der Vater alles Gericht dem Sohn übergeben hat. Das Wort, das im Griechischen dafür auftritt, ist das Tätigkeitswort zu »Kritik«. Die väterliche Macht hat also dem Sohn diese Fähigkeit übergeben. Das ist eine außerordentlich problematische Gabe, die damit dem Sohn, dem Menschen übergeben worden ist, aber ihre Wirklichkeit entdecken wir bei der Kontrolle dieses Bewußtseins.

Der Mensch entdeckt sich dabei in einer doppelten Haltung. Einmal fühlt er ganz deutlich, wie er durch die generelle Verneinung durch sein kritisches Denken sich löst von der Daseinswelt, die ihm begegnet. Für einen Augenblick kann er sich so verhalten, daß nur diese Loslösung in Erscheinung tritt und den Menschen, die um ihn leben, ein außerordentlich selbstsicherer Gewalt- und Herrschaftsanspruch entgegentritt. Aber da muß ja eine Macht sein, die den Menschen dazu führt, sich so darleben zu können, etwas Anziehendes, Verlockendes. Und dieses Anziehende und Verlockende liegt über ihm.

Er begnügt sich nicht mit der Welt der Ideen, die er bekommen hat. Bei manchen Menschen gleitet das sehr rasch in das andere hinüber, bei manchen erst nach einer langen Bewußtseinsentwicklung innerhalb des Lebens.

Aber plötzlich wird es klar, daß der Mensch nur darum sich so verhalten kann, weil er nach einem letzten Begriff strebt oder nach dem allerersten Prinzip, nach dem Anfang aller geistigen begrifflichen Dinge.

Wäre diese Kraft des Strebens nach dem letzten Begriff nicht im Menschen, so besäße er nicht die Kraft, sich derartig, wie das heute geschieht, mit dem kritischen Denken zu befassen und es darzuleben. Diese mehr negative Auswirkung kann nicht die Absicht sein. Sie ist die zufällige Begleiterscheinung eines weit höheren Strebens: des Dranges nach der Wahrnehmung der letzten Wirklichkeit. Für manche Menschen, die sich selbst nicht zu viel zutrauen, sondern sich in konventionellen Bahnen bewegen, ist es die Frage nach dem Göttlichen.

Wenn ich es so darstelle, wie ich es nicht anders darstellen kann, dann liegt darin etwas Düsteres und Erschreckendes. Tatsächlich wird das Dasein unter dem Einfluß solcher Gedankenhaltungen dünn und kühl und auch reizlos. Das ist die eine Seite, und sie hat für die Menschen etwas Erschreckendes. Aber auf der anderen Seite erlebt der Mensch, wie er einer unsagbaren Ruhe teilhaftig wird. Es kann das Bild von einem uralten Mann auftauchen, aus dessen Gliedern und gesamter Körperlichkeit alle Kraft weggesogen ist und dessen Seele ohne jedes triebhafte Verlangen ist. So kann diese Gestalt vor unserem Auge stehen, der wir als unserer eigenen entgegengehen.

Man kann auf dieser Stufe des Bewußtseins nicht in jüngeren Jahren bestehen. Sie muß errungen werden, denn man kann auf ihr nur als vollgültiges Mitglied dieses Ranges leben, wenn man in der Lage ist, das *ganze* Dasein von sich wegzuschieben – weit, weit weg –, und wenn es möglich ist, daß der Blick aus ganz weiter Ferne kommt.

Der Ort, an dem man sich befindet, ist außerhalb des eigenen Selbstes oder zum mindesten an der Grenze. Dem entspricht eine Kraft des Erlebens, die unabhängig ist von allen Erscheinungen des Daseins, aber auf einen zukommt, als käme sie unmittelbar aus der Tiefe allen Wesens.

Wenn ich jetzt das eine und das andere so zusammenfüge, den Ort des Bewußtseins und die Antwort der Erlebnistiefe, so bin ich mir dessen bewußt, daß das zweite in keiner Weise auftreten *muß*. Es gibt genügend Beispiele in der Geistesgeschichte der Menschheit, wo der Mensch sich in jene Höhe des Bewußtseins außerhalb seines Selbstes oder dessen Grenze nur verflüchtigt hat. Da war das Verhältnis des Menschen zu seinem gesamten Wesen durch das ganze Leben hin so schlecht geführt oder so gestört, daß die Antworten aus der Tiefe des Erlebnisses ausbleiben und nur die Eiseskälte der Abstraktion, die Herzlosigkeit und die Brutalität der Willkür herrschen.

Wer die Verankerung in dem Widerlager des Erlebens nicht besitzt, wird von einem namenlosen Schwindel ergriffen und von einem beispiellosen Entsetzen.

Aus solchem Mißverhältnis heraus können auch die Menschen und die menschlichen Zusammenhänge einer solchen Betrachtung unterworfen werden. Und da alles eben aus dem Antrieb nach dem höchsten Abstraktum, nach der höchsten Idee verneint wird, so rückt der Mensch ganz von selbst aus der menschlichen Gesellschaft hinaus und gerät in die Einsamkeit.

Niemals ist ein Mensch nur aus dem Reservoir seines rein Menschlichen zu diesem Weg in der Lage, es sei denn, es wirkte eine Göttermacht mit ihm und in ihn hinein und gäbe ihm die Anstöße und führte ihn.

Ich setze jetzt den Fall, daß der Mensch in diesem Streben nach der letzten Erkenntnis für einen Augenblick innehält und die Tiefe seines Wesens betrachtet. Dann findet er wohl in dieser Tiefe ein ganz neues, verstärktes, beinahe leuchtendes Ichheitsgefühl wie einen Kristall, eine Art von Lichtkonzentration als den Kern seines

Wesens. Und er fühlt, wie in dem Maß, als er nach vorne stößt in die geistigen Bereiche, dieser Lichtkern stärker und stärker wird, immer mehr und mehr wächst und die Auskristallisation immer deutlicher und deutlicher wird. Er erfährt wirklich etwas, und zwar in der übersinnlichen Wahrnehmung, von dem Wunderbaren seines höheren Wesens.

So gerät der Mensch an die *Schwelle*. Das Leben, das er so führt, wird be-denklich.

An dieser Schwelle wollen wir für einen Augenblick den Mythos aufrichten, der zu diesen Betrachtungen gehört. Das ist der Mythos von dem alten Hüter der Schwelle der Griechen, dem *Kronos*, dem Geist der Zeit, der Dauer und der Greisenhaftigkeit – wobei Greisenhaftigkeit nicht eine Abwertung bedeutet, sondern nur die Darstellung eines Zeitraumes, in den jeder Mensch gerät.

Dieser Kronos ist der Urvater der Götter, ist aber vollkommen herausgerückt aus dem Bereich der olympischen Götter, gehört nicht zu ihnen, sondern lebt außerhalb von ihnen – jenseits der Schwelle. Er verkörpert die Schwelle zwischen Zeit und Ewigkeit.

Einer der letzten Begriffe, die der Mensch mit seiner denkerischen kritischen Kraft bearbeitet, ist der Begriff der *Zeit*.

Also der Mensch, der Menschen-Typ, von dem ich spreche, stürzt nicht nur mit seinem Erkenntnisverlangen immer weiter und weiter und zerstört durch die Negation seine Welt, sondern jedem Schritt nach vorne entspricht die tiefe, erregte Bewegung seines Erlebniswesens. Je höher der Weg geht und je tiefer das Tal ist, das sich ausbreitet bis zu dem Erleben, desto gewaltiger wird der Donner, den die Gedanken und die Erlebnisse auslösen.

Der Mensch, der in dem Vorstoß mit der Kraft des Denkens an die Zeit gerät, muß zeigen, welche Kraft er besitzt. Denn sich von der Zeit zu lösen, das bedeutet für den Menschen etwas Ungeheures. Sie allein gibt ihm in seinem Bewußtsein Halt und Dauer. Der Augenblick, in dem wir es wagen können, mit der Kraft unseres Denkens die Zeit von uns wegzustoßen, verlangt mehr von uns, als Menschen zunächst zu denken vermögen. Wenn plötzlich an dieser Schwelle die Düfte und die Wellen der Ewigkeit heranbranden an den Menschen, dann überkommt ihn ein Schauer. Wenn plötzlich die Vorstellung der Wandlung, der Veränderung aufhörte und der große Stillstand hereinbräche – wie könnte er bestehen?

An dieser Schwelle erkennt sich der Mensch dank der Gabe des Hüters der Schwelle als Weltvernichter und Weltverneiner durch die Kraft des Denkens. Der Blick des Kronos geht still sinnend nach unten, denn alles liegt ja unter ihm. Er hat – wie wir es auch ausdrücken können – alles hinter sich gebracht.

Das Symbol, mit dem er uns begegnet, ist der *Punkt*. Alle Bewegung kommt im Punkt zur Ruhe, alle Endlichkeit, die sich ausbreitet, schrumpft hier zusammen in das Zeichen der Unendlichkeit.

In seiner Hand trägt er eine Sichel. Mit dieser Sichel zerstörte er einst die Zeugungskraft seines Vaters Uranos, und sie ist das Zeichen, daß in seiner Hand die Möglichkeit ruht, alles Vorhandene von seiner Wurzel abzuschneiden. Er ist in der Lage, allem Lebendigen den Tod zu bringen.

Wenn wir uns auf einen Punkt konzentrieren, dann erleben wir, wie alle Weite zusammenschrumpft, wie eine Kraft der Zusammenziehung wirkt. Damit wird alles aus seiner Ausgebreitetheit, aus dem Reich und aus dem Reichtum herausgenommen und in die Armut gebracht.

Die Sichel in der Hand ist zugleich ein Ausdruck dieses kritischen Vermögens, das dem blühenden Leben der Idee zu Leibe rückt und versucht, alle Ideen auf das menschliche Maß zurückzuführen. Wenn diese Kräfte walten, dann entsteht im Dasein die Verknöcherung, die Versteinerung, die Vereisung.

Die Seele, die nicht in der richtigen Weise vorbereitet und an diese Schwelle mitgenommen wird, erlebt sich erfüllt von Angst und Grauen, von Lebensverneinung. Eine Erscheinungsform, die häufig in dem Zusammenhang auftritt, ist der *Geiz*. Geiz ist etwas, was nach außen tritt und leicht wahrnehmbar ist und als Makel eines Verhaltens bewertet wird. Wenn man den geistigen Hintergrund des Geizes kennt, wird man gerechter werden. Die menschliche Seele ist an diese Schwelle gekommen und begegnet der Macht des Kronos, ohne daß das Bewußtsein die entsprechende Erweiterung durch die Erkenntnis besitzt. Es bleibt dem Menschen nur dieser Schock in der Seele, und er kommt nicht weiter, da ihm eben das geistige Vermögen oder die entsprechende Anweisung fehlt.

Ist man davon erfüllt, so bleibt kein Raum für eine unbesorgte Hingabe an das Dasein, an die Schönheit und an alles das, was das Sinnendasein ausmacht, sondern der Mensch ist weit davon entfernt, daß ihn diese Möglichkeiten noch berühren könnten.

Während vorher die Begegnung mit der Welt der Ideen innerlich den Menschen bewegt und erregt, aufwühlt, begeistert und entzündet, vermittelt diese Art des Denkens eine tiefe Ruhe. Er gewinnt das, was man mit Recht einen Standpunkt nennt: Stand in dem Ablauf der Dinge – und Punkt. Da er die Ideenwelt durchdacht hat, die hinter dem Dasein steht, bleibt er von dem Dasein unberührt, jenseits ihrer Schwelle.

Am Ende dieses Weges steht der *Tod*. Wäre der Mensch nur dieser Macht ausgesetzt, so wäre der Tod – und zwar ein anderer als nur der leibliche Tod – das absolute Ziel des Menschen. Aber diese Kraft wird wiederum relativiert durch andere Kräfte. Es ist das Wunderbare des Mythos, daß er uns aus der Weisheit dieser Erkenntnisse heraus die Vorgänge offenbart.

Kronos, der Geist, der am Ende der Zeit und an ihrem Beginn steht – da, wo der Mensch mit seinem kritischen Denken in der Begegnung mit dem Zeitbegriff zuletzt an die Schwelle gerät –, dieser dunkle, verborgene Gott ist von tiefer Eifersucht auf seine eigenen Kinder erfüllt, weil eine Prophetie ihm sagt, daß ein Sohn ihn entmächtigen werde. Seine Gattin ist Rhea, was »die Fließende« bedeutet. Die beiden sind also absolute Gegensätze: er der Verknöcherte, Erstarrte, auf dem Standpunkt Beharrende, und sie das Fließende. Aber aus solchen Gegensätzen erhebt sich nach dem alten Spruch die

Gerechtigkeit des Menschen. Kronos zwingt nun diese Gattin, ihm jeweils das neugeborene Kind zu übergeben. Er verschlingt die Kinder.

Zuletzt gelingt es seiner Gattin, die zugleich seine Schwester ist, ihn mit Hilfe ihrer und seiner Eltern zu hintergehen. Das jüngste Kind gebiert sie abseits von ihm auf einer Insel, und anstatt des Kindes überreicht sie ihm einen in Tücher gewickelten Stein, den er verschlingt. Der so vor ihm bewahrte Sohn ist Zeus. Kronos ist das Dunkel, Zeus ist das Licht. Dieser Zeus überwindet nun den Vater, überwindet Kronos, die Zeit, und zwingt ihn, die verschlungenen Kinder wiederzugeben. Diese wiedererstandenen Kinder werden die Götter der neuen Welt.

Diese verschlingende Gottheit bringt zugleich das wunderbarste Leben hervor. Nur der Mensch, der sich selbst an die Grenze gebracht hat, ist in der Lage, die Welt, die er so durchwandert hat, wiederum aus sich selbst hervorzubringen – immer vorausgesetzt, daß die Tiefe des Erlebens Hand in Hand mit dem Fortschritt des Geistes geht.

So wird vom Menschen die größte Objektivation erreicht. Und plötzlich, da er an der Schwelle steht, wo die Zeit endet und das große Dunkel der Ewigkeit beginnt, wird sein inneres Drängen von der schon gegebenen Ruhe erfüllt. Der Blick, der nach vorwärts gerichtet war, wendet sich zurück, und die Welt, die er durch Kritik abgeworfen und hinter sich gebracht hat, entdeckt er auf einmal als in seinem Inneren lebend.

Er ist an der Stelle, an der er erlebt, wie er selbst der Urvater und damit in der Lage ist, Gebilde um Gebilde der vergangenen Welt aus sich heraus zu gebären. Der Sinn dieses Weges ist der: *das Geheimnis des schaffenden Gottes zu erfahren*.

Nun erkennt der Mensch, wenn er sich zurückwendet, wie bei jedem Schritt auf diesem Wege in ihm selbst dieser *Kristall der Ichheit* durch die Konzentration seines Geistes immer stärker und stärker wurde und leuchtete. Das unvergängliche Wesen wird offenbar.

Und plötzlich zerfallen vor seinem Auge alle Erscheinungen und mit ihnen alle Gedanken und Ideen, die er anhand der Erscheinungen entwickelt hat, und er sieht nur noch diesen leuchtenden Kristall vor sich. Denn der Kristall, den er in sich entdeckt hatte, war nicht nur der *seines* Wesens; sondern aus der tiefen Grundlage seiner Existenz leuchtet dieser Kristall herauf als ein Grundstein der ganzen Welt.

Der Mythos berichtet weiter, daß Kronos, nachdem er derart von seinem Sohn bezwungen ist, Herr über die Insel der Seligen wird, über das Elysium.

Der Mensch, der diesen Weg gegangen ist, geht in die Seligkeit ein, denn den Grundstein des Daseins erkennen und wissen, bedeutet, am Sinn der Welt teilzuhaben und über ihre Fragwürdigkeiten hinausgekommen zu sein. Im Lichte zu leben und in der Klarheit ist das Glück, das der Mensch sich ersehnt.

In dieser Erscheinungsform herrscht also die große Spannung des menschlichen Daseins – die Spannung, die ihre Urcharakterisierung erfährt in dem Gegensatz von Zeit und Ewigkeit. Es erscheint die größte Skepsis gegenüber dem Dasein, und zugleich entsteht die größte Liebe zu ihm . Die Gestalt des Todes tritt auf, und sie gebiert aus sich das Leben. Die Erstarrung obsiegt, und siehe da, sie bringt alles in Bewegung.

Jeder Mensch, sobald er ein höheres Alter erreicht, wird durch das Leben an diese Stelle gebracht. Die Dinge dieser Welt verlieren ihren Wert, sie werden abgewertet; aber etwas leuchtet aus der Tiefe des eigenen Wesens und spricht von einem Ewigkeitsbestand. Das Erfülltwerden von der eigenen Dauer erweckt das Wissen, daß alles, was um mich ist, an dieser Dauer teilhat. Man erfährt das Wesen der Vergänglichkeit, das niemals das Eigentliche berührt, sondern nur das Uneigentliche; nur die Hüllen schwinden, aber nicht der Kern.

Ist man zuletzt zu der Gewißheit der Unvergänglichkeit der Wesen gelangt, dann gerät man in diese umfassende Güte, die das Zeichen der Menschen ist, die mit Kunst und mit innerer Bildung alt geworden sind. Da ist die unsagbare Ruhe der Abgeklärtheit und zugleich eine tiefe Bewegung zu allem Dasein hin. Das eigene Wesen ist zurückgenommen, aber es ist eine Quelle des Lebens aller anderen Wesen. Der Mensch ist Urahn geworden oder *Vater*.